新・世界経済入門

西川 潤
Jun Nishikawa

Notus

Boreas

Zephyrus

岩波新書
1482

まえがき

この本は、当初、『世界経済入門』として初版は一九八八年、第二版は一九九一年、第三版は二〇〇四年に、それぞれ刊行された。幸いに、多くの読者に歓迎され、大学や高校の国際経済学や政治経済の副読本としても広く使われ、刷を重ねてきた。これは、初版の「まえがき」に述べた本書の目的、すなわち、「国民にとって真の豊かさとは何か」を求めるためには「地球的視野で考え、地域的次元で行動する」ことが必要だとする視点が、今日に至るまで、世界のなかでの日本の位置を考える際に有用だと、多くの方々に共感していただいたからだ、と考えている。

しかし、第三版以来の一〇年間の世界経済の変化は、それに先立つ数十年間の変化を引き継ぎつつも、まことに大きなものがあった。第三版では、第二版でカバーできなかった問題として、グローバリゼーションと市民社会の興隆の二点を挙げた。第一のグローバリゼーションについては、これを単に経済のグローバル化としてだけ論じてはいない。第一、二版の認識を引き継ぎ、人権や環境など、意識のグローバル化が、経済のグローバル化とあいともないつつ進展しており、両者の相関、緊張関係を通じて、新しい世界秩序が生成しているとの視点をとった。

第二の市民社会の興隆については、従来、世界経済のアクター（能動的要因）としては、国家、企業を考えるのが通常の国際経済の教科書の手法だった。しかし、一九九〇年代以降、グローバリゼーションを通じて、世界大に拡散する「政府の失敗」「市場の失敗」を是正するアクターとして、自立した個人を基礎とする市民社会の役割に国際社会の注目が集まるようになった。第三版では、こうして、経済のグローバル化から生まれるさまざまな不均衡を是正する第三の経済アクターとして、市民社会に注目し、その役割を分析した。

さて、このような視点に立った本が公にされてから一〇年、二一世紀に入っての大きな変化としては、次の二点を挙げておきたい。第一は、二〇〇六〜〇九年の時期に、一九八〇年代以降の新自由主義の結果としての多国籍企業とマネー経済の世界的跳梁《ちょうりょう》が、世界経済の大きな危機を招いたことである。これはまず、アメリカ金融機関の住宅不良債権危機、次いでリーマン・ショックという巨大金融・投資機関の機能麻痺という連続した危機としてあらわれた。それは、過剰流動性のうえに経済成長を追求してきた世界経済に冷水を浴びせるものであった。これに引き続いて、市場経済の立て直しに国家が財政金融政策を動員した結果、政府の公的債務が膨張し、国家債務危機が顕在化したことがある。南欧諸国では、それが国民生活を直撃した。二〇一三年秋には、資本主義世界システムの総本山アメリカでも、政府の債務不履行の恐れが顕在化し、政府機関が一時閉鎖される事態が生じた。つまり、二一世紀に入っての十数年間に、すでに指摘した

「市場の失敗」「政府の失敗」問題が一段と大きくクローズアップされるようになった。

第二の変化は、石油ショック以降進展してきた南北問題を通じて、世界の工業の中心が南の世界にシフトし、いわゆるＢＲＩＣＳ（ブラジル、ロシア、インド、中国、南アフリカ共和国）など新興国の比重が飛躍的に増大してきたことである。南北の力関係も大きく変わり、それが、米ソからＧ７へ、そしてＧ20へ、という世界経済のガバナンス（統治の仕組み）の変化にあらわれている。

二〇世紀の後半は、南北問題の時代とも言われた。二つの大戦を経て、それまで北の富裕世界に資源を提供してきた南（熱帯、亜熱帯）の国々は自己意識を獲得し、政治的な独立を果たすと間もなく従来の南北国際分業体制を否定し始めた。支配的中心部に位置する先進諸国の権力と抑圧を受け、辺境化された人びとが中心部支配に異議を申立てるようになったことが、南北問題の根源だ。だが、この半世紀のグローバリゼーションの時期に、南の工業化がすすみ、南北関係が先のように変化するとともに、じつは北の「富裕」世界の内部でも南北関係（ひとにぎりの特権富裕層対多くの庶民層間の利害対立）が浸透してきていることが明らかになった。それが「一％対九九％」問題（序章）であり、また福島第一原発事故や沖縄の普天間基地移設問題で明白になったような国内での中心部対周辺部の格差、利害対立、前者による後者の懐柔、抱き込み、またそれにもかかわらず自立と自尊を貫こうとする後者の強い意志と運動とにあらわれている。南北問題は、いまでは地球的諸問題の表面から見えにくくなっているようだが、じつは世界のどこでもいつでも常にあらわれ得る問題に変化しつつある。

この本はこれらの変化を視野に置いたうえで、二一世紀の一〇年代における世界経済をどう見るか、さらに向こう十数年にいたるその将来はどのように考えられるか、という問題意識から書き下ろされた新しい入門書である。

本書の基本的な構成は、第三版を踏まえている。すなわち、「I　進行するグローバリゼーション下の世界経済」では世界経済を動かすグローバリゼーションの諸様相を貿易、投資、通貨のそれぞれの面から検討した。「II　地球経済のベーシックス」では、人口、食料、エネルギー資源、環境という、二一世紀世界を形づくる基本的な要件の動きを吟味している。「III　南北問題の動向、グローバル軍事化、日本の選択」では、これらの要件を考慮したうえで世界経済を動かしていく諸動因について考察した。章の配列としては、二一世紀初頭の一〇年間の大きな変動を要約した序章を加え、第三版までの終章「日本の選択」に関する議論を「おわりに」にまとめた。世界経済の分析をつうじて、日本の立ち位置を明らかにする試みは変わっていない。だが、この試みの再構成に必要なデータは、ほとんど二〇一〇年代に得られるものに更新している。

この本ではとりわけ、最近十数年間に日本と世界で起こっている開発路線の抗争を視野に入れて、ポスト成長期の日本が世界の変化と軌を一にして進み得る条件を検討した。『新・世界経済入門』と題したゆえんである。二〇〇一年九月一一日のアメリカ同時多発テロが、アメリカ人の世界観に大きな衝撃を与えたように、二〇一一年三月一一日の福島第一原発事故は、この数十年間進行している世界の変化――トップダウン的開発体制の挫折――を加速化させる性質をもった。だが、日本では旧来の政官財業体制の指導再編により、経済成長が再現できるとする幻想をばらまく既得権益勢力と、公民協力の下に、持続可能で安定的なポスト経済成長期の経済への軟着陸、移行、生活の質を重視した経済社会の発展が可能であると考える路線のせめぎ合いが続いている。

日本にとって必要な道は、自己の資源以上の生活に安住するライフスタイルを見直すことから始まるだろう。また、日本経済のマネー経済化のなかで強まる「市場の失敗」の恐れを是正するためには、トップダウン型の「国家規制」ではなく、ボトムアップ型「社会的規制」の道をつくり出し、それに沿った構造改革を進めること以外にはない。このような改革は、市民社会の参加と公共空間の拡大(第10章)を通じて初めて実現するものである。私たち自身が、グローバリゼーションの不安から絶えずナショナリズムに走り寄りがちである。それは世界のかなりの国に共通しているかもしれない。だが、その道は軍事経済の進行と核戦争の恐れにつながるものでしかないだろう。世界には、対話と協力と平和を求める動きもまた確実に存在するのである。そのような道に日本がつながっていくためには、私たちがまず、自分自身の姿を見直し、モノ優先の価値観を人間優先に切り替え、グローバリズムの流れに立つ「地球市民」として生きていく道を選ぶしかない。それは「ポスト成長」時代の日本にとって現実的な選択肢であろう。それは同時に、日本を新しい世界秩序へと開いていき、人口減少時代のこの国に新しい活力を注入する動きにほかならない。

以上、簡単に見たように、本書の特徴は、世界経済のグローバル化の動向を、日本経済自体の変化と不可分のものととらえ、グローバリゼーションの時代に私たちが生きていくための選択肢を提示していることにある。つまり、グローバリゼーションの時代に私たちにとって必要なことは、身の回りから世界を変える一歩を踏み出すことであり、それがじつは、私たち自身が納得し得る自前の「豊かさ」を獲得する行動につながる。この本は、このような一歩を自分の場から踏み出そうとする読者の役に立つことをめざしたものである。

岩波新書編集部の坂本純子さんには本書の編集過程で適切な助言をいただいた。記してお礼を申し上げたい。

二〇一四年三月

西川　潤

目次

序章 世界経済の二重の危機──金融危機と国家債務危機

グローバル化の進行と金融危機

二一世紀に入って、世界経済は荒れ模様を示している。

この時期にあらわれた大きな変化は、一つにはアメリカ発の金融・経済危機であり、第二はそれに続く国家債務危機である。前者は資本主義経済の「市場の失敗」と関連しており、後者は、近代を動かしてきた国民国家システムにおける「政府の失敗」と関わる現象である。ともに西欧の覇権をつくり上げてきた近現代世界の転換期を告知する出来事と言える。これらはもちろん、二一世紀に突然あらわれた危機ではなく、二〇世紀後半以降継続してきた資本主義経済システムにおける資本の蓄積、高い経済成長のあり方の危機にほかならない。

・・・・・
〈キーワード〉**市場の失敗（market failures）**
資本主義経済システムを動かしてきた新古典派の考え方によると、市場経済において各個人は各自の利益を追求し、その結果、最適の価格均衡、資源配分が達成される。しかし、現実には、そ

1 序章 世界経済の二重の危機

の前提としての完全市場（多数の売り手と買い手が同じ条件で市場に参加し、互いの需給で価格が決定される市場）はフィクションにとどまるので、独占や寡占《かせん》、また情報の非対称性（情報の出し手と受け手の立場が異なることから、情報操作がおこなわれ、相手の行動に影響を与える）による一方的な価格設定や吊り上げ、環境汚染、利潤原理では提供がむずかしい公共的な資本が不足するなど、市場原理では説明できない現象が起こる。これが市場の失敗である。金融・経済危機は、莫大な資本を特定企業やファンドが投機的にあやつったり、不正に運用する結果、国民国家の通貨価値や経済に損害を与える形で発生した。

キーワード 政府の失敗（governmental failures）

市場の失敗を是正《ぜせい》するために、政府の介入が期待される。政府は税制を運用し、国民や企業から徴収した税金を社会保障、国防（安全保障）、教育、研究開発、市場（利潤）原理にもとづかない公共資本の提供、環境保護、消費者保護などに向ける。これらは国民内部の格差や分裂を防ぎ、国民の国家との一体感を強める効果がある。だが、政府が特定勢力と癒着《ゆちゃく》したり、また、既得権益層の利益を代弁することから、国民大多数の福祉を損なう場合もある。他方で、権力の座にある者の恣《し》意的な政策や権力保持のための大衆迎合的な政治が、国家の困難を深める事例も存在する。今日、先進「民主」国家の多くがおちいっている債務困難は、政府が自己規律や社会的責任を忘れて歳出を増加させ続けていることにも由来している。これは「モラル・ハザード」（倫理が脅かされる）の例である。

第二次世界大戦以降、一九五〇〜六〇年代は、戦争後のベビーブーム、強い消費意欲、重化学工業、次いで電機・電子工業分野での技術革新などがあいまって、資本主義世界の黄金時代を築いた。高い経済成長、分厚い中間階級の生成（戦後の民主化の浸透により、労働階級が生産性上昇の恩恵に給与やボーナス上昇の形であずかる、いわゆる「フォード・システム」「アメリカの自動車会社フォード社での労使談合から広がった」によって可能となった）、耐久消費財の家庭への普及が、この黄金時代の特徴だった。

だが、一九七〇年代に、技術革新が電子・情報分野に波及し始めたころ、第二次大戦を契機に民族独立という政治的な動きを強めた南の世界が、次のステップとして自国資源に主権を確立する経済的な動きに踏み切った。こうして、長年にわたって先進国が慣れ親しんできた「国際分業」（北の「先進」国が工業を担い、南の発展途上国が原燃料を提供する）体制が崩壊を始めた。南の国々が自国資源を用いた工業化を進めると同時に、先進国の経済はしだいにサービス、第三次産業化の方向にシフトすることになった。

先進国の高い成長を先導した大企業は、まずアメリカからヨーロッパに進出し（一九六〇〜七〇年代）、次いで、欧米、そして日本がアジアに工場移転することになり（一九七〇〜八〇年代。第3章）、そこから「グローバリゼーション」と呼ばれる企業活動の国境を越えた拡大が始まる。

グローバリゼーションは同時に、単に企業の海外移転ばかりではなく、ヨーロッパ、日本、次いでアジア、南の世界に追い上げられたこれらアメリカ起源の大企業(その多くは七〇～八〇年代にヨーロッパの大企業と資本合体している)が、アメリカ政府が豊富に提供する米ドルを用いて、海外に事業を拡大する過程にほかならなかった。つまり、グローバリゼーションは、単なる欧米大企業の世界的な事業拡大ばかりでなく、アメリカが企業融資や戦争や海外援助によって世界にばら撒《ま》くドルを海外で利用する金融経済化、マネー経済化の過程とあいともなったのである。

一九八〇年代後半以降、先進国経済の成熟化、日本、次いでアジア諸国の追い上げにより、先進国の経済成長が減速するのは明らかとなった。この時期に、北の先進国では五～六％の中成長はもはや、金融財政政策による人為的な成長押し上げ手段による以外は困難になっていた。このような人為的な成長策は、経済のバブル化(実需《じつじゅ》がともなわないのに、流動性資金が供給される結果、土地や株などへの投機が拡がり、騰貴《とうき》した地価や株価がある日突然崩落する)を導く以外はなかった。

日本でのバブル経済が崩壊したのは、一九九一年である。一九九〇年代はアメリカの好景気が続き、「高原景気」と呼ばれた。この景気に浮かれて、この時期を「歴史の終わり」と呼ぶ学者も出た。資本主義経済がこれまで経験してきた景気の上がり下がりという経済変動の歴史は、もはや終わったとする議論である。だが、この「高原景気」も長続きはしなかった。

間もなく、二一世紀に入っての先進国経済の困難と苦難の歴史が始まるのである。

ITバブル経済の崩壊

そのきっかけは、二〇〇一年にアメリカでのIT(Information Technology 情報技術)バブルに支えられた「高原景気」がはじけたことによる。実際、この時期に、「IT革命」と呼ばれたインターネット発達とあいともなって生じた関連情報通信企業に対する投資は、異常なまでの高ぶりを見せ、「ドットコム会社」と呼ばれる多くのIT関連ベンチャー企業がアメリカ西海岸を中心に叢生《そうせい》した。これらの会社の株価は一九九九年以降、異常に上昇したが、二〇〇一年にこのバブルははじけ、多くのドットコム会社の破産を導いた。

ITバブル崩壊には、いくつかの理由がある。第一は、連邦準備制度(FRB アメリカの中央銀行)が景気過熱に直面してとった金融引き締め、金利引き上げ政策によって、ITベンチャー企業の資金繰りが困難になったことである。

第二は、IT分野への過剰投資が懸念され、投資家が株売りに転じたことがある。バブルは必ず、その反落を生む。

第三は、それと一連の動きで、二〇〇一～〇二年にエンロン社(売上げ高全米七位の石油、IT企業)、ワールドコム社(電気通信企業の大手)が次々と破産するが、これらの大企業は、粉飾決算で高利益を挙げているように装い、株価を吊り上げて、社内経営陣が莫大な利益を挙げて株を売り抜ける不正をおこなっていたことが明るみに出た。日本でもやや遅れて二〇〇六年、情報企業ライブドア社の不正経理が発覚し、同社の一部上場廃止が決まった。

ＩＴバブルの崩壊から始まったエンロン社、ワールドコム社など大手の関連企業の破たんは、アメリカ資本主義がおちいっている袋小路を示すことになった。すなわち、資本を蓄積し、生産を増加し、人びとの消費生活を豊かにしてきたことが、資本主義経済が多くの人に受け入れられてきた根本的な理由だった。だが、こうした経済システムの本流に貢献するよりも、だぶついたかねをできるだけ手元に引き寄せるために、粉飾決算や不正経理によって株価を吊り上げ、一部の株主や経営者が高額の利益を手にし、多くの小株主がその後に来る株価暴落によって大損をこうむるマネー資本主義が横行するようになった。「利益が投資を呼び、投資が利益を生み出す」資本主義の経済循環を、一部の大株主が法律をかいくぐって、自己利益のために悪用したと言えるが、ＩＴバブルの崩壊は、その後に来る大規模な金融危機、政府の債務危機を予告することになった。

二〇〇〇年代には、アメリカから世界経済に影響をおよぼす通貨・金融不安が二次にわたって、発生した。

第一次は、二〇〇六〜〇七年に起こったサブプライム・ローンの破たんである。サブプライム・ローンは、優良債権のプライム・ローンに対して、優良性の劣る貸し付けを指す。二〇〇四〜〇六年にかけて、アメリカ金融機関による住宅ローンの不良債権が累増し、これを金融商品に組み込んだ多くの金融機関が、その結果、破たんすることになった。これは二一世紀に入って、ITバブルがはじけた不況期に、政府・FRBがとった金融緩和政策によりだぶついた資金(過剰流動性)を使うために、銀行が先を争って、住宅関連の融資商品を開発し、返済能力の疑わしい利用者たちに対して、住宅ローンを豊富に供給したことによる。

マネーのだぶつき⇓貸出競争⇓住宅バブル⇓多重債務⇓バブル崩壊⇓資産価格暴落

この筋道から、金融機関に打撃がおよぶことはすぐ想像できるが、二〇〇八年には、リーマン・ショック(Lehman shock)と呼ばれる有力証券会社のリーマン・ブラザーズの破産、ベアー・スターンズ社とメリル・リンチ社は救済合併、ゴールドマン・サックスとモルガン・スタンレー社は銀行持株会社へ移行(FRBの救済監査を受けやすくするため)、という米五大投資・証券会社の破たんがあいついで起こった。

投資・証券会社の破たんは、これら大証券会社の発売する金融商品(サブプライム・ローンなど)を保持する銀行システムにも当然大きな影響をおよぼし、二〇〇九〜一一年には全米で年平均一三〇件におよぶ銀行破たんが生じた(預金保険機構「米国における金融機関破綻件数の推移」二〇一三年九月)。これら金融機関の破たん、またそれにともない市場への信用(ローン)供与が収縮したことにより、実体経済にも影響がおよんだ。二〇〇九年四〜六月にかけては、自動車大手のクライスラー社、GM社が連邦倒産法適用の申請をおこない、金融恐慌が経済危機へと波及した。アメリカ経済の金融恐慌は、ヨーロッパ連合(EU)、アジアなど、アメリカ経済と密接なつながりを持つ諸国にただちに伝播《でんぱ》する。株価の暴落、ドル安(円高)、輸出不振など、世界同時不況が訪れる。二〇〇八〜〇九年の時期にアメリカ、EU、日本など多くの国がマイナス成長を記録した。

政府介入と国家債務危機

第二次の通貨・金融不安は、この金融危機への対策として、各国政府がとった金融・財政政策が、財政赤字をふくらませたことによる。

二〇〇八年一〇月、アメリカ議会で成立した緊急経済安定化法(公的資金により金融機関の不良債権を買い取る)にもとづき、一一月の選挙で当選し、翌〇九年一月に発足したオバマ政権は、立ち上がり時の経済危機に際して、計一兆ドル近い空前の金融緩和策を実施した。二〇〇九会計年度(〇八年一〇月〜〇九年九月、以下同様)のアメリカ財政赤字は過去最大の一・四兆ドルにおよび(二〇〇五〜〇八年度は年平均三五四〇億ドルで、一気に四倍にはね上がった)、〇九〜一二年度は年平均一・六兆ドルの赤字を計上した。政府による民間金融部門を救済するための公的資金注入は、ヨーロッパ、日本でも同様である。日本ではこの不況期の財政赤字は、〇七年の一〇・七兆円から、〇八年には二〇・六兆円、〇九年には四九兆円へと三年間で約五倍にふくらんだ(一〇〜一三年は、毎年四五〜四八兆円の規模)。

アメリカの場合には、FRBが二〇〇八〜一一年にかけての二次の大量資金供給政策をとり、景気の立て直しを企てた。これが、量的緩和第一弾（QE1）、第二弾（QE2）と呼ばれる。QE1、QE2により、FRBはアメリカ国債を買い増しして、市場に第一次一・六兆ドル、第二次六〇〇〇億ドルの資金供給をおこなった。さらに一二年八月以降はQE3により市場から住宅ローン担保証券を大量に買い取って（月額四〇〇億ドル＝四兆円）、資金を注入し、景気回復に努めている。だが、このような金融緩和策はアメリカ国債に対する市場の信認をゆるがし、ドル価値がユーロ、円と比べて独り低下する結果を導いた。とくに二〇一一年七月に円の対ドルレートは一ドル八〇円を割り込み、七七円の「超円高」水準へと上がり、3・11以後の復興をめざす日本経済の足を引っ張った。アベノミクスは、金融・財政政策を出動させ、円高の是正を企てたわけである。

オバマ政権は、この間、連邦債務の上限を引き上げ、景気回復とキャッシュフロー（手元で利用可能な資金）の確保に努める法案を議会で通した。しかし赤字財政の拡大は国債デフォルト（価値下落、金利上昇）の恐れを導き、一四年以降は、FRB議長のバーナンキ氏からイエレン氏への交代とともに、金融緩和の「出口戦略」を模索し始めた。

二〇〇九年以降は、ユーロ圏の経済危機が顕在化した。

そのきっかけは同年ギリシャでの政権交代により、従来は対GDP（国内総生産）比三・七％と公表されてきた財政赤字が一三・六％にのぼることが判明し、ギリシャの国債に対する信用不安が高まったことに発する。二〇一〇年四月、ギリシャ政府は国際通貨基金（IMF）およびEUなどに対して金融支援を要請する。翌五月にはIMFとユーロ圏により、一一〇〇億ユーロ（ギリシャのGDPの半額強）にのぼるギリシャ支援の枠組みができた。だが、アイルランド、ポルトガル、スペイン、イタリアなどの財政状況にも懸念が拡大した。

キーワード　国家は破産するか？

しばしば国家は破産することはないと言われ、債務累積などのモラル・ハザードが正当化される場合がある。だが、国家は破産するし、政府の交代を導いたり、時には、消滅する場合もある。吉田一郎著『消滅した国々』（社会評論社、二〇一二年）によれば、第二次大戦以降に消滅した国は一八三か国にのぼる。国家の消滅にはいろいろな原因があるが、ソ連消滅のように、国内経済の困難と閉鎖的な体制の行き詰まりが人びとに自覚されて、連邦国家崩壊を導いた例もある。

国家破産の際にどういう事態が起こるかは、二〇一〇～一一年のギリシャ経済危機で、白日の下にさらされた。すなわち、ギリシャは財政危機に直面して、IMFとEUに一五五兆円にのぼる巨額の支援を仰いだが、その代償として、緊縮財政（公務員給与や年金など政府支出のカット、公務員大幅削減、消費税増税など）を受け入れることになった。一〇～一二年の三年間にマイナス一三％という経済の急激な収縮が起こり、給与レベルのダウン、給与遅配、失業率の上昇（二〇一二年末に二七％、若者層では約五〇％）、物価上昇、中小企業の破産、うつ病患者や自殺の増加などが生じた。国民は耐乏生活を余儀なくされ、燃料価格の上昇からまきストーブが増え、公園の樹木が不法伐採されたり、首都アテネの大気汚染が深刻化したとも伝えられる。またデモが、この時期にはあいついだ。英『エコノミスト』誌(二〇一二年一月一四日)のルポによれば、ホームレス住民が増え、また犯罪、腐敗(詐欺、横領、賄賂など)が目立って、投資環境もよくない、という。一二年五~六月のギリシャ選挙で成立した新連立政権下でも政情が安定しているとは言えない。赤字財政とは、自分の収入以上の支出をおこなうということだが、ギリシャの事例(スペインも似たような状況)は、自分でまかなえる以上の生活を続けるとどうなるか、という見本といえる。ギリシャを取材した『ニューズウィーク』誌の特派員は、ギリシャの大連立政権が国民受けの悪い緊縮政策を継承せざるをえないとき、有権者の選択が「極右か極左しかなくなること」を恐れている(Digital Newsweek, May 8, 2012)。ギリシャの例は、日本にとっても他人事ではないだろう。

南欧諸国では、政府の財政赤字が増え、財政赤字の対GDP比はイタリア四%、ポルトガル、ギリシャ、スペインは六~八%(IMF二〇一一年予測)と、EU基準の三%を超えており、政府債務の対GDP比は、スペイン六七%、イタリア一二一%、ポルトガル一〇六%、ギリシャ一六六%におよんでいる。これら政府債務の増大から、国債の信用下落、利回り上昇(六%台)、政府の財政危機の悪化、歳出引き締め、失業率増加、社会不安という悪循環が生まれている。

これら南欧諸国の財政危機には、単にこれら政府の財政が放漫だったというにとどまらず、この放漫財政を促進したいくつかの要因がある。

一つは、ユーロ圏内の経済格差が顕在化し、ドイツの膨大な黒字の反面、これら諸国の赤字が拡大したことがある。

第二は、世界にだぶついている膨大な国際流動性(通貨)が、ヨーロッパ諸国の政府債券に投資されたり、域内銀行に貸し付けられたりして、ソブリン(国家主権)危機をあおったことがある。

第三に、この時期におけるEUへの中東欧諸国の加盟により、従来、労働力が低廉で、コスト優位を持ってきた南欧諸国から、資本が中東欧諸国に向かう傾向があらわれた。

第四に、南欧諸国はヨーロッパ共同市場という競争的な枠組みのなかで、構造改革の課題をかかえていたが、それへの対応が遅れたことである。

これらの要因を通じて先に述べたアメリカ発のマネー経済および金融の危機がヨーロッパであらわれ、とくに経済構造の脆弱《ぜいじゃく》な(多国籍資本への依存度が高い)南欧諸国に打撃を与えたと解釈できる。

それゆえ、EU諸国は二〇一〇〜一一年に財政規律協定に合意し、最大一兆ユーロまで融資を可能とする財政安定化メカニズムを設置した。そしていくつかの国での金融取引税の導入など、金融貸し付けへの監視を強め、銀行・財政制度の共通化、財政統合の方向で、経済危機からの出口を模索している。この間、ユーロの為替レートは大きく下落し、二〇〇八年六月の一ユーロ一六八円から一二年六月には一ユーロ一〇〇円台へと四割下がった(一三年八月には日本の金融緩和で、一二八円へと戻す。一四年三月初旬のレートは一四一円)。

ヨーロッパの経済危機、ユーロ安には、ユーロ圏諸国の統合に向けての足並みの乱れとともに、現在、世界で二〇〇兆ドルを超える金融資産(株式・社債・国債+銀行預金の合計。しかし、世界のGDPは二〇一〇年で約七〇兆ドルにとどまる)の一部が、いまソブリン危機について述べたように、投機的に動かされているという事情がある。これを過剰流動性という。このドル安、ユーロ安の反面、円高がもたらされたわけだが、円も膨大な財政赤字(二〇一一〜一三年度平均で対GDP比九%、国債残高二二〇%でOECD諸国中最悪の水準)をかかえ、安倍内閣の下での金融緩和、財政出動政策により、いつソブリン危機の状態におちいるかわからない。円とユーロ相場の上下は、世界経済における実体経済から大きく離れた、金融経済一人歩きのあらわれでもあるのだ。

こうして、二一世紀にあらわれたアメリカの経済行き詰まり、「市場の失敗」と「政府の失敗」の二重の失敗から必然的に起こった資本主義の危機的な状況は、ヨーロッパ、そして世界に波及した。この間、アジアなどの新興国は、一九九〇年代以来、多国籍企業を積極的に受け入れて「世界の工場」化した。だが、一九九七〜九九年にはヘッジ・ファンド(第3章)のマネー経済に翻弄《ほんろう》され、通貨・金融危機に直面し、輸出産業のダウン、経済混乱から、工員たちが大都市から農村に帰される現象が見られた。その後、アジア経済は地域協力により立ち直る兆候を見せたものの、二〇一三〜一四年には、いくつかの国でのバブル現象とともに、多国籍企業による資金流出に脅える局面も出てきた。これは、アメリカの金融緩和政策が引き締めに転じると、金利が上昇し、外国に流出した資金が引き揚げられる傾向が見て取れるからである。
新興国の経済も、けっして安定した成長軌道にあるわけではない。

格差の拡大

だが、経済問題のほかにも、グローバリゼーション下に南北共通して起こっている大きな問題がある。それは、社会問題と環境問題である。

社会問題は、「一％対九九％」と呼ばれる社会格差、貧富格差の拡大としてあらわれている。二〇一一年九月から数か月にわたり、ニューヨーク市の金融街ウォール街で、二〇代の若者を主とした数千人のデモが「ウォール街を占拠せよ！」と叫び、街頭行進や座り込みを始めた。「われわれは九九％だ！」と主張するこのデモは、全米各地に広がった。このデモはグローバリゼーションの進行によりアメリカ社会の中核に位置した中産層が没落してきたこと（デモの参加者は圧倒的に白人層だった）、金融危機以降の失業率の増加（五％から一〇％へ）、とくに高校、大学卒の若者の四割が就業できない厳しい状況を反映したものである。若者の就職難は、ヨーロッパや日本でも共通している。

他方で、オバマ大統領の二〇一二年経済報告（同年三月議会提出）によれば、上位一％の人による所得シェアは七三年の八％から二〇一〇年には二四％へと三倍に伸びており、アメリカにおける貧富の格差拡大は著しい。貧富格差の拡大は世界的に見られる現象で、これが中南米の急進化、「アラブの春」、日本での政権交代（二〇〇九年）などの政治変化の背景にある。二〇一三年には、エジプト、トルコ、ブラジルなどの中所得国で、青年・失業者層の大規模なデモが起こり、エジプトでは軍部介入による政権交代を導いた。

アメリカの場合は富裕層への課税による雇用創出のような新しい政策がオバマ政権によって実施されたが、同じく経済格差の拡大している日本では逆に、富裕層・大会社を富ませることによって全体の引き上げ（トリクルダウン効果）を狙うアベノミクスがまかり通ろうとしている。「われわれは九九％だ！」という南北を問わず多くの国で提起されている問題提起は、グローバリゼーションを思想的に支える新自由主義の見直し、政府の社会的公正や雇用を重視した戦略、家族や地域社会を重視した政策、EUで二〇一五年から導入を計画している金融取引税（第3章）のような投機規制などへの政策転換をうながし、市場万能の風潮に警鐘を鳴らすものであった。

深刻化する環境問題

二一世紀に入って、環境問題も厳しさを増している。

地球の温暖化は進行しており、国連の「気候変動に関する政府間パネル」（ＩＰＣＣ）第五次評価報告書（二〇一三年九月）によると、現状のままで推移すれば、地球の平均温度は二一世紀末までに一・四～五・八℃上昇するという。北極圏でも氷の溶解が進み、氷の量は二〇世紀後半の平均から二〇一二年にかけて約四〇％減少したとされる。

温暖化は二酸化炭素（CO_2）などの温室効果ガスの排出量増加とともに、森林減少とも関連しており（第8章）、国連の場でも「気候変動に関する枠組み条約（ＵＮＦＣＣＣ）」やＩＰＣＣを発足させて、京都議定書、ポスト京都議定書などが話し合われた。京都議定書では先進国が一九九〇年時の温室効果ガス排出量を二〇〇八～一二年に少なくとも五％削減する目標を定めたが、アメリカや新興国の不参加などが批判された。ポスト京都議定書の協議では、アメリカ、主要新興国（中国、インドなど）をも加え、各国が自主削減目標を提出し、調整する方向で議論がまとめられた。

地球温暖化は近年の異常気象――南の世界の干ばつ、米州のハリケーンや竜巻、二〇一三年八月に日本各地を襲ったゲリラ豪雨（気象庁によれば「経験のない大雨」）、九月のフィリピンの空前の台風、高波、中国やアジアの洪水など――との関連も指摘されている。

途上国の環境問題も、公害、環境汚染、酸性雨、生物多様性の破壊など、厳しさを増しているが、近年では中国北部での黄塵《こうじん》や煙霧《えんむ》などの大気汚染が深刻化している。二〇一二年下半期のデータにもとづく中国環境省発表では、主要都市の大気汚染でＰＭ２・５と呼ばれる微小粒子（直径二・五マイクロメートル［一マイクロは一〇〇万分の一］以下の粒子）が、一立方メートル当たり年間平均七六マイクログラム（WHO基準の七倍以上の「重度汚染」）のレベルという。北京大学などの調査でも、大気の重度汚染は、呼吸器疾患や心臓病、眼の炎症など、人間の生命健康にリスクをおよぼす恐れがあることが報告されている。中国では一月から五月の時期に、大気汚染警報が連日のように市民に警戒を呼びかけ、大都市では市民がマスクをかけて外出するのが通例だが、大気汚染警報は今では通年出されることが珍しくない。

日本の環境省でもPM2・5の越境汚染の観測網拡充や専用HPなど、対策に乗り出した。WHOによれば（"Air Quality and Health", Fact sheet No. 313, Sept. 2011）、大気汚染による死者は途上国の都市化が進展するとともに増え、年間一三〇万人に達する。

二〇一一年三月の福島第一原発事故も、放射能汚染が人間や生きものが住めない大地や環境を生み出し、家族や地域社会をばらばらにこわしてしまうことを実証した。核汚染物質の処理の仕方ひとつ決まっていない。核開発が進むかぎり（第8章）、人間は環境悪化の恐怖と背中合わせで暮らすことになることを、福島の事故は私たちに教えた。同時にこの事故で、原発の推進が日本では原子力ムラと呼ばれる政官財学メディアの複合体の手になること、この複合体は現在危機に瀕している世界的な資本蓄積メカニズム（日本では「政官財業」支配体制）の一部を形づくっていることも明らかになった。

東南アジアでも、一九八〇年代以来インドネシアで毎年のように続いているアブラヤシなど商品作物栽培のための野焼きから生じる煙霧が、二〇一三年六月にも、シンガポール、マレー半島を襲っていることが報告された。

以上、地球レベルでのグローバリゼーションにともなう社会、環境問題の深刻化を見たが、現時点での世界経済には四つの明白な動きが看取《かんしゅ》される。

(1)先進国では、過剰流動性(マネーのだぶつき)の使い道が見出せなくなり、膨大な資金が国境を越えて動いている。

(2)そこから、アメリカ発のサブプライム・ローン危機、リーマン・ショックなどの「市場の失敗」を示す経済危機が起こっている。

(3)政府は、金融機関や市場を救済するために、財政能力を動員しているが、いまや先進国の低い経済成長は、国家債務の増加によって辛うじて維持される状態である。

(4)そして、世界的に環境の悪化が続き、貧富格差など社会分裂が拡大している。

以下、二一世紀世界経済の特徴、諸要因を、日本との関連で、将来にわたって眺めていくことにする。

I

進行するグローバリゼーション下の世界経済

第1章　グローバル化 vs. 地域化

グローバリゼーション

グローバリゼーションとは、一九九〇年代初めの東西冷戦体制が解体して以降、急速に進んだ世界経済の市場経済による一元化を指している。

この動きは、何よりもまず、近現代世界を特徴づけた国民国家体制（nation state system）を越えるような、すなわちトランスボーダー的（あるいはボーダレス的）な経済活動に発し、国際関係（international relations）をグローバル規模に変えていく現象であり、それゆえ、グローバリゼーションと呼ばれている。

しかし、グローバリゼーションには、経済面と意識面の二つがあることに注意しておこう。

経済面では、世界的な生産力の拡大にともない、市場経済が国境を越えて展開している。これは、貿易の拡大にとどまらず、資本の面でも同様であり、多国籍投資の拡大がまた、貿易の拡大をともなっている現象がある。この、経済グローバル化はしたがって、貿易（商品やサービス）のめざましい数の増大と資本移動の大きな流れとしてあらわれている。

一九六〇年時に一三〇〇億ドル程度だった世界の貿易(輸出)額は、一九九〇年時には三兆五〇〇〇億ドル、そして、二〇〇〇年時には約六兆ドル、二〇一二年には一八兆ドルへと増えた。最近の四半世紀間にも世界貿易額は五倍強へとふくらみ、二一世紀に入っての一〇年間に三倍へと加速度的に増えているのである。また、海外直接投資(ストック。累積額)は、一九七〇年の約一〇九億ドルから、二〇〇〇年には八兆ドル、二〇一二年には約二四兆ドルへと、これもめざましく伸び、近年では新興国の海外投資も大幅に増えている。

こうした投資の増大とともに、投資以外の資金フロー(年々の流れ)も膨大に増えた。今日、多国籍企業は世界に約八万社以上、その生産額は、世界全体のＧＤＰ七〇兆ドル(二〇一〇年)の約一七%に相当する約一二兆ドルとみられるが、これは日本のＧＤＰ六兆ドルの二倍、アメリカのＧＤＰ一四兆ドルに近い生産額である。

これら多国籍企業は、発展途上地域から安価な資源や製品、そして稼得した外貨を先進国に移転することにより、先進国での富の蓄積、人びとの快適な生活の維持に貢献している。同時に、これまでタテ型社会に慣れてきた南の国の人びとに世界を見渡す新しいウィンドウ(とくに消費生活やＩＴなど)を提供していることも、また事実である。

多国籍企業の国境を越えた進出と同時に、世界的なマネーの流れが著しく増えていることに着目しておこう。多国籍企業が本国以外で動かしている資金を「ユーロ・マネー」と呼ぶ。ユーロ・マネーは、毎日数兆ドルの規模で動いており、もしこの資金の一部でも投機に用いられれば、どんな国の為替レートも翻弄《ほんろう》されずにはいられない。それは、アジアの通貨・経済危機が示したことだし、最近のユーロ危機が証明しているとおりである。実際、これら多国籍企業と関連金融機関(第3章で扱うヘッジ・ファンドなど)は、「マネーがマネーを生む」カジノ経済(第4章)の動因であり、近年急ピッチで拡大している南北格差、南南格差、また世界的な貧富格差をすすめる主体でもある。

経済のグローバル化に比例して、国際的な人流、労働力の移動も著しく増大している。国際移住機関(IOM)の報告によれば、二〇一〇年の時点で、国際移民は約二億人、国内移民は七・四億人で、世界人口の七人に一人、約一〇億人が自分の出生地外で暮らしている。今日では世界で数億にのぼる人が国境を越えて出入りしており、世界の航空機輸送旅客数は、一九九七/九八年の年間一五億人から二〇一二/一三年には二九億人へと二倍に増えた。

それとともに、日本人の海外旅行者数も、一九九〇年の一〇〇〇万人から、二〇〇〇年には一五〇〇万人、そして二〇一二～一三年には一八〇〇万人前後(いずれも出国者数)へと増えた。外国人の入国者数は、同じく一九九〇年の三六〇万人が二〇一三年には一一二五万人へと増えている。

国際労働機関(ILO)によれば、二一世紀初めの時点で欧米諸国では労働人口の五～一五%が他国籍、あるいは外国出生人口であり、その数は三〇〇〇万人を上まわった。日本での在留資格をもった外国人人口も、一九八六年の約八七万人から二〇〇〇年には約一六〇万人、二〇一〇年には約二一四万人と三倍近く伸び、とりわけ非永住の一時居住外国人数は同じ期間に二一万人から一一七万人へと五・六倍に増えた。日本の場合は、欧米諸国と比べると、外国人労働力は総労働力の一%強にとどまるものの、日本の労働力不足の傾向からして、今後、労働市場の開放はますます進むと見られ、もはや私たちの身の回りの職場で外国籍の人を見ることは珍しいことではなくなっている。

紛争や災害による難民数も著しく増えており、二〇一二年一月の時点で国連難民高等弁務官事務所(UNHCR)が認定した難民および国連パレスチナ難民救済事業機関(UNRWA)が認定したパレスチナ難民は合わせて一五四〇万人にのぼる。このほかに、国内難民二八八〇万人が記録され、迫害、紛争、暴力、人権侵害などが原因で世界中で避難を余儀なくされた人は四五二〇万人にのぼる、とUNHCRの二〇一三年度報告は述べている。その八割がUNHCRの支援を受け、これは一九九〇年代初めの難民数約一六〇〇万人から比べると、二倍以上になる。

経済のグローバル化はいま見たように、貿易、投資、労働などの面で、市場経済の世界的な展開のうえに成り立っている。それが、世界的な自由化、開放体制化、規制緩和、民営化とあいともない、今日まで国民国家間の関係として成り立っていた国際関係の風景を大きく変えることになった。つまり、国民国家の境界は低くなり、資本や商品や労働などの行き来が活発化し、国民国家の規制力は弱まり、多国籍企業が設定したスタンダードが「グローバル・スタンダード」としてどこでも通用するようになってきた。

世界的な生産諸要素（資本、経営、資源、労働力など）の自由流通とさまざまな知識や経験が出合うことから生じる技術革新により、世界的に生産力はめざましく増大した。じっさい、世界のGDPは一九九〇年の約二〇兆ドルから、二〇一〇年には七〇兆ドルへと、わずか二〇年間に三・五倍に増えたのである。

だが、グローバル化は富の拡大という「プラス」の側面ばかりではない。生産力増大の反面、世界的に南北の格差、また、繁栄地域と沈滞地域、そして一％の富裕層と大多数の庶民間の格差は拡大した兆候がある。新興国を始め、南の国の経済成長は著しく、また元気がよいが、貧困や失業も南北を問わずめだつようになった。先進国でも途上国でも、貧困は時を追って拡大しているようである。グローバル・スタンダードがまかり通る反面、多くのローカル固有のスタンダード（文化伝統）が消失してしまうという問題点も発生する。

また、グローバル・レベルでの工業化の進展とともに、公害、環境や生態系の悪化も強まり、経済発展の持続性が危ぶまれるようになってきた。グローバリゼーションのもつ「マイナス」面だが、これらについては、また後で述べよう。

ＡＩＤＳ／ＨＩＶ、ＳＡＲＳ（重症急性呼吸器症候群）、ＢＳＥ（牛海綿状脳症）のような新感染症の発生が増えていることにも注意しておこう。

キーワード　ワシントン・コンセンサス

経済のグローバル化については、アメリカの首都ワシントンＤＣに位置するブレトンウッズ諸機関（ＩＭＦ、世界銀行など）は、国際収支が赤字で、外貨繰りがむずかしい途上国に融資をしたり、あるいは開発融資をしたりする場合に、その代償として「コンディショナリティ」と呼ばれる経済政策に関する条件を付け、政府規制の緩和、経済自由化を指導する。これらワシントン・コンセンサスにもとづく政策はいずれも途上国で市場経済化をすすめ、「小さい政府」を実現して、途上国市場の世界資本主義経済システムへの統合をすすめる手段だが、現在は先進国の経済困難が大きくなったこと、条件付き介入もあまり効を奏さなかったこと、また途上国への民間資金の流入が膨大となり公的資金の発言力が小さくなったこと、などの理由から、その役割は減退傾向にある。

キーワード　グローバリゼーションと難民、新感染症

グローバリゼーションと難民の増大、新感染症の流行はどう関連しているのだろうか？　経済のグローバル化が国境を越えて市場経済が拡大していく現象だということを、本文では述べた。

グローバル化のなかで、従来の国民国家が解体し、そのなかで、諸民族のアイデンティティも

強まっている。そこから自治独立運動も高まるし、また、他方で天然資源の豊かな地域では、この資源を誰が支配するか、という利益分配の問題も先鋭になる。前者の例としては、ソ連やユーゴスラビア連邦の解体、またアフリカでのエチオピアとエリトリア分離、ルワンダ、ブルンジでのツチ、フツ両民族の対立抗争などが挙げられるし、後者の例としては、コンゴ民主共和国(旧ザイール)、リベリア、シエラレオネなどでの内戦がある。

新感染症はここ三十数年、ＡＩＤＳやエボラ出血熱などを始めとして急速に拡大し、ときには動物の感染症としても広がっている。新感染症が流行した原因については病気ごとに諸説があり、必ずしも確定した説は存在しないが、一つには、開発や市場経済化の進展により、森林が伐採されるなど、いままで人類に未知のウィルスがヒトと接触するようになったこと、そのようなウィルスを運ぶ媒体が交通や貿易の発達により、急速に世界各地に伝達されていることがある。また、動物の感染症については、市場経済化と効率的な生産を追求することから、家畜飼育の工業化(画一的なケージ飼育や大量生産飼料の投与)が広まっていること、また、発生した病気が市場を経由して伝播しやすいこと、などが原因として考えられる。

その意味では、難民増大と新感染症流行の土台には、すべてを商品化し、国家体制を弱体化させるグローバリゼーションが横たわっていると、考えることができよう。

経済のグローバル化とあいともなって、人びとの意識のグローバル化も急進展している。その代表的な領域は、人権と環境に関する意識である。

人権概念はもともと、西欧で市民革命や労働運動の興隆にともない、まず自由権、次いで社会権として発達してきたのだが、第二次世界大戦以降、旧植民地の独立とともに、第三世代の人権と呼ばれる新しい人権概念が次々と成立した。すなわち、男女の同権、自治権、発展権、環境権、情報権、性と生殖の権利等々は、いずれもこのような新しい人権、第三世代の人権である。

第二次大戦以降、まず世界人権宣言(一九四八年)が、これまで人類の共通財産として発達した人権概念を整理して、人権や人間の尊厳、民族間や両性の平等が平和の基礎であることを明らかにした。この人権宣言で示された基準にしたがい、今日の段階での人権概念を法規範として示したのが、一九七六年に国連の場で発効した国際人権規約(自由権および市民権を定めたB規約、社会的経済的文化的権利を定めたA規約)である。この国際人権規約には大戦後、新興独立国、発展途上諸国から提起された新しい人権がかなりの程度ふくまれており、今日の人権概念が、西欧の独占物ではないことを示している。たとえば、国際人権規約A、B両規約でともに第一条に掲げられた民族自治権、天然の富および資源に対する権利、またA規約の飢えから免れる権利などがそれである。

二〇世紀前半までは、人権は国家の憲法に書き込まれ、国家が保護すべきものと考えられていたが、第二次大戦後はじめて、国際人権の概念が登場し、国際社会、国際機関が尊重すべき普遍的な概念として、国際条約として示されることになった。

今日ではこれら国際条約の成文化には、各国や国際NGO（民間国際協力団体）が審議の過程にさまざまな形で関与し、市民の視点をもりこみ、国際人権の発展に貢献している。また、グローバルな問題に関連した国際条約が成立すると、必ず、その行動計画が定められ、世界的に各国、また、国内の各レベルに至るまで、これを実施していく手段が強化されていることも、今日の国際人権の大きな特徴である。その一例として、国連の世界女性会議で採択された宣言・行動計画にもとづき、各国で行動計画が設定され、それが地方政府や自治体レベルでも行動計画の採択におよんで、グローバル・レベルから地方レベルに至るまで、男女平等が進展していることがある。その実施には各国、地方レベルで、単に行政の音頭取りに終わらず、それぞれNGO、NPO（民間非営利団体）など市民社会の参加があり、人権意識が草の根まで浸透していっていることがわかる。これは、人権のグローバル化を意味するものである。

また、環境問題も急速にグローバル化している。第二次大戦後の経済成長ブームのなかで、公害問題もまた各地で悪化したが、生産力の増大とともに、一国の公害が、酸性雨や大気・水・海洋などの汚染として他国に拡散するばかりでなく、大気中のCO^2蓄積にともなう地球の温暖化、森林伐採にともなう砂漠化や異常気象、化学物質の氾濫から起こる人間の健康への悪影響など、われわれの将来世代の生活環境をそこない、人類の存続そのものにかかわる事態さえ生じてきた。核実験など軍拡競争から起こる環境破壊も、強く意識されるようになった。

「かけがえのない地球」を守ろうというグローバル意識があらわれ、一九七二年のストックホルム国連環境会議、九二年にリオデジャネイロで開かれた国連環境と開発に関する会議(地球サミット)と「アジェンダ21」の採択以降、急速に世界的に広まってきている。いまから三〇年くらい前には、「環境よりも煙突を」といった発展途上国の主張も国際会議などの場で堂々と口に出されたが、今日では、南の途上国でも環境保全を推進するNPO、NGOなどの市民団体がひろく活躍するようになっている。

このようなグローバルな規模での環境保全をめざす国際条約としては、一九八五〜八七年のオゾン層破壊を防止するためのウィーン条約、モントリオール議定書、九二年の生物多様性に関する国際条約から、同年に国連の場で採択された地球の温暖化を防止するための気候変動に関する枠組み条約、これに沿い、具体的に各国のCO_2排出削減量をとり決めた九七年の京都議定書、九三年に発効した生物多様性条約(第7章)に沿い、二〇一〇年に名古屋市で条約締約国会議(COP10)が採択した愛知ターゲットなどがある。これら、グローバル環境に関するガバナンスの意義と仕組みについては後に第8章で検討するが、いずれも、環境意識のグローバル化の表現といえるだろう。

それでは、次に経済と意識のグローバル化がどういう関係にあるか、を見ることにしよう。

情報化

当然のことながら、経済や市場の発展は、情報、コミュニケーション手段・技術、交通・運輸手段などの飛躍的な発展をもたらす。光ファイバーによる大量情報伝達、インターネットやＥメール、ファックスなどによる瞬時のボーダレス・コミュニケーション、スカイプなど遠隔地テレビ対話、ＩＴ革命などは、経済や金融のグローバル化と切り離して考えることはできない。

表 1-1　世界のインターネット人口および普及率
（2000，2012 年）

（100 万人）

	2000 年	2012 年（普及率，%）
アジア	114.3	1,076.7（27.5）
日　本	47.1	101.2（79.5）
ヨーロッパ	103.1	518.5（63.2）
北　米	108.1	273.8（78.6）
ラテンアメリカ・カリブ海	18.1	254.9（42.9）
アフリカ	4.5	167.3（15.6）
中　東	5.3	90.0（40.2）
大洋州	7.6	24.3（67.6）
世界計	361.0	2,405.5（34.3）

出典：Internet World Stats 2012（http://www.internetworldstats.com/stats.htm）.

二〇一二年の時点で、世界のインターネット人口は二四億人におよんでいる（表1―1）。かれらは、コンピュータ、携帯電話などの情報端末、ＴＶ・ゲーム機などから、インターネットに接続し、世界的な豊富な情報源を利用し、同時に政府発表やメディアに頼らない水平的、社会的なコミュニケーションを著しく拡大させている。近年、携帯電話などがインターネット接続可能となったことで、南の諸国での普及率も急速に増え、さらに近い将来増加するものと考えられる。
二〇〇一～一二年の間にアジアでのインターネットへのアクセス人口は一・一億人から一一億人へと一〇倍に増えた。その半分の五億人が中国で、一割の一億人が日本である。二〇二〇年にかけて、中国、インドなどでのインターネット人口はさらに増加するものと見られる。日本での二〇一二年におけるインターネット普及率は八〇%でほとんど飽和状態である。

表1―2はアジア諸国における携帯電話の普及状況（二〇一二年）で、東南アジア諸国では、ほとんど一〇〇%か、それ以上に普及している。カンボジア、ラオスは国連や世界銀行の定義で最も開発の遅れた国（Least Developed Countries LDC。第9章）だが、携帯の普及はいまやそれぞれ一二八%、六五%である。ミャンマーのみ一〇%だが、これも開放体制により急速に普及するだろう。インドでは二〇〇七年には二億人余が携帯に加入

表 1-2　アジア諸国の携帯電話の普及状況(2012 年)

	加入者数(1,000 人)	普及率(%)
インド	864,720	70
インドネシア	281,963	114
カンボジア	191,051	128
タ　イ	85,012	127
中　国	1,112,155	81
日　本	141,129	111
バングラデシュ	97,180	63
フィリピン	103,000	107
ベトナム	134,066	148
マレーシア	41,325	141
ミャンマー	5,440	10
モンゴル	3,375	121
ラオス	4,300	65

出典：International Telecommunication Union (ITU), *World Telecommunication/ICT Indicators Database*, June 2013.

し、普及率は二〇％だったが、二〇一二年には八・六億人、国民の七〇％に携帯が普及している。

このような急速な情報通信化が国民や郷党意識をグローバル化させてきたこと、また、情報統制を時代遅れのものとして、民主化に貢献したことは疑いない。長らく軍政の下に閉鎖体制を続けてきたミャンマーが、二〇一一年秋以降、急速に開放化に転じた背景には、国内の民主化運動とともに、このような東南アジアにおける情報化の流れも作用していただろう。東西冷戦体制を崩壊させた「ベルリンの壁」事件のきっかけが何といっても、東の閉鎖的世界に、西側の開放体制のイメージが伝わったことに発したことも否めない事実である。こうした意味では、経済のグローバル化と意識のグローバル化の間には、正の相関関係がある、といえる。

しかし、両者の間には、正の相関関係ばかりではなく、緊張関係、あるいは矛盾関係も存在する。それは、市場や政府の失敗と関連している。先にみたように、経済のグローバル化は市場経済をベースとしており、市場経済の世界的展開をともなっている。だが、それと同時に、貧富や地域の格差、南北問題、独占や投機、環境破壊や公害、景気循環や失業などの、いわゆる「市場の失敗」現象もグローバル規模に拡大してあらわれてきた。それは、一九九〇年代をつうじて、ヨーロッパの通貨危機、次いでアジアの通貨・経済危機にもあらわれている。

情報化も市場の失敗の側面をもっている。つまり、世界的な情報化の進展とともに、「デジタル・デバイド」と呼ばれる、情報格差、情報の非対称性の問題も深刻化してきた。これは、世界的にもそうだし、また、国内的にもそうである。

情報が非対称的であるとき、情報を「出す側」は容易に情報を「受け取る側」に一方的な情報を与え、後者の行動を操作することが可能になる。いま、南の国々は、携帯電話、インターネットへのアクセスを通じて、この情報格差の是正に乗り出し始めたところといってもよいだろう。長らくアメリカ発の一方的な「危険なアラブ人」イメージで表現されてきたアラブ諸国がカタールに本拠を置く二四時間衛星テレビ局アル・ジャジーラを創設したのも、アラブ民族の思考を世界に伝える必然性からのことだったと考えられる。

人権意識と市民運動

このような情報面をも含む市場の失敗に対抗して、人権意識が強まり、経済のグローバル化を批判する運動を形づくってきた側面もある。

また、他方で、先進国では、東西冷戦体制のもとで進行した軍拡競争による緊張の激化があり、大戦の危険、軍拡と関連した環境破壊に抵抗して、軍縮・平和、人権を強める市民運動が展開した。発展途上国では、先進国へのキャッチアップをめざす国家による開発独裁体制のもとで進行した人権蹂躙《じゅうりん》、環境破壊に対抗して、人権と民主化をめざす市民運動が台頭した。情報通信技術の普及が「アラブの春」などの民主化の流れを導いたことも、しばしば指摘されている。これらはいずれも、「国家の失敗」(state failures)に対抗して、人権と平和を求める運動である、といってよい。

途上国ではしばしば、経済のグローバル化、多国籍企業の進出と結びついて汚職腐敗がすすみ、これがアジアでも通貨危機、金融システムの麻痺《まひ》を引き起こした一因となったので、意識のグローバル化は、経済のグローバル化をチェックする要因としてはたらいた、といえる。アジア経済危機以降、アジア各地で大きく進行している民主化の波はそれを示している。

しかし、考えてみると、意識のグローバル化は単に経済のグローバル化につれて出てきたのではなく、独自のダイナミズムをもつものかもしれない。それは、国連憲章や世界人権宣言が第二次大戦の惨禍《さんか》の教訓からつくられたように、人権、人間の尊厳、人間の自由な選択の拡大という人間社会の発展と関連している、ともいえよう。国際人権規約B規約の付属議定書で、個人が国家と対等な位置におかれ、人権を蹂躙した国家を訴追《そつい》する可能性を認められていることは、このような人間尊重の世界的な思潮を示すものといえる。ビッグビジネスによる経済のグローバル化を批判する主要勢力として、意識のグローバル化が強まってきた背景には、このような人間意識の世界的な進展が存在する。この本では、これを地球市民意識と呼びたい。

現在の世界における経済のグローバル化と意識のグローバル化の相関と拮抗《きっこう》関係のなかで、世界のガバナンス(統治の仕組み)に二重の大きな変化が起こってきている。その一つは、世界の政治経済のガバナンスが、先進国主導型から多文化型へと変わりつつあることであり、それは世界政治を切り回してきた主要国首脳会議（G８）に代わり、新興国を加えたG20の役割が大きくなっていることに示されている。

第二は、世界経済のなかで、東西冷戦体制時には「共産世界」対「自由世界」という一元論的世界観が支配的だったのに対し、グローバリゼーションをチェックするようないくつかの重層的な動きがあらわれたことである。このような重層的な動きとは、市民社会、テロリズム、地域主義という、それぞれ異なったアクター（主体）によって進められる世界の多元化の動きである。

これらを最後に見ておくことにしよう。

G8からG20、「G2戦略」への道

冷戦体制崩壊後、世界政治と経済の主要テーマについては、主要国首脳会議（G８サミット）の場で主要国により協議されるのが通常のことだった。先進国サミット自体は、石油ショック後、変動する世界情勢を話し合うために、一九七六年、フランスの呼びかけで、アメリカ、イギリス、西ドイツ、フランス、日本、イタリア、カナダによる先進七か国会議（Group of Seven　G７）として発足したのである。そこにロシアが加わり、G８となった。しかし、近年、新興国の台頭とともに、二〇〇八年以来開かれるようになったG20（Group of Twenty）の場での協議なくしては、こ

れらの問題への取り組みがむずかしくなった。G8に新しく加わったメンバーは、中国、インド、ブラジル、メキシコ、南アフリカ共和国、オーストラリア、韓国、インドネシア、サウジアラビア、トルコ、アルゼンチンの一一か国とEUである。

G8とG20はともに、ギリシャ、スペインの経済・財政危機を前にして、ヨーロッパ対策を討議したが、G8の場では、経済問題のほかに安全保障問題をとり上げ、シリア内戦、イランと北朝鮮の核開発問題が議論された。だが、ロシアの立場は他国と異なり、「先進国の政策調整」にはとうてい至らなかった。

G20はもともと、アジア経済危機後、新興国をも加えた主要国の財務相・中央銀行総裁が通貨・金融危機問題を討議したことから始まった経緯を踏まえて、経済・金融問題を主たる議題としている。いまや、世界の経済問題は新興国の参加なくしては動かないことが明らかになった。G8からG20への役割シフトは、新興国がますます世界経済のガバナンスに参加していく構図を示すものである。グローバル化の内部でも、多極化への動きはとどめがたい。

このガバナンスの変化のなかで、アメリカが二〇一一年以降、新しくアジア太平洋を重視した戦略(オバマ大統領は「アジアへの軸足転換　pivot to Asia」を宣言)へと外交政策の重点をシフトしたことに触れておこう。

これは、いわゆる「G2戦略」で、アメリカと中国の対話、協力を進め、アジアの成長活力をアメリカが利用して覇権《はけん》の再構築をおこなおうとする戦略である。二〇一三年六月に中国の習近平新主席は、オバマ大統領の招待に応じてアメリカ西海岸を訪問し、オバマ大統領と非公式に長時間にわたる会談(二日間八時間におよんだ)を持った。この習・オバマの外交史上、異例(毛沢東・ニクソンが、米中国交回復を準備した会談以来)の会談は、米中が向こう十数年間にわたる世界の新しいガバナンスを準備していることを世界に示すことになった。習が述べた「新しい大国関係を作る」という会談目的は、アメリカ側から言わせると、アジア太平洋におけるG2時代を準備するものと言える。

第二次大戦後、アメリカにとっては長い間、世界のガバナンスは冷戦を前提として、「自由世界」をアメリカが同盟国と取り仕切るというものだった。冷戦体制崩壊後、EUの台頭もあり、一時アメリカ主導の「パックス・コンソルティス」(主要国協調による平和維持)に傾いた時期があったが、9・11同時多発テロ、中国など新興国の台頭、中東資源地帯での戦争を経て、オバマ大統領期にはアジア太平洋との関係を重視し、そのための中国との協調の方向に外交戦略の軸を切り替えたと言える。米中会談では北朝鮮、尖閣諸島・南シナ海の領土問題、両国間のサイバー攻撃、貿易・経済、人権問題などが主たる話題となったと伝えられる。

端的に言うと、中国は今まで北朝鮮を西側との「緩衝地帯」として保護してきたのだが、直接アメリカと対話する姿勢に踏み出した。これに対して、アメリカは、太平洋での領土問題に関して現状維持の立場を確認しつつ、一方では中国との対話、他方では中国けん制の両面作戦をとっている。両国間に飛び交っていたサイバー攻撃は、両者が相討ちだったが、貿易・経済については両国がさらなる発展の必要を確認し、中国も場合によってはアメリカ主導の環太平洋パートナーシップ(TPP。第9章)協定に入る余裕があることを示した(中国に対抗してTPP入りを急いだ日本は足をとられる)。人権問題は、アメリカが話題として出しただけで終わった。二〇一三年の米中会談は、おおむね以上のような内容だったと見られる。

首脳会談後、七月にはワシントンで、米中経済の関係強化をめざす「米中戦略経済対話」が閣僚レベルで持たれた。習体制発足直後の米中双方の懸案事項に関する意見交換は、G2への道の地ならしといえる。そのため、中国は、習近平の主席就任直後、三月にロシアのプーチン・習の会談を済ませて、背後を固めたわけである。この米中関係再構築の試みは、アメリカの側からすると大国主導のガバナンス再建の試みにほかならない。だが、G2戦略も、アメリカにとっては財政・貿易の「双子の赤字」(第4章)の拡大、中国にとっては国内の「社会調和」と日本など東アジア近隣国との緊張問題が、それぞれ足かせになっており、安泰の道とは言えない。

市民社会

大国政府によるガバナンス再建の方向を見たが、グローバル化の反面、地域主義が興隆していることに注意しておこう。今日、グローバリゼーションのもつマイナスの影響に対しては、三つの側面から抵抗、またはこれをチェックするような動きがあらわれている。

第一は、いま述べたグローバルな市民意識に沿った市民社会の動きである。

このような市民社会の国益優先、物質優先に対抗する動きは、もちろん第二次大戦後はベトナム戦争に対する反戦運動あたりから始まるのだが、一九八〇年代のヨーロッパにおける中距離核戦力(ＩＮＦ)撤去の反核運動、それと並行した反公害、環境保全の「緑の党」運動などを経て、九〇年代後半からはまた、新たな展開をみせることになった。

つまり、南北格差の重圧が主として、最貧国に集中することから起こった債務累積問題に対する債務帳消し運動、また、貿易自由化を最優先してそこから発生する社会問題には目をそむけるような自由化政策に反対する運動などである。

なお今日では、毎年一月に、グローバリゼーションを推進する多国籍企業や国家指導者たちがスイスのダボスに集って開く世界経済フォーラム(ダボス会議)に対抗して、当初、ブラジルのポルトアレグレで、次いで、二〇〇四年にはインドのムンバイで開かれた世界社会フォーラムの場で、市民諸団体が地球レベルや各国におけるグローバリゼーションに関する経験を出し合い、国際機関や各国政府、あるいは多国籍企業に対して建設的な提言をおこなうようになっている。

テロリズム

第二は、グローバリゼーションを正面から敵視し、テロリズムという暴力的な手段によって、グローバリゼーションの動きをチェックしようとする試みである。以前は、テロリズムは、国家が民衆を弾圧する手段、または国内で政府に対する反対勢力あるいはゲリラが自らの政治目的を達成するための手段として、有力者を誘拐したり暗殺したりする行為としておこなわれていた。ナチスが政敵を排除し、ユダヤ人など少数民族を弾圧して「一つの民族」形成を試みた過程、イラクのフセイン政権のクルド人弾圧などは最初の例であり、また、ケネディ大統領やロバート・ケネディ法務長官の暗殺、ローマ法王ヨハネ・パウロ二世の暗殺未遂などは第二の指導者暗殺の例である。

しかし、ここ三十数年来、グローバリゼーションのなかで、国内政治の反対勢力が第三者や市民社会に攻撃を仕掛けて政治上の主張をアピールする行動が増えてきた。一九九七年一一月にエジプトのルクソールで欧米観光客がイスラム原理主義団のテロにあったこと、フィリピンのミンダナオ島で、ゲリラがやはり欧米観光客を拉致《らち》したこと、二〇〇五年、イギリスで開かれたG8サミット時の無差別地下鉄・バス同時テロ、二〇一三年四月、ボストン・マラソン時の爆発物事件などは、このような新しい型のテロといえる(国内育ちのテロ[homegrown terrorism]と呼ばれる)。

つまり、特定の政治行動を意図したり、反社会的な行動に走る勢力が、支配的権力の信頼性を損なうことによって、自分たちの政治上の主張をアピールしたり、政治目的達成への雰囲気の醸成を試みる行動である。その場合、もちろんかれらは、過去の国家権力によるテロリズムから多くを学んでいる。また、アルカイダのように、アフガニスタンでの反共戦争のためにアメリカが養成したテロ組織が転じて、グローバリゼーションを推進するアメリカに矛先《ほこさき》を向ける例（二〇〇一年の9・11同時多発テロ）もある。

今日の中東、パレスチナやイラクでは、これら三種のテロが混在して実行されていると言える。だが、テロリズムの土壌は何だろうか。一つは、増大する南北格差や南南格差、失業などのなかで、明日に希望を持つことのできない社会層の増加が、テロリストの実行勢力に実働部隊を提供していると言える。しかし他方で、テロリストに対して、しばしばかなりの資金援助が寄せられていることを見ると、それればかりではなく、グローバリゼーションのもたらす画一的で物質的な文明に対する反発が、かなり広汎《こうはん》に存在することもまた、考え得る一つの原因だろう。

それが、テロリズムという形態をとるかどうかは、じつは、その社会集団のもつ歴史的な出自、条件や文化的素養と関係しているかもしれないが、これを調べるためには一つ一つのケースをよく検討する必要がある。ただ、テロリズムがかなりの程度、今日の世界のもつ暴力的な側面をそのまま引き継いでいることは事実であり、テロリズムの根絶のためには、今のアメリカが9・11以降とっているような、「先制攻撃」などの軍事的暴力を強めることはかえって、「テロがテロを生む」無限の暴力の連鎖反応を進行させていく可能性は大いにありそうなことである。

テロリズムに対する最良の返答は、グローバリゼーションのもつ暴力的、人間性否定的な側面を和《やわ》らげ、人権と平和の観念と価値観を強めることによって、暴力と戦争の文化を平和と和解の文化に変えていくことでしかない。これが前に述べた意識のグローバル化、地球市民意識の涵養《かんよう》による平和形成の展望である。

今日、グローバリゼーションの進展のなかで、一方ではアメリカのように、自国の軍事力に依拠し、世界に自らの価値観に立脚した帝国を形成することにより、「ローマの平和」(ローマは軍事力により広大な帝国の版図に戦争のない状態を作り上げたが、そこでは奴隷や諸民族に対する圧制が常態であった)を作り上げようとする試み、他方では、それぞれの国でグローバリゼーションによる不安が高まっていることから、ナショナリズムを強める(国旗掲揚や国歌斉唱、また為政者の靖国神社参拝や自衛隊の海外派遣など)ことによって、これに対応しようとする試み、この両者があらわれている。これらはともに、テロリズムをなくすのではなく、より拡散させていく行動につながるものでしかない。

地域主義

第三に地域主義(regionalism)がある。

地域主義とは、グローバリズムを通じて動揺する国民国家同士が協力して、地域的な連携を強めることにより、国家主導型の経済、グローバリズム経済、その両方で解決できない問題を解決していこうとする動きである。一九五七年にヨーロッパ六か国がヨーロッパ経済共同体（EEC）を設置したローマ条約は、このような地域主義が最初に表現されたものだ。ヨーロッパ諸国のねらいとしては、一方ではアメリカ、ソ連（当時）の覇権に対抗してヨーロッパ独自の連携を強め、超大国に対抗していくこと、他方では、近代的な生産力を育成するために、米ソと拮抗する広大な市場を形成すること、この両方があった。

一九八〇年代にそれまで戦後の混合経済体制、国家の役割を重視したケインズ主義に対して、小さな国家、競争的市場を標榜《ひょうぼう》する新自由主義が勝利して、グローバル化へのレールが敷かれた。その後、ヨーロッパ統合が加速化したことは、グローバリゼーションのもたらすアメリカ発の大量生産・大量消費体制の浸透に対して、ヨーロッパが独自の道へ踏み出したことを示している。

また、北米においても一九九四年にアメリカ、カナダ、メキシコ三国の間で発足した北米自由貿易協定（North American Free Trade Agreement　NAFTA）がある。アメリカは、NAFTAをラテンアメリカ全域に拡大することをめざしたが、ラテンアメリカ諸国はこの時期にナショナリズムを強めてそれには背を向け、独自の地域協力を展開している。すなわち、メルコスール（南米四か国の共同市場、一九九五年発足）、アンデス共同体（一九六九年設立の四か国協力体、二〇〇五〜〇六年にブラジルなど南米五か国が準加盟した)、キューバをも加えて中南米のすべての国が加入して二〇一一年発足したラテンアメリカ・カリブ諸国共同体(Comunidad de Estados Latinoamericanos y Caribeños　CELAC)などである。

アジア太平洋の場では、一九八九年来、オーストラリアの主唱したアジア太平洋経済協力(Asia Pacific Economic Cooperation　APEC)が発足しているが、近年ではアメリカが、政治面ではAPEC、経済面ではTPPをアジア太平洋戦略の柱にすることをめざしている。

東南アジア諸国連合(ASEAN)はしかし、一九九七〜九八年のアジア通貨・金融危機の苦い経験から、APECなどが、アメリカ主導のグローバリゼーション、自由化を進める場となることを警戒し、ASEAN一〇か国と東アジア三か国(日本、中国、韓国)の新しい協力体制(ASEAN+3)を呼びかけた。このイニシアチブから、二〇〇三年に東京で開かれたASEAN+3の特別首脳会議で「東アジア共同体」(East Asia Community　EAC)を設置することが決まる。だが、日本はEACがアメリカと敵対関係におちいることを懸念し、ASEAN+3に、オーストラリア、ニュージーランド、インドの三か国を加えたASEAN+6の構築も呼びかけた。これが東アジア首脳会議(East Asia Summit　EAS)として発足し、二〇一一年には日本の働きかけで、アメリカ、ロシアを加え、ASEAN+8の会議となった。東アジア共同体がさらにどういう形をとり得るかは、アメリカ、中国、ASEANや日本の思惑がからみ、いまだ定かでないが、グローバリゼーションの時代に東アジアでも地域連携を強めていく動きが起こり、アメリカや日本がそれをグローバリゼーションの側に回収していこうと動いていることはまちがいない。

グローバリゼーションの時代になぜ地域主義が強まるかについては、三つの理由が考えられる。第一には、経済のグローバル化により、国民国家の境界が低まり、関税など規制が緩和されるので、地域連携がとりやすくなる。

第二には、グローバル化により多国籍企業の影響力が強まったり、一九九七~九八年のアジア通貨・金融危機に見られるように、国際流動性の操作により一国の経済が振り回される事態を、地域連携により防ぐことが考えられる。ASEAN+3の場で発足している、通貨危機時の外貨融通の仕組みであるチェンマイ・イニシアチブは、そのような地域連携の例である。

第三には、意識のグローバル化により、国家主義的な文化統制も緩和され、近隣文化に対する関心も増大する。韓国の日本文化規制の緩和と並行する日本での韓国映画ブーム、中国・台湾などでの日本ファッションの流行や多国籍映画の流行、アジア域内での日本マンガ、コスプレなどへの関心と留学生の増大などは、こうした現象の表現と考えられる。

以上、グローバリゼーションに対する三つの反グローバリゼーションの動きを検討した。いずれもグローバリゼーションに根ざしながら、グローバリゼーションをチェックする動きである。

ここでグローバリゼーションを通じた世界経済の姿がどのようなものかを、眺めておこう。

世界経済の姿

一九八一～二〇〇〇年の二〇年間に世界の富（ＧＤＰ）は、一二兆ドルから三一兆ドルへと二・六倍に増えた。そして、二〇〇〇～一一年の一二年間にさらに約七〇兆ドルへと二倍強に増えた。二一世紀に入っての一人当たりＧＤＰの増加は、短い期間に二倍近くとなっている（表1—3）。

先進国では、二〇〇〇年代における経済危機にもかかわらず、ＧＤＰは二四兆ドルから四三兆ドルへと八〇％増えた。先進国は世界人口の一五％を占めるだけだが、富の六割を占有している。この富の九割強は米欧日の三地域の所得である。

一人当たりＧＤＰは四万二〇〇〇ドル（二〇一一年）にのぼり、南の発展途上国の一人当たりＧＤＰ四二二二ドルの一〇倍におよんでいる。

だが、この表をよく見ると、途上国の一人当たりＧＤＰは二〇〇〇年時には一三四二ドルで、北のそれは二万六八三八ドル、南北の経済格差は一対二〇であった。しかし二一世紀には途上国のＧＤＰは、六・五兆ドルから二三・八兆ドルへと四倍のピッチで増え、南北格差を縮める過程にあることがわかる。

つまり、南の国の北の世界へのキャッチアップが始まっているのである。これは言いかえれば、先進富裕国から富が、新興国など南のキャッチアップ国に流出する過程であり（ＯＥＣＤ『世界開発白書：四速世界における富のシフト』邦訳 明石書店、二〇一一年)、それが北の国の財政や債務問題の悪化、またマネー経済化(通貨や資金操作により手っとり早く利潤を手に入れようとする傾向)の一因となっていることもまた、否めない事実だろう。

世界主要地域のGDP成長率を図1―1で見てみると、二〇〇〇～一〇年の時期に、先進国のGDP成長率は年一・六%だったが、途上国のそれは年六・一%で平均して北の四倍近く伸びた。南の国でも、BRICS(ブラジル、ロシア、インド、中国、南アフリカ共和国)など新興国の成長率が高い(中国の伸び率をこの図を前提として考えると、中国GDP総額は二〇二〇年代にアメリカを抜き、世界一位となる)。これはまず世界市場、次いで近隣市場への輸出、これを促進した多国籍企業の投資、また、世界的な工業化の波によって生じた資源エネルギー価格の上昇、そして先進国危機を逃れて流入したヘッジ・ファンドなど国際資金によるものと見られる。興味深いのは、サハラ以南アフリカや最も開発の遅れたLDC(最貧国)でも成長率は一般に高いことで、これは一つには資源価格の上昇と輸出、他方では、南の工業化ブームのなかで、地域市場が活気づいていることによると見られる。

次に、今日のグローバリゼーションを担っている貿易、投資、国際通貨体制について考えることにしよう。

表1-3　世界人口，GDP，1人当たりGDP（1981，2000，2011年）

	年	人口（100万人）	GDP（10億ドル）	1人当たりGDP（ドル）
世　界	2011	6,974	69,711	9,998
	2000	6,056	31,363	5,178
	1981	4,512	12,051	2,681
先進国	2011	1,030	43,309	42,071
	2000	903	24,225	26,838
	1981	789	7,727	9,797
アメリカ	2011	317	15,120	47,708
	2000	283	9,810	34,637
	1981	224	2,906	12,965
ヨーロッパ*	2011	517	18,664	36,144
	2000	389	8,273	21,252
	1981	371	3,109	8,378
日　本	2011	126	5,832	46,105
	2000	127	4,765	37,494
	1981	117	1,129	9,644
発展途上国	2011	5,641	23,812	4,222
	2000	4,839	6,494	1,342
	1981	2,299	2,288	1,003
中　国	2011	1,347	7,062	5,241
	2000	1,252	1,080	862
	1981	969	300	311
サハラ以南アフリカ	2011	876	1,268	1,447
	2000	668	340	334
	1981	384	188	550
南アフリカ共和国	2011	50	408	8,094
	2000	46	133	2,969
	1981	n.a.	n.a.	n.a.
インド	2011	1,241	1,944	1,566
	2000	1,009	457	453
	1981	710	170	240
移行経済国**	2011	303	2,399	8,572
	2000	305	398	1,303
ロシア	2011	143	1,841	12,698
	2000	147	259	1,768
新興国***	2011	574	6,886	11,996
	2000	511	2,865	5,603
ブラジル	2011	197	2,414	12,276
	2000	170	596	3,494
	1981	130	288	2,217

最も開発の遅れた国(LDC)	2011	851	698	821
	2000	661	181	274
	1981	298	65	218

出典：UNCTAD, *Handbook of International Trade and Development Statistics 1984*: Table 6-1 and Ibid. *2002*: Table 7-1; Ibid. *Handbook of Statistics 2012.*
注：* ヨーロッパとは1981年はEEC＋EFTA（ヨーロッパ自由貿易連合）＋その他，2000，2011年はEU＋その他.
** 移行経済国とは，旧ソ連のアルメニア，アゼルバイジャン，ベラルーシ，グルジア，カザフスタン，キルギス，モルドバ，ロシア，タジキスタン，トルクメニスタン，ウクライナ，ウズベキスタン，東欧のアルバニア，旧ユーゴ連邦のボスニア・ヘルツェゴビーナ，クロアチア，モンテネグロ，セルビア，マケドニアの計18か国を指す.
*** 新興国とはアルゼンチン，ブラジル，チリ，メキシコ，ペルー，マレーシア，台湾，韓国，シンガポール，タイの計10か国を指す.
（地域の分類方法が年により異なるので，加算しても世界の値とは一致しない場合がある）

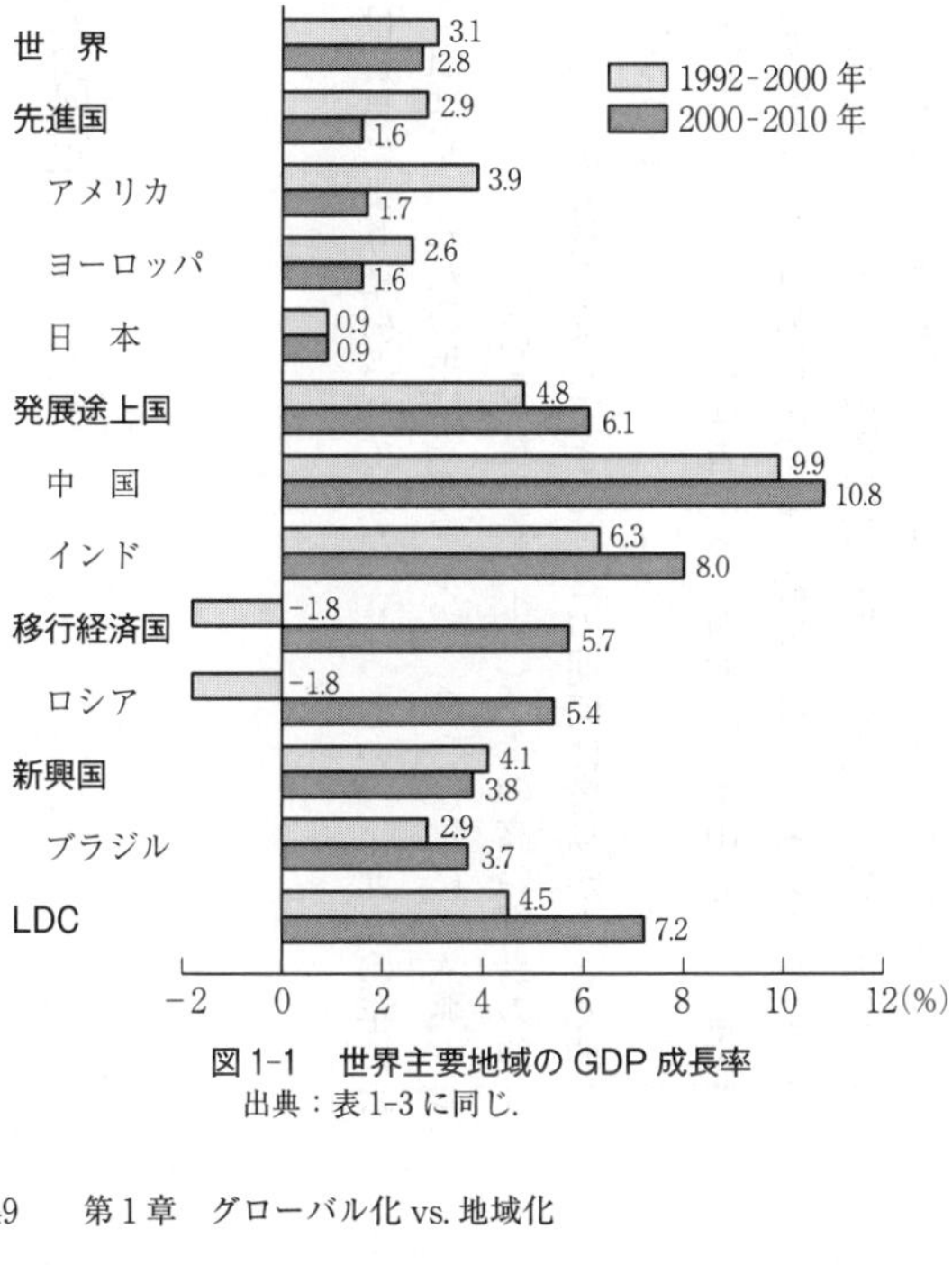

図1-1　世界主要地域のGDP成長率
出典：表1-3に同じ.

第2章　貿易とさまざまな協定

経済成長を牽引した貿易

第二次世界大戦後、世界経済の成長は貿易により牽引されてきた。じっさい、一九五〇年に六〇七億ドルだった世界諸国の輸出（＝入）額は、一九八〇年に二兆ドル、二〇〇〇年には六兆ドル、二〇一一年には一八兆ドルと、うなぎのぼりに増えている（後出表2―1）。この高い貿易の伸びが、この間、年率三～四％にのぼる世界の経済成長を支えてきた。この期間に貿易が大きく伸びた理由としては、次のようなものが挙げられる。

第一には、戦前のブロック経済化が大戦を導いたことの反省から、西側陣営を中心に、自由貿易、自由な資本移動を二本の柱とする関税および貿易に関する一般協定（General Agreement on Tariffs and Trade　ＧＡＴＴ）、国際通貨基金（ＩＭＦ）という国際経済制度が成立し、貿易の自由化がすすめられた。いわゆるブレトンウッズ体制（一九四四年、連合国がアメリカのブレトンウッズに集って結んだ協定にもとづく）である。

第二には、この貿易自由化の波を利用して、先進国間の水平貿易（同じ経済発展水準の国同士の、主として製造品の貿易）が著しく伸びた。これは、GATT＝WTO（世界貿易機関）体制の枠内で、製造品に対する関税がしだいに引き下げられたことによる。

第三には、次の章で述べるように、発展途上国への対外投資がとくに一九七〇年代以降、大きく伸び、こんどは途上国から先進国への輸出が急増したことによる。国連貿易開発会議（UNCTAD）の場での一般特恵《とっけい》（先進国が、途上国産品に対して関税率を低く設定する制度）の発足は、それに拍車をかけた。

第四には、一九八〇年代以降、一方ではヨーロッパ共同市場の形成、EU統合にともなうヨーロッパの域内貿易が増加した。また、他方ではこの時期に急伸展した途上国の経済主権の確立、工業化にともない、二一世紀に入っては南南貿易が大きく伸びている。

貿易と経済成長の間には、次のようなプラスの関係がある。

第一に、輸出が輸入を上まわると、それはGDPに海外から追加的な購買力をもたらすことになり、富を増大させる。⇩GDPに対する注入効果

第二に、貿易によってある国は、自国に不足する生産要素（原料、技術や労働力）を手に入れることができ、生産力を高めることができる。⇩生産要素の補完効果

第三に、貿易によってある国の生産に新しい知識、刺激がもたらされ、生産に対する意欲を高

めることができる。⇩模倣、革新効果

第四に、とくに発展の初期においては、国内市場が限られているために、海外に輸出することにより、生産を高めることが普通である。⇩市場拡大効果

しかし、貿易は、つねにプラスの効果をもたらすとは限らず、経済成長や国民経済にマイナスの効果をおよぼす場合もある。

その第一の例としては、輸入がつねに輸出を上まわる場合(かなりの途上国や、いまのアメリカ)、貿易赤字、そして経常収支の赤字は、海外の取引先にGDPから購買力が流出することを意味し、富の形成にはマイナスとなる。

第二に、先に述べたある国が、不足する生産要素を他国から貿易を通じて調達する可能性は、その生産要素の輸出国側からすれば、自国の生産要素を海外に移出することにより、資源流失や環境破壊をもたらす恐れがある。南太平洋の島国ナウルは、海鳥の糞からできたリン鉱石を長年にわたって輸出し続けた結果、国土の大半で月世界のように不毛なサンゴ礁が露出するにいたった。住民たちは不労所得で安逸な生活をおくるのに慣れて、生業を営むこともむずかしくなった。多くの住民がオーストラリアに移住し、残りの人びとは外国の援助で暮らしている(リュック・フォリエ『ユートピアの崩壊　ナウル共和国』林昌宏訳、新泉社、二〇一一年)。

第三に、貿易を通じて、海外の安価な製品が国内に流入し、国内産業が打撃を受けて、破産し

たり、また工業化ができなくなる場合も当然あり得る。この点は、一九世紀以来、自由貿易の主張者たちに対して、保護貿易の主張者たちが掲げてきた論点であり、今日に至るまで、貿易論の流れのなかで、重要な流れを占める保護学派を生み出している。

第四に、貿易の模倣効果も、華美な海外製品の流入によりデモンストレーション効果が働いて、外国品の消費を増やし、資本の蓄積にはかえって不利に働く場合も往々にして見られる。

いま見たように貿易にはメリットとデメリットがあり、ある国民経済にとっては、両者の効果を慎重に秤量《ひょうりょう》しつつ、貿易をおこなっていくことが必要になる。もちろん、これらメリットとデメリットも、国民経済のなかの社会層によってかなり異なることも当然あり得るわけで、一七世紀の重商主義時代にイギリスでは自由貿易に利益を見出した商人層と、保護貿易を必要とした産業家層との間に政治闘争が展開された。

日本の場合にも、第二次大戦後の復興時を通じて、産業家層は当初は保護貿易を必要とした。しかし高度成長期に国際競争力が備わってくると、貿易自由化に転じ、一九七〇年代以降は日本の輸出急増に発する日米経済摩擦、次いで、不況期における日本のＴＰＰ加盟の動きのなかで、保護主義に依拠する農民層との利害関係の相違を明白に示すようになった。

貿易の変化

表2―1をよく見ていると、面白い現象に気がつく。

まず、一九五〇年代から八〇年ごろまで、先進国の貿易の伸びが高い。しかし、七〇年代半ばころからその動きは緩慢《かんまん》化して、代わりに途上国、とくにアジアの貿易の伸びが高まってくる。一九八〇～二〇〇〇年の間に、先進国の輸出の伸びは約三・一倍であるのに対し、途上国は三・五倍、アジア諸国だけとれば約八倍におよぶ。そして、前に述べたように、二一世紀に入ると、南の諸国の輸出、経済成長の動きが明白に先進国を上まわるようになる。一九八〇～二〇一一年の間に、世界貿易の成長は九倍だったが、この間、先進国の成長は七倍強、途上国のそれは輸出一三・四倍、輸入約一五倍で、南の国々が貿易の恩恵にあずかり始めたことがわかる。

一九世紀にはイギリスが「世界の工場」だったが、現代ではアジアを始め、南の世界が「世界の工場」になっており、以前は輸出が主だった南の国で、輸入も輸出を上まわる速度で伸びているのである。この動きのなかで、G20のメンバーとしてBRICS

(10億ドル)

2011年/1980年の倍率
〈9.0〉
〈7.4〉
〈7.3〉
〈6.5〉
〈8.8〉
〈7.9〉
〈7.1〉
〈6.3〉
〈6.1〉
〈13.4〉
〈14.9〉
〈37.5〉
〈31.9〉
〈105.5〉
〈87.2〉
〈56.3〉
〈83.8〉
〈54.1〉
〈42.7〉

1992 and *2003*:

表2-1　世界貿易の成長

		1950	1970	1980	1990	2000	2011年
世界計		60.7	313	2,031	3,483	6,338	18,211
先進国	出	37	224	1,297	2,491	4,059	9,598
	入	41	235	1,431	2,612	4,384	10,418
アメリカ	出	10	43	226	394	781	1,480
	入	9	40	257	517	1,259	2,266
ヨーロッパ	出	20	136	815	1,598	2,383	6,466
	入	25	148	913	1,651	2,354	6,487
日　本	出	0.8	19	130	288	479	823
	入	1	19	141	235	380	854
発展途上国	出	19	58	581	830	2,027	7,786
	入	17	39	491	814	1,892	7,321
アジア	出	8	26	162	452	1,266	6,081
(東・東南・南)	入	7	26	177	466	1,171	5,637
中　国	出	0.6	2.3	18	62	249	1,899
	入	0.6	2.3	20	53	206	1,743
西アジア	出	1	11	203	138	251	1,143
	入	1	7	94	108	189	788
移行経済国	出	4	31	153	162	253	828
(ロシア・東欧等)	入	4	32	150	177	234	641

出典：UNCTAD, *Handbook of International Trade and Development Statistics*: Table 1-1; Ibid. *Handbook of Statistics 2012*: Table 8-2-1, 8-2-2 より作成.
注：〈　〉内は1980年を基準とした2011年時の倍率.

やその他「新興国」と呼ばれる製造品や資源輸出で高い成長を記録する国々が出現してきたわけだ。

日本の場合には、一九八〇年代までは主としてアメリカ、ヨーロッパに耐久消費財の輸出をおこない、また、七〇年代以降、アジアを始めとする南の諸国に、資本財、中間財および各種消費財を提供することによって、輸出主導型の成長を確保できた。だが二一世紀に入ってからは、世界金融恐慌のあおりを受けて、いったんゼロ成長となった経済を立て直すために、政治家がFTA(六一ページ)やTPPにより、「アジアの成長に参加する」と唱え出している。

しかし、アジアの経済成長は歴史的な動きであり、日本はすでにその一端を担っている。日本がアジア諸国についてなすべきことは、輸出を増やすということではなく、市場開放、人材交流を進め、歴史理解も含めて、より共通の世界認識を持つこと以外にはない。そうした努力なしに、アジア諸国を自国の経済成長の手段としてしかみない、ということでは、日本はいつまでたってもアジア諸国の変化の外側に立つしかない、ということになろう。

アメリカの場合を見てみると、この国は一九八〇年ころからつねに輸入が輸出を上まわるようになり、赤字幅がだんだん拡大している。これは、一方では六〇年代以降、アメリカの多国籍企業が当初ヨーロッパへ、次いでアジアへ生産を移転した効果が出てきたことと、八〇年代以降、アメリカが自国の消費を他国で生産された安い物資に頼ることによって、自国の高い生活水準を維持していることとの、双方の理由によるものである。そのつけが、第4章で述べる「双子の赤字」であり、こうした世界経済での特権的な位置は長続きするものではなく、東西冷戦体制からG8、次いでG20へと覇権ガバナンスが多極化時代に即して変化してきたように、しだいに見直されざるを得なくなる性質のものである。

この貿易の流れの変化と、国際的な貿易枠組みの改革——GATTからWTOへの移行——は関連しているので、次にこれを説明しよう。

GATT――関税の引き下げ

第二次世界大戦後、世界貿易の拡大が一九四七年に発足したGATTの枠内ですすんだことについては前に述べた。もともと第二次大戦の連合国は、大戦後の世界秩序の構想として、戦前の経済ブロック化が大戦へとつながった反省から、資本と貿易の自由化により、世界に開放的な市場を形成することを意図し、資本の自由化をすすめる機関としてIMFを、また、貿易の自由化をすすめる機関として、国際貿易機関(International Trade Organization　ITO)を考えた。

先に引いたブレトンウッズ会議では、戦後の金融体制としては、IMF(短期の融資を担当し、代償として資本規制を外していく)と国際復興開発銀行(International Bank for Reconstruction and Development　IBRD　通称、世界銀行)の設置が取り決められた。しかし、ITOに関しては、肝心のアメリカ議会が自国産業に対する悪影響を懸念し、これを批准しなかったため、一九四八年にスイスのジュネーブで、国際機関ではなく、各国間の一般協定(各国の自由参加を前提とし、拘束力が弱い)として発足したのである。

GATTは一九九五年に世界貿易機関(World Trade Organization　WTO)に改組されるまでに、八回にわたる関税引き下げの交渉をおこなった。当初の五次(一九四七、四九、五一、五六、六〇～

六一年)の参加国は、少ないときで一三か国、多いときで三八か国で、その影響は限られたものだった。だが、第六回のケネディ・ラウンド(一九六四〜六七年)、第七回の東京ラウンド(一九七三〜七九年)両ラウンドには各六二、一〇二か国が参加し、交渉項目に関する一括引き下げが討議、決定され、関税引き下げが大きく前進した。東京ラウンドでは、ダンピング防止協定など国際貿易のルールを制定の協議も始まった。

一九六八年のケネディ・ラウンド終結時から、東京ラウンドが終結した後の一九八〇年時までの一二年間に、主要国の関税は大きく引き下げられ、アメリカの関税負担率(輸入総額に占める関税徴収額)は七・五%から二・八%へ、日本のそれは七・一%から二・五%へ、EC(当時、現在のEU)は六・一%から三・一%へと、それぞれ顕著に低下した。

このあと、一九八六年から九四年まで、一二三か国が参加するウルグアイ・ラウンドが開かれ、世界の関税率はさらに引き下げられることになる。ウルグアイ・ラウンドを通じて、発展途上国の関税率も、一九八五年の平均一三%から九五年には平均七%、そして二〇〇〇年には平均五%へと大きく下がった(WTO, *World Trade Report 2003*: Chart IB. 2)。しかし、ウルグアイ・ラウンドの時期には、貿易自由化にとっての新しい問題が感じられるようになった。

その一つは、関税がある程度低くなると、貿易の障害としては、関税よりもむしろ、輸入割当制や輸出補助金などの政府規制、いわゆる非関税障壁の問題が目立つようになったことである。

非関税障壁(non-tariff barrier)とは、関税以外の手段で、政府が外国品と国産品を差別し、輸出入を規制しようとする政策で、輸入面では数量制限措置を設けたり、規格、基準や認証、検査の手続きを細かく規定して輸入を抑えようとする諸手段が、これに当たる。また、輸出面では、輸出を促進するような金融や税制、国内産業に対する諸種の優遇措置が、これに該当する。一九八〇年代の日米経済摩擦では、この非関税障壁の廃止が大きなテーマになった。

第二は、GATTの場では、伝統的な製造品や食料、資源などの目に見えるものの貿易(visible trade)に対する関税の引き下げがテーマだが、一九八〇年代以降、とくにグローバリゼーションが始まり、対外投資が進展するとともに、それに付随して、特許やパテント、管理者や技術者などのサービス、さらには金融、保険、運輸、旅行、電気通信などのいわゆる目に見えない貿易(invisible trade)が急増することになった。一九八五年には世界貿易額(約一・九兆ドル)に占めるサービス貿易額(三七四〇億ドル)の比率は一九・三%だったが、九〇年には二二・四%(約三・五兆ドル中七八〇〇億ドル)、二〇〇〇年には二三%と着実に増えている。ちなみに、このサービス輸出の八割は先進国の収入になっている(表2―1のUNCTAD統計年鑑による)。

このような目に見えないサービス貿易の増大はGATTの守備範囲外のことであり、そのため、新しいサービス貿易管理の仕組みが要請されるようになった。

WTOの登場

これら二つの理由から、ウルグアイ・ラウンド時に各国から新しい貿易機関の設立への要請が高まり、一九九五年一月からWTOが一二八か国の加盟(二〇一三年時には一五九か国加盟)を得て、最も新しい国連専門機関として発足することになった。

WTOは従来のGATTのモノに関する関税貿易協定を引き継ぎながら、新たにサービス貿易、知的所有権、農業や繊維製品などのGATTであまり手がつけられなかった領域をも含め、貿易自由化を広い範囲ですすめることを目的とする。WTOの場での決定は加盟国全部に適用されるので、GATTと比べると拘束力も飛躍的に強まった。

その反面、急激な貿易自由化が加盟国経済に悪影響をおよぼすことを防ぐために、ダンピング防止措置(A国が国内価格より安く輸出をおこなうことにより、他国産業に悪影響が出た場合、他国はその差額分だけ関税をかけることができる)やセーフガード(輸入の急増により、B国産業に悪影響が出た場合、B国は一時的に関税を引き上げ、輸入を抑えることのできる仕組み)などの避難措置をも定めている。

また、近年のさまざまなタイプの貿易急増とともに、紛争も増えており、WTOは、このような紛争を調停、解決する場をも提供している。

しかし、WTOの新ラウンドを準備するはずだった一九九九年一一月末のアメリカ西岸シアトルで予定された第三回閣僚会議は、市民団体の強力な反対デモによって、開催不能となった。これら市民団体は、WTOの場での貿易自由化の一方的推進が世界的規模での南北格差や貧富の格差を拡大し、社会問題が悪化していることにWTOの注意をうながし、抗議したのである。

その後、二〇〇一年にカタールのドーハで新ラウンド（正式の名前はドーハ開発アジェンダ。ラウンドという一律適用方式に途上国が反発して、途上国の開発のための貿易交渉という意味で、「開発アジェンダ」という名称を用いた）が一五三か国の参加により始まった。しかし自国農業に対して補助金などの支持政策や関税保護政策をとっている先進国と、自国産業に対する特別保護を要求する途上国の利害が対立し、二〇〇八年以降、交渉は進んでいない（二〇一四年三月現在）。

このように、WTOは世界貿易の複雑化した新しい段階に対応した国際機関として設立された点は評価されるが、グローバリゼーション、貿易自由化の結果に十分な見通しを持ち得ないままに南北対立が先鋭化し、立ち往生してしまった。そのため、近年では前に述べたように、いろいろな形での地域主義が強まっており、とくに貿易の分野では地域レベルの自由貿易協定（Free Trade Agreement　FTA）、または経済連携協定（Economic Partnership Agreement　EPA）を結ぶ動きが高まっている。

地域レベルの協定へ

近年、FTA、EPA締結の動きが世界的に拡がってきた。

まず、FTAとは、締約国同士が相互の間で関税などの貿易障壁を除いて、商品やサービスの自由な取引を進めるやり方を指していう。この方式は、まず一九五七年にヨーロッパ経済共同体(EEC)を設立したローマ条約で、EECの中核として採用された。しかし、経済共同体とは、単に複数国間の貿易の自由化にとどまらず、第三国に対して共通の貿易障壁を設定する。また、共同体内部で、資本や労働力、サービスなど諸種の生産要素の自由流通をめざす点で、FTAよりも進んだ経済統合方式と言える。

一九六〇年代以降、GATTの場で貿易自由化が進むとともに、二国間、また地域的なFTAはしばしば忘れられてきた。しかし、一九九四年一月から発足したNAFTAは、発効直後にアメリカ、カナダ間の関税はほぼ全廃し、メキシコとの間でも一〇年間にほぼ撤廃することを定めたほか、投資優遇や政府の資材やサービス調達面での優遇、知的財産権の保護などについてもとり決めた。そして発足後一〇年を経て、とくにアメリカとメキシコ間の貿易はこの間のアメリカ貿易全体の伸び率を大幅に上まわって伸びた。だが反面、メキシコ農業ではアメリカ農産物の輸入が大きく増え、農業の大農場集中が進む反面、中小農が離農し、多くがアメリカに労働移民(不法移民を含む)として移動し、アメリカ農業を支えることになった(E・フィッティング『壊国の契約　NAFTA下メキシコの苦悩と抵抗』里見実訳、農文協、二〇一二年)。メキシコ人口の一割以上が、いまではアメリカで暮らしている。

一九九四年に開かれた第一回米州サミットで、当時のクリントン米大統領はFTAを南北両アメリカに拡大する米州自由貿易地域（FTA of Americas　FTAA）を提唱した。だが、その後、ラテンアメリカではアメリカの経済支配を警戒するナショナリズムが高まり、二〇一一年一二月に、これまで米州機構（アメリカが主唱して一九五一年に発足したアメリカ大陸諸国家の地域協力機関。Organization of American States　OAS）から排除されていたキューバをも加えて、中南米三三か国が「ラテンアメリカ・カリブ諸国共同体」（CELAC）を前に述べたように設立した。これはアメリカ抜きの経済協力機関であり、FTAA構想はタナ上げとなってしまった。中南米諸国はメキシコと同じ運命をたどることを拒否したのである。

東南アジア諸国連合（ASEAN）の場でも、一九九三年に経済協力の柱として、ASEAN自由貿易協定（AFTA）が設けられ、二〇〇三年までに、工業製品の関税を〇～五％に引き下げた（開発の遅れたインドシナ三国、ミャンマーは〇八年まで）。一九七六年時に一四％程度だったASEANの域内貿易の総貿易（輸出額）に占める比率は、二〇一一年に二五％に高まった。

FTAはこのように、経済統合の要として推進される場合もあれば、経済統合とは関係なく、関連国間の貿易推進のために結ばれる場合もある。WTOの場で貿易自由化が進んでいれば、FTAは必要ないはずである。ところが、一九九〇年代以降、各国間でいろいろな形でFTAを主要な柱とする地域連携協定が結ばれるようになった（図2―1）。その理由は次のようなものであ

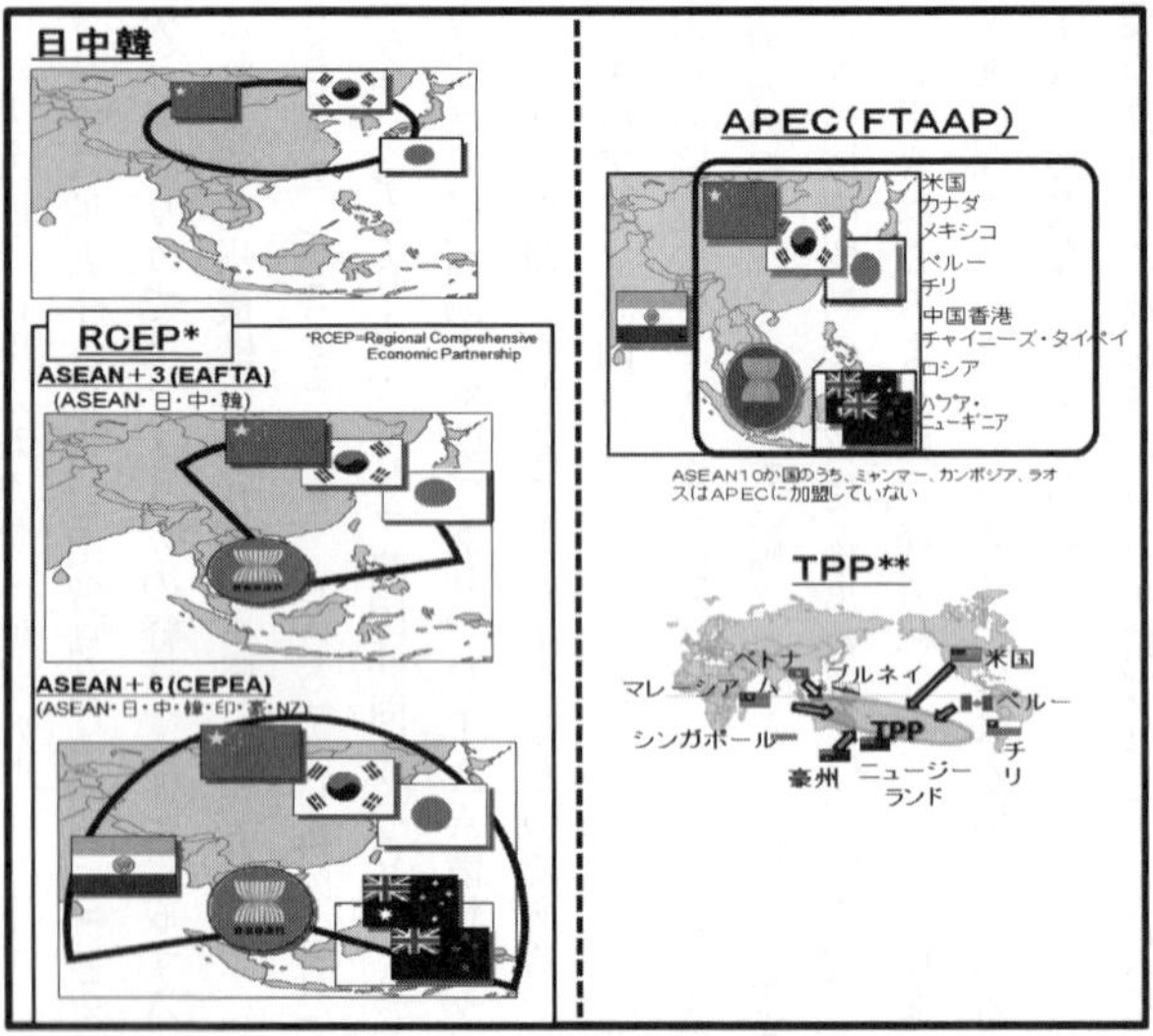

図 2-1　東アジア地域協力の動き

出典：経済産業省ホームページ「東アジア経済統合に向けて」(http://www.meti.go.jp/policy/trade_policy/east_asia/activity/rcep.html) より．2014 年 3 月 15 日再閲覧．なお図中の国名表記は経産省による．

注：* RCEP は，中段 EAFTA と下段 CEPEA を統合したもの．66 ページ参照．

** TPP 交渉には 2013 年 7 月以降，日本が参加．

る。

第一に、グローバル化が進み、国境の垣根が低くなったので、近隣諸国の間でより広い地域市場を形成しようとする動きが強まってきた。

第二には、これと一見矛盾するようだが、経済のグローバル化が進めば進むほど、一九九七〜九八年のアジア通貨金融危機が示すように、グローバル化に自国経済が振り回されることへの恐れから、地域市場形成により、グローバル化に対する保険をかけようとする動きが出てくる。

第三に、WTOの場で自由化ラウンドが進むにつれて、全加盟国の間ではなかなかむずかしい個々の領域での自由化を近隣諸国、あるいは立場が似通った国々の間でまず実現することにより（たとえば人やサービスの交流や金融面での協力など）、具体的に自由化のメリットを追求しようとする動きがあらわれている。

第四に、WTOの場での自由貿易交渉が行き詰まった反面、途上国での工業化はどんどん進んでいるので、南の諸国も市場拡大に大きな関心を持つようになった。

こうして従来、グローバリズムと親米主義から利益を受けてきた日本も、二〇〇二年にシンガポールとの間にEPAを締結し、一四年三月現在、ASEAN諸国、メキシコ、チリ、インドを始め、一三のFTA／EPAを締結し、日中韓やEUなど一〇の協定を交渉中である。

キーワード　FTAとEPA

日本とシンガポール間のFTA交渉で、シンガポール側は、単に製品・サービス貿易の自由化を対象とするのではなく、人の移動（商用、人材養成、観光、科学技術など）の促進、資本や情報の移動についても協力を促進することを提唱し、結局、両国の協定は「新時代経済連携協定」（Agreement for a New Age Economic Partnership）と名づけられて、広い領域にわたるEPAとして発足した。また、二〇〇三年に中国、インドがそれぞれASEANとの間で包括的連携協定（Comprehensive Economic Partnership Agreement ＣＥＰＡ）を締結したのを受け、日本も、同年一一月バリで開かれた日本ＡＳＥＡＮ首脳会議で、ＡＳＥＡＮおよび加盟各国との間にＣＥＰＡを締結することに合意した。この協定にもとづき、日本は二〇〇八年以降、フィリピン、インドネシア、ベトナム（二〇一四年度から）から看護師・介護士の候補者を受け入れることになったわけである。このような人材移動は、これまでのＦＴＡでは取り決められ得なかった。

ＲＣＥＰとＴＰＰ

現在、東アジアの場では、貿易自由化をめぐって、二つの熾烈《しれつ》な対決が進行している。一つはＡＳＥＡＮと日中韓、オーストラリア、ニュージーランド、インドの計一六か国間での包括的経済連携協定（ＲＣＥＰ）であり、もう一つは、アメリカが推進するＴＰＰである。

東アジアの地域協力（「東アジア共同体」）の様態については二〇一三〜一四年現在、中国が支持するＡＳＥＡＮ＋３の方式（東アジアＦＴＡと呼ばれる。図2―1の左中段）と、日本が新しく推進しようとしているＡＳＥＡＮ＋６の方式（東アジア包括的ＥＰＡ。同じく図2―1の左下段）の両者が、それぞれ主導権を争っている（第1章、第9章）。日中、日韓の関係が思わしくないことから、東・東南アジアの域内各国が交渉に参加するＥＰＡは見送られた。

代わって、ＡＳＥＡＮの知恵者が二〇一一年一一月に提案したのが、ＲＣＥＰである。これは、

ASEANがすでに、日、中、韓、オーストラリア＝ニュージーランド、インドと五つのEPA／FTAを締結していることから、これらを束ねて広域の経済圏を創出しようとする構想である。図2―1では、ASEAN＋3（EAFTA）とASEAN＋6を統合した形で、RCEPが示されている（左段中・下図）。このほか、日中韓が地域的FTA交渉に二〇一三年から入っている。

さらに、アジア太平洋地域の政府間機関であるAPECの場でFTAの構想があるが（図2―1の右段上図のFTAAP）、アメリカは、二〇一三年夏の段階では、TPPを最重視しており、FTAAPはRCEPとTPPの進展と発足のうえで、取り組まれるべき課題と位置づけられているようである。

TPPはもともと二〇〇六年に、シンガポール、ニュージーランド、チリおよびブルネイ四か国の間で発足した環太平洋戦略的経済連携協定（Trans-Pacific Strategic Economic Partnership P4協定という）から生まれた。二〇一〇年にアメリカ、オーストラリア、ペルー、ベトナム、マレーシアの五か国が協定交渉に参加し、二〇一二年から一三年にかけてメキシコ、カナダ、日本が参加して、一三～一四年の早い時期の交渉妥結をめざしている（図2―1の右段下図）。

TPPはアジア太平洋地域において高い自由化を進めること、また貿易のみならず、非関税分野（投資、競争、知的財産、政府調達など）や環境、労働など「新しい課題」を含む包括的な協定を発足させることを目的として交渉している。アメリカがTPPに力を入れているのは（事実上、P4

協定を乗っ取った）、一九八〇年代の日米経済摩擦以来、日米間で「日米経済調和対話」という名の下で交渉を続けてきた医療器具、保険、食品、農業、サービスなどの規制緩和がはかばかしく進まないので、APECにつながる場でこれらの政府規制を一気に緩和させ、構造改革の地域的＝グローバル・スタンダードを設定することを目的としているからである。国家統制の強いアジアで、貿易自由化、構造改革のスタンダードが形成されれば、多極化時代にかげったアメリカの世界市場における主導権＝覇権が再び確立することにつながるだろう。

二〇一二年に民主党政権がTPP参加を掲げたのは、鳩山内閣時に普天間基地の県外移設を掲げて、アメリカとの関係を悪くしたこと、また、野田内閣時に二〇三〇年時の脱原発を長期エネルギー計画に入れようとして、同じくアメリカの興を損ねたこと、この二つの理由からアメリカへの迎合をはかったふしがあったと考えられる。そして安倍内閣は、TPPについては国内議論もないままに、盟主アメリカに対し、忠義の旗を掲げるそぶりを示しながらも、国内大企業のアジア太平洋市場確保を約束した。そのため、国内農業、中小企業、地域経済など、日本の将来像に関する役割をどう自由化し、構造改革のコンテキストのなかで位置づけていくのか、という基本的な問題は置き去りにされてしまった。このように、日米の利害関係は同床異夢の状態なので、一四年初頭の時点でTPP交渉が難航しているのには理由があるといえよう。

第3章　変わりゆく多国籍企業と海外投資

多国籍企業

今日のグローバリゼーション、とくに経済のグローバル化の主要な推進因の一つが多国籍企業であることはすでに見た。多国籍企業（Transnational Corporation　TNC）とは、「資産を二国あるいはそれ以上の国々において支配するすべての企業」（国連多国籍企業委員会の定義）を指す。多国籍企業とは、自国で生産、営業するのみならず、海外に直接投資することによって、生産や事業を複数国にまたがり、展開していく企業である。

このような多国籍企業の海外投資残高（ストック）は、一九六七年には六六七億ドル程度だったが、一九九〇年には約三〇倍の二兆ドル、二〇〇〇年にはさらにその四・五倍の約九兆ドル、そして二〇一二年には二四兆ドルにおよび、世界経済の成長率をはるかに上まわる速度で増加している（後出表3―1）。多国籍企業の生産額は海外資産（投資残高）の半分程度と見られるので、二〇一二年現在で、その生産額は世界のGDP約七〇兆ドルの約五分の一程度とみられる。二一世紀に入っても、毎年六〇〇〇億～一兆ドルにのぼる膨大な直接投資が国境を越えておこなわれ、その動かす資金も毎日数兆ドルにのぼるとみられ、多国籍企業の世界経済におよぼす影響はきわめて大きくなっている。

キーワード 間接投資、直接投資

間接投資とは、資金を貸し付けて、利子収入を得るが、貸し付け先の経済支配を目的とはしない。日本の会社が黒字を海外の債券を購入して運用するのは、間接投資である。

直接投資とは、資金投下先の企業の支配を目的とする投資で、多国籍企業は投資先で工場や事務所を動かし、国境を越えた生産・販売・原料調達などの事業を運営するために、投下先会社の経営を支配するのが通常である。IMFの国際投資統計では、「居住者による非居住者企業（子会社、関連企業など）に対する永続的権益の取得を目的とする国際投資」と定義している。アメリカ商務省は、単一のアメリカ企業が、子会社株式の一〇％以上を取得した場合、また、複数の企業が二五％以上を取得した場合、これを直接投資としてカウントする。

日本の財務省は、二〇〇五年以降、IMF定義に準拠し、子会社出資額が三〇〇〇万円以上、出資比率が一〇％以上の場合を「永続的権益の取得」を目的とした直接投資が存在すると見なして、統計に計上している。

一九八〇年代の初めには、世界の主な多国籍企業は一万社ほどで、その九五％以上が先進国の企業だった。しかし、近年ではその数は八万社以上に増え、途上国出自の多国籍企業も急速に増加してきている。UNCTADの報告（表3―1）によれば、二〇一二年の時点で、対外直接投資残高（ストック）約二四兆ドルの八割が先進国で、発展途上国は約二割（若干数がロシア・移行経済国）となっている。

表3―1では、世界の投資国の分布をストックで見ているが、二〇一二年にはヨーロッパ諸国が四七％、北米が二五％、日本が五％で、この三か国・地域が先進国投資の大部分を占めている。だが、途上国からの投資も増えており、東アジアが世界全体の一割を占めている。

表3-1　世界の対外直接投資（ストック）

（10億ドル）

	1990	2000	2012年（%）
世　界	2,092	8,926	23,593（100）
先進国	1,947	7,099	18,673（79）
ヨーロッパ	886	3,775	11,193（47）
北　米	817	2,932	5,906（25）
日　本	201	278	1,054（5）
発展途上国	145	905	4,459（19）
東アジア	49	552	2,243（10）
東南アジア	10	85	596（3）

出典：UNCTAD, *World Investment Report 2013*: Annex Table 2より．

企業は自国の国内で操業しているのが一番安全なわけだが、なぜ、業務を多国籍化するかについては、多国籍企業の歴史をたどるのが一番わかりやすい。

企業の多国籍化が問題になりはじめたのは、一九六〇年代半ば、EECの進展につれて、アメリカの製造業が対欧投資を始めたころからである。七〇年代初めに公にされたハーバード大学の経済学者レイモンド・バーノンの『追い詰められた国家主権』（*Sovereignty at Bay*）と題した著作は最初に、アメリカ企業のヨーロッパへの投資移動を「プロダクト・ライフ・サイクル」という理論で説明することを試みた。すなわち、A国で開発された製品はA国ではライフ・サイクルがあって、ピークを迎えると、売上げが低下するが、A国企業は売上げを維持するため、また、B国など海外で模倣品が出現するのを防ぐために、海外に生産進出し、そこで新たなプロダクト・ライフ・サイクルを開始する（図3―1）。

つまり、海外直接投資について、最初に与えられた説明は、生産会社がある製品について、高い売上げを維持するために、海外市場へ進出するというものであった。それはEEC統合によってヨーロッパに広大な市場が出現しつつあった時期に「市場確保」を目的として、ヨーロッパに進出したアメリカ企業の行動をわかりやすく説明するものだった。これは、企業の多国籍化について、第一に挙げられる要因である。

しかし、それ以前に、たとえばすでに植民地時代から、第二次大戦、そして戦後にかけて、主要なエネルギー産業や原料資源産業は石油や原料資源を開発すべく非西欧地域に進出していた。「セブン・シスターズ」と呼ばれる、先進国起源の石油多国籍企業（メジャーズ）は、中東はじめ南の世界で石油を開発し、先進国に移送して、巨額の利潤を挙げていたのである。このような資源開発のための海外投資は、高度成長末期の日本においても強く意識され、一九六〇年代末ころから、資源の開発輸入を目的としたナショナル・プロジェクトによる海外での開発子会社設立がおこなわれた。近年では途上国の工業化ラッシュとともに、資源を求めて、中国など新興国の他国採掘産業への進出が始まっている。「資源の開発輸入」は、多国籍企業設立の第二の要因である。

第三には、一九七〇年代から、日本やヨーロッパの後発工業国に追い上げられて、アメリカ企業がまずアジア諸国に生産拠点を移すようになる。これは海外に生産拠点を設け、安価な労働力

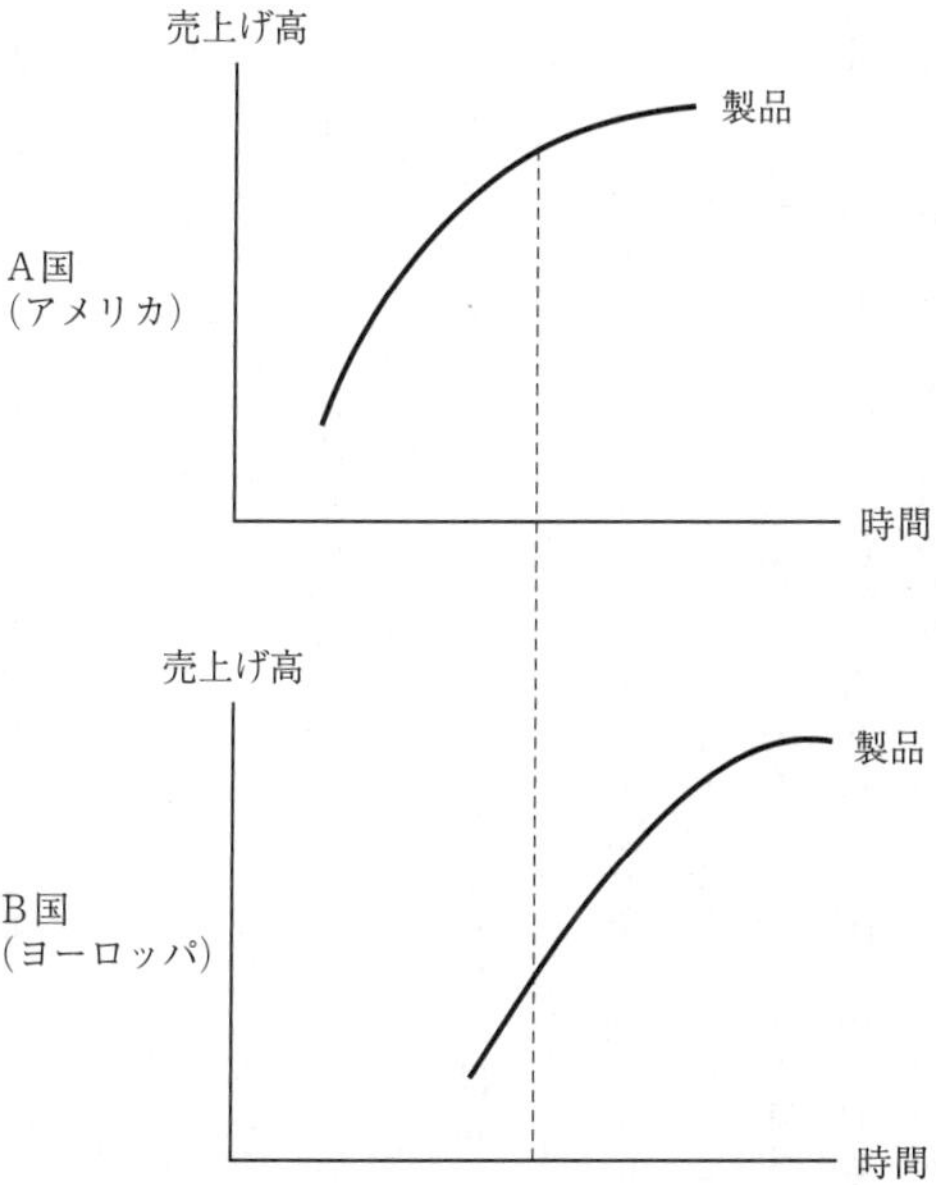

図3-1 プロダクト・ライフ・サイクル(PLC)

PLC理論はアメリカ企業の対欧投資を説明するべくつくられた．だが，A国を日本，B国を東南アジアや中国としても妥当と考えられる．しかし，今日では日本企業の対アジア投資は，①現地の成長市場確保，②コスト動機，③模倣防止，④地域的・世界的生産分業戦略などを組み合わせたものとなっており，NIEO(74ページ参照)がアジア諸国の工業化を促進したことへの対応も重要な動機である．この理由によって，現地企業との合弁形態が多い．

を使用することにより、労賃面での劣位を補い、国際競争力を維持しようとする行動で、海外から自国に製品を移入することから、「オフショア」(沖合)生産とも呼ばれる。この「コスト引き下げ」「労賃優位」の動機は、このころから、今日のドイツなどヨーロッパ企業の中東欧投資、日本企業のアジア投資に至るまで、多国籍企業化の大きな動因となっている。もちろん、このような企業の行動は、国内投資を下げ、失業率を高め、国内生産には悪影響(「空洞化」と呼ばれる)をおよぼすが、この点については、また、後で述べることにしたい。

第四に、NIEO型生産がある。NIEOとは新国際経済秩序(New International Economic Order 第7章)の略である。発展途上国は、一九七三年の石油ショックにはじまり、資源主権を確立して、工業化、つまり、従来の国際分業体制の是正《ぜせい》に乗り出した。その際、途上国が掲げたスローガンがNIEOである。NIEO型生産とは、この南の諸国の行動を利用して、南の国内で地元資源の加工、工業化をすすめる投資行動を意味する。新しく生み出された製品の販路は、海外あるいは近隣国市場輸出でもあれば、国内市場対象(大国の場合)でもあり得る。

今日の多国籍企業の対外投資は大部分、これら四つの要因のどれか、あるいはそのいくつかによって説明できるだろう。

ところが、近年では、これら四つの動因を組み合わせて、地球規模で分業を展開し、投資と貿易があいともなう形で、国境を越えた生産により、付加価値を拡大していく多国籍企業の戦略、

水平型

自動車産業では，各国で部品が製造され，関税率の安いB国に運ばれて組み立てられる.

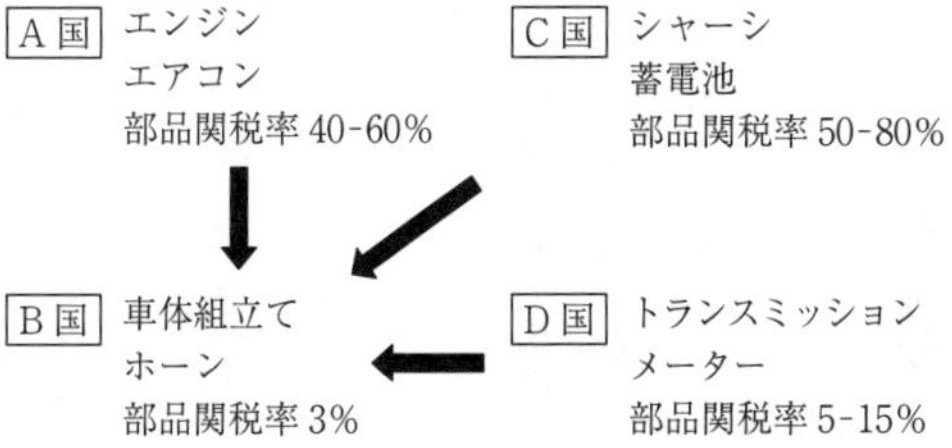

垂直型

	原料採掘	加工	製造	最終需要	粗輸出	国内付加価値	二重計算分
A国	2				2	2	0
B国		2+24=26			26	24	2
C国			26+46=72		72	46	26
D国				100	100	28	72

図3-2　グローバル価値増殖チェーン

出典：UNCTAD, *World Investment Report 2013* を参照して作成.

行動が注目されている。これは、「グローバル価値増殖チェーン」(Global Value Chain GVC)と呼ばれる現象である(**図3―2**)。

GVCには、水平的なものと垂直的なものの二種類がある。水平的GVCは、たとえば自動車産業の例をとると、ある企業が、A国ではエンジンやエアコン、C国ではシャーシ、D国ではトランスミッションなどの生産をおこない、これらを部品関税率の安いB国に集めて組み立て、輸出をおこなう。

また、垂直的GVCでは、A国で開発した原料をB国に運び、中間財に付加価値をつけて加工し、この中間財をC国に運んで、最終製品に加工する。最終製品の市場は、全世界にまたがる。これらはともに、国境を越えてグローバル規模で市場を争い、そのために、最も効率的な工程や事業の分業体制を作り上げる仕組みである。

このような国際分業は、受け入れ国側にすれば、投資と貿易政策を整合的に進める必要を生じさせる。また、特定製品の生産がある国に割り当てられるために、研究開発や技術集約的な製品を発達させることは困難であり、これらの生産を考える場合には、工夫が必要である。

いずれの場合にしても、企業側からすれば、このようなネットワーク型生産は従来、国内で利潤の最大化をめざしておこなっていた生産・販売行動を世界規模に拡大するもので、その意味で、GVCなど多国籍企業の生産は世界戦略を前提としている。他方で、受け入れ国側は、自国の投資・貿易政策、また税制などを、自国の発展戦略と多国籍企業の世界戦略の双方を考慮して立案しなければならなくなる。

それでは、このような多国籍企業の現状を概観することにしよう。

対外投資と対内投資の現状

一九九〇年代前半に対外直接投資の年間フローは、平均二八〇六億ドルだった。それが、二〇〇〇年には、年一・二兆ドルへ、また二〇一二年には一・四兆ドルへと、最近十数年間に投資フロ

表 3-2　世界の対外直接投資（フロー）　（10億ドル）

	1991-96年平均	2000年	2012年（%）
世　界	280.6	1,200.8	1,391.0（100）
先進国	240.6	1,097.8	909.4（65.4）
北　米	75.2	189.3	382.8（27.5）
ヨーロッパ	140.1	872.4	323.1（23.2）
日　本	20.9	31.6	122.6（8.8）
発展途上国	39.4	99.1	481.6（34.6）
東・東南アジア	31.6	84.1	274.8（19.8）
中国・香港	19.5	60.9	168.2（12.1）
移行経済国	0.5	3.9	55.0（4.0）
ロシア	n.a.	n.a.	51.1（3.7）

出典：UNCTAD, *World Investment Report 2003*: Annex Table B.2; Ibid., *World Investment Report 2013*: Annex Table 1より．

ーで五倍へと、めざましく増えている（**表3―2**）。

　この表で目を引くのは、投資国の多角化である。

　近年の対外投資で、六五％は依然として先進国起源だが、途上国、移行経済国（ロシア）が四〇％近くを占め、南の比重が高まっている。途上国も、いまは海外投資アクター（能動的メンバー）として登場し始めた。

　また、北の世界だけとっても、一九七〇～八〇年代にはアメリカ大企業の投資が大部分だったが、二〇一二年には北米二八％、ヨーロッパ二三％、日本八・八％と、先進国内でも投資国が多角化していることが注目される。もっとも、アメリカとヨーロッパ企業は相互にM&A（後述）をくりかえし、文字通りかなりの程度、多国籍化しているので、多国籍企業に国籍や地域レッテルをつけるのはあまり賢明とは言えない。だが、EU統合の進展とともに、ヨーロッパ企業の相互投資、合併や買収が著しく活発化している事情もあり、北側でも投資主体が多角化していることは確かである。

二一世紀に入り、海外投資の波は、二〇〇一～〇二年、および二〇〇七～〇九年と二つの時期に大きくダウンしている。

第一の時期にダウンしたのは、二〇〇一年のITバブルの崩壊、同年の9・11に経済のグローバル化の本山である世界貿易センターを直撃した同時多発テロ事件の影響、それに続くアフガニスタン、イラク戦争の懸念、そして同年末のエンロン事件に示された企業の粉飾会計への不信など、いくつかの条件が重なったことによる。第二の時期には住宅不良債権危機、金融危機から直接投資がダウンした。この二つの時期に、対外直接投資のフローは年六〇〇〇～七〇〇〇億ドルのレベルに落ちた。しかし、二〇一一年以降、投資の流れは回復しており、当面、対世界投資は一～二兆ドルのレベルで推移するものと見られる。

キーワード 多国籍企業の粉飾決算とオリンパス光学事件

二〇〇一～〇二年に起こった巨大多国籍企業エンロン、ワールドコム両社の破産がアメリカのITバブルの終えんを告げたことについては、序章で述べた。この破産事件で多国籍企業の粉飾決算など会計の不透明性の問題が明るみに出た。同様の問題は日本でも起こっている。二〇一一年にはオリンパス光学が一〇年以上にわたって巨額の損失を粉飾決算により隠してきた事件が発覚し、当時の首脳が有罪判決を受けることになった。会社は七億円の罰金を支払った。この会社は、

表 3-3　世界の対外直接投資受け入れ国・地域(フロー)

(10 億ドル)

	1990 年(%)	2000 年(%)	2012 年(%)
世　界	207.4(100)	1,413.2(100)	1,350.9(100)
先進国	172.5(83.2)	1,141.6(80.8)	560.7(41.5)
ヨーロッパ	97.3	701.8	275.6
北　米	56.0	380.8	167.6
日　本	1.8	8.3	1.7
発展途上国	34.8(16.8)	264.5(18.7)	702.8(52.0)
サハラ以南アフリカ	1.7	6.4	38.5
アジア	22.7	156.6	406.8(30.1)
東アジア	8.8	125.5	214.8
中　国	3.5	40.7	121.1
東南アジア	12.8	22.6	111.3
南アジア(インド)	0.2	3.6	25.5
中南米	8.9	98.1	210.7
ロシア	—	2.7	51.4(3.8)

出典：UNCTAD, *World Investment Report 2003*: Annex Table B.1; Ibid., *2013*: Annex Table 1.

イギリス子会社との間での移転価格取引(本章で後述)により利潤を不当に低く計上し、二〇一三年には国税局から五年間で一〇三億円にのぼる申告漏れを指摘されて、追徴税を課せられた(『毎日新聞』二〇一三年八月二二日)。

いま投資国の地理的分布を見たが、投資受け入れ国の地理的分布はどうだろうか。これを表3―3で見ることにしよう。

この表によれば、二〇一二年で、多国籍企業の投資受け入れ国の四割は先進国で、五割強が南の発展途上国である。これは、一九九〇、二〇〇〇年時の流れと比べると大きく違う。

二〇〇〇年ごろまでは多国籍企業の投資の八割強が、北の世界への相互投資だった。

ところが、二〇一二年時には北の世界の比率がずいぶん下がり、南の途上国への投資が大きな割合を占めている。わけてもアジアは、全体の投資の三割、対途上国投資の六割を受け入れている。

今日の多国籍企業上位一〇〇社の全資産は二〇一二年時に約一二・八兆ドル、その六割を占める海外資産七・七兆ドル（多国籍企業全体の総資産の三分の一）は九八五万人の雇用を生み出し、販売額は五・六兆ドルにのぼる（多国籍企業全体の販売額の半分）。今日の巨大多国籍企業はそれ自体、きわめて独占度の高い組織である。これら一〇〇社の国内外での生産総額は八・七兆ドルに達する。世界のGDPの一二％強に相当する（*World Investment Report 2013*, Table 1-4）。

アメリカの『フォーチュン』誌の発表する世界トップ五〇〇社の売上げ高ランキング（二〇一二年度）で第一位から五位に立つロイヤルダッチ・シェル社、ウォルマート社、エクソン・モービル社、BP社、中国石油化工集団の売上げ高は、いずれも三七〇〇～四八〇〇億ドル（四〇兆円前後）のレベルだが、これは一社でマレーシアや香港の経済力をしのぎ、五社でサハラ以南アフリカ全部をひっくるめたGDPを上まわっている。五〇位までにはトヨタ、日本郵政、NTT、日立、日産などの日本企業が入っているが、これらはいずれも一〇〇〇～二〇〇〇億ドル（一〇～二〇兆円）の売上げ高を計上している。これらもそれぞれ、多くの中小国のGDPより大きい。

多国籍企業の進出手段としては、従来は子会社を独自、または現地資本との合弁で設立することが主なやり方であった。しかし、一九八〇年代以降の自由化の波のなかで、新しく二つの方策があらわれた。

一つは、巨大会社同士が、特定分野で研究開発や新製品開発などの連携協定を結ぶやり方で、部分連携方式といってよい。このころ、トヨタとゼネラル・モーターズ（GM）がカリフォルニア州フリーモントに合弁のNUMMI社を設立したが、これはトヨタにとっては、アメリカ市場での生産・販売のノウハウをGM社から学び、GM社にとっては、トヨタ式のフレクシブル経営・生産を吸収するための合弁であった。

他は、買収・合併（Merger & Acquistion M&A）によって、既存の生産設備を入手するやり方で、クロス・ボーダー（国境を越えた）M&Aと呼ばれる。一九八〇年代後半から活発化したこのクロス・ボーダーM&Aの取引高は、九〇年には一五〇〇億ドル、二〇〇〇年にはなんと一兆一四〇〇億ドルの規模に達した。

もっともその後の先進国の経済危機で、M&A額もダウンしたが、二〇一二年には約七〇〇〇億ドルのレベルに回復している（表3―4）。そのなかでも、一件一〇億ドル以上のメガ買収は一九八七～九五年の間には、平均年一九件前後だったが、一九九六～二〇〇〇年の間には三八八件、二一世紀に入っても年間数百件にのぼる。二〇一三年には日本のソフトバンク社が米携帯電話大手スプリント・ネクステル社を二一六億ドル（約二・二兆円）で買収して話題となった。

日本の経済成長を担った有力な一翼としての自動車業界も、一九九八年の米フォード社による

表 3-4　世界のクロスボーダーＭ＆Ａ(被買収国，買収国)

(2012 年)

	被買収国		買収国	
	(10 億ドル)	件数	(10 億ドル)	件数
世　界	695.5	8,683	695.5	8,683
北　米	194.4	1,615	198.9	2,374
EU 27 国	245.6	3,182	201.4	3,229
日　本	13.6	129	50.6	485
東・東南アジア	52.9	962	105.0	1,012
中国	15.4	300	39.8	228
香港・台湾	12.2	122	26.2	267
ASEAN	21.6	441	30.4	429

出典：日本貿易振興機構『ジェトロ貿易投資報告 2013 年版』，資料統計，表 7 より．

マツダ株支配に続き、仏ルノー社の日産自動車との資本提携、ＧＭ社によるスズキ、富士重工への経営参加(なお、両社ともその後、ＧＭ社との提携を解消し、スズキはフォルクスワーゲン社と提携)、独ダイムラー・ベンツ社による日産ディーゼル参加、三菱自動車の商用車部門がダイムラー・グループ入りしたことなど、多くが外資の傘下に入ったり、業務提携をする状況となっている。トヨタは二〇〇九年ＧＭ社破産後、同社との合弁事業を解消し、一二年に独ＢＭＷ社とエコカー関連の電池事業で業務提携を発表している。また、中国市場対象に、日本企業と中国自動車産業の合弁も増えている。多国籍生産時代に、日本の主導的製造業の様相も大きく変貌してきた。

経済のグローバル化時代には、地球市場規模で多国籍企業間のメガ・コンペティションがくりひろげられている様相が、以上の事例からもよくわかる。日本での銀行間合併があいついだのも、不良資産問題の解決と同時に、このようなグローバル競合を視野に入れてのことである。

キーワード　日本の銀行集団再編

一九九九〜二〇〇一年にかけて、日本の主要銀行はいくつかの金融集団に再編された。すなわち、第一勧銀、富士、日本興業は「みずほフィナンシャルグループ」を、三和、東海、東洋信託は、「UFJ銀行」、東京三菱、三菱信託、日本信託は「三菱東京フィナンシャル・グループ」、さくら(三井系)、住友は「三井住友銀行」を、それぞれ設立した。また、あさひ、大和両銀行はやや遅れて二〇〇三年に「りそな銀行」に統合された。〇五年には三菱東京グループがUFJ銀行を吸収合併し、「三菱UFJフィナンシャル・グループ」が総資産で世界最大の金融機関として誕生した。三菱UFJ、みずほ、三井住友各フィナンシャル・グループは「三大メガバンク」と呼ばれる。

同様の動きは保険面でもみられ、この時期に日本火災と興亜火災(日本興亜損保)、住友海上と三井海上(三井住友海上)、安田火災、日産火災と大成火災(損害保険ジャパン)、大同生命と太陽生命(T&D保険グループ)などの合併があいついだ。

ここで、とりわけ途上国に対しては、後に第9章で詳しく見るように、近年の資金の流れのなかで、政府開発援助(ODA)の比重が減り、代わって、民間資金の流れが著しく増えていることを注意しておこう。

一九九四〜九五年の時点では、ＯＤＡの比重は北から南への全資金フローの三五％だったが、二〇一〇年には二六％に減っている。これに代わり、民間資金の流れが、直接・間接投資、輸出信用（製品サービス輸出に際して、相手側に対してローンを供与する）、ＮＧＯからの贈与を合わせて三六〇〇億ドルと、ＯＤＡの三倍の額に達しているのである。この民間資金の流れをさらに立ち入って見ると、直接投資は一六四一億ドル、間接投資は一三八三億ドルで、それぞれＯＤＡの一二八五億ドルを上まわっている。多国籍企業はこれまでのところ、先進国市場を主たるベースとして事業を展開してきたが、今後は、新興国、途上国への進出がさらに進むものと見られる。それだけに、途上国の内部でも、投資が集中する大都市や資源地域と、他の地域や農村間の南南格差が拡大し続けることが十分予想される。

これら多国籍企業の国民経済や国民生活におよぼす影響が強力であるだけに、近年では多国籍企業の社会的責任の問題が提起されるようになった。

社会的責任

企業の多国籍生産は、世界経済に活力を与える反面、投資の本国においても、また受け入れ国においても、いろいろな問題を引き起こす。

まず、投資本国は、対外投資は本国に、投資収益や安価な生産物や原料資源をもたらすと考えるので、投資のための情報提供や低利の投資金融や二重租税の回避(本国と投資受け入れ国の両方で、同じ投資について税金がダブってかけられることを避ける措置)など、投資の促進策を講じる。

しかし、多国籍企業は、たとえば投資収益を税金の低廉《ていれん》なタックス・ヘイブン(租税回避地)の事務所(しばしば表札だけの)に置いて、本国での税金を回避することがある。また、親会社と子会社間の取引について価格操作をおこない、本国(または投資受け入れ国)に利潤を残さず、税金の安い国に利潤を集中させる移転(振替)価格と呼ばれる慣行をとることがある。二〇一三年、日本のHOYAは二〇〇七～一一年の五年間にわたり、本社所得を東南アジア子会社に付け回し、二〇〇億円にのぼる脱税を国税庁に指摘された(全国各紙、二〇一三年六月二七日)。これは移転価格の例である。反対に、子会社が親会社から輸入する原料・部品価格を通常の親会社の輸出価格より引き上げれば、子会社所在国での利潤を少なく計上できる。

先に述べたGVCの生産方法は、一方では国境を越えるネットワーク型生産を拡大し、雇用を生むが、反面から見れば、投資国や受け入れ国の税制をかいくぐったり、親会社の指図により部品や中間財を特定国からの調達に限ったり、子会社の輸出先を限定したりするやり方につながる。これは制限的商慣行と呼ばれ、国家主権と矛盾する行為と考えられている。

また、国の金融財政政策が影響を受ける場合もある。金融引き締め政策をとっていても、多国籍企業が資金を大量に移入すれば、通貨発行量は増大することになる。反対に、金融緩和策をとっていても、多国籍企業が資金を大量に引き揚げれば、外貨準備は窮屈になり、為替レートが下がりやすくなって物価が上がり、金融緩和の効果は失われる。

近年では、多国籍企業や多国籍資金の運用を専門とするヘッジ・ファンドが膨大な資金をわずかな金利や為替レートの変動を予測して動かすことによって、ある国の金融財政政策や為替政策に悪影響をおよぼす例が増えている。

ＥＵはユーロの前身のヨーロッパ通貨制度（ＥＭＳ）時代に、「スネーク」と呼ばれる為替相場メカニズム（ＥＲＭ）の共通変動制度をとっていたが、投機筋の攻撃によって、参加各国の為替が大幅にフロート（上下）し（一九九二〜九三年）、防衛に追われるという苦い経験をした。また、一九九七〜九八年のアジア通貨危機で、まずタイ・バーツが、次いで、マレーシア・リンギ、インドネシア・ルピア、そして韓国のウォンが狙われ、それぞれ四〇〜七〇％の切り下げをおこない、これらの国は国際金融界から莫大な資金借り入れを余儀なくされた。

二〇〇七〜〇九年のサブプライム・ローン危機、リーマン・ショックには、ヘッジ・ファンドによる金融市場からの資金引き揚げが、金融機関の危機をあおった面があるし、それに続くユーロ危機でもヘッジ・ファンドがギリシャ、スペインなどの国債を大量に売り、国債価格の下落、金利高騰を導いたことが危機を増幅させた。

キーワード　ヘッジ・ファンド（Hedge Fund）

アメリカの規制緩和により、一九八〇年代以降、注目を集めるようになったハイ・リスク、ハイ・リターンをめざす投資信託。もともとの意味は「危険回避」だが、株、債券などの伝統的商品のみならず、為替、一次産品などの商品、不動産、デリバティブ(株式や商品などの金融取引に際して、相場変動による損失を回避するために開発された商品で、金融派生商品とも言う)など非伝統的なさまざまな対象に積極的に投資する。短期の売買をコンピュータを駆使してくりかえし、投機的な利益を得るやり方に特徴がある。アジア通貨危機の仕掛け人として有名なジョージ・ソロスのクォンタム・ファンド、ノーベル経済学賞受賞者らが作って運用したが破産したLTCM(長期資本運用会社)など、その数は数千にのぼる。しばしば数十億ドルにのぼる資金を動かし、一日に動かす資金総額は一〇〇〇億ドルに達するといわれるが、個人の出資組合の形をとり、情報開示もほとんどおこなわれていない。

このため、二〇〇九年ロンドンで開かれたG20会議ではヘッジ・ファンドの監視、規制、透明性向上などの措置を経済協力開発機構(OECD)に要請し、また、二〇一三年一月にはEU委員会が金融取引税の設置について取り決め、遅まきながら、国際金融取引の透明性の向上をはかる政策に乗り出した。

こうした政府レベルの動きは、近年欧米で拡がっている「ノーカット運動」に対応している。ノーカット運動とは、政府が財政危機に際してまず社会保障を切り詰める動きに反対し、むしろ多国籍企業から徴税して社会保障の財源に充当せよとする市民運動である。

キーワード　金融取引税(Financial Transaction Tax　FTT)

世界経済が近年見せている不安定さの背景には、国際流動性が投機的に運用されている事情がからんでいることは、よく知られている。

すでに一九七〇年代には、ノーベル賞経済学者ジェームズ・トービンが投機目的の短期の為替取引を規制するために低額の課税をおこなうことを提唱した(トービン税 Tobin tax)。しかし、国際為替の取引に規制を課することには賛否両論があり、また、各国が同時に実施しないと資本は非実施国に逃げる恐れがあるため、なかなか現実化しなかった。

しかし、二一世紀に入って、国連がミレニアム開発目標(MDGs　第9章)を打ち出し、その資金源として「革新的融資メカニズム」が討議されて、二〇〇六年、フランス、ブラジル、ノルウェー、イギリス、チリの五か国が国際連帯税(International Solidarity Levy　ISL)を、それぞれ創設した。ISLは、これらの国で発着する航空便に課税(一～四〇ドルの範囲)するもので、それを原資として、国連MDGs目標中、とくに新旧の感染症治療を対象とする国際機関「国連HIV/AIDS、マラリア、結核に関する医薬品・治療普及助成機関　UNITAID」が発足した。UNITAIDの二〇一二年報告によれば、その後、韓国やスペインなどを加え、二八か国・一財団が加盟している。これは当初のトービン税の趣旨とは異なるが、グローバル化から起こる問題に着目して国際課税をおこなうという点ではFTTへの一歩と見ることもできる。

アジア経済危機、世界金融不況、EU債務危機などを経て、国際的に、国際金融取引への監視、規制が議論されるようになり、二〇一二年末、ＥＵ委員会はすべての金融商品、デリバティブに関するＦＴＴを勧告した。フランスは一二年八月から上場株式の取引額に応じた課税を発表し、ハンガリーも一三年からのＦＴＴ導入を決めている。ＦＴＴが今後、国際資金移動を監視する際の国際的な協調行動の手段の一つとして、浮かび上がってくることは確かだろう。

労働と環境問題

他方で、多国籍企業の活動は、労働組合や環境問題にも大きな関連がある。

多国籍企業は進出先においては、技術や雇用や外貨獲得源をもってきたと見なされ、立場が強いので、児童労働や長時間労働など、国際労働基準を守らない場合もしばしば報告されている。また、労働組合に対しても、紛争が起ころうとする際に、工場閉鎖や生産の海外移転などのおどしにより、組合を威圧する事例もある。

キーワード 国際労働基準(International Labor Standard)

ＩＬＯの条約や勧告に定められた基本的な労働条件。ＩＬＯでは、①強制的労働の禁止、②結社の自由、③雇用・職業における差別禁止、④児童労働の禁止、の四点を中核的基準としている。

近年、多国籍企業が発展途上国で安価な労働力を労働基準を無視して働かせることにより製品を安く先進国に輸出することが、不公正な貿易であり、労働者に悪影響を与えるとして、ＥＵなどはWTOの場で、国際労働基準の遵守を進めていくことを呼びかけている。

多国籍企業の生産は地元企業に比べると規模が大きいので、公害の原因ともなりやすい。いま述べた進出先での立場の強さも公害の垂れ流しや環境破壊と結びつきやすい。日本環境会議が出している『アジア環境白書』（最近のものは二〇一〇／一一年版）には、マレーシアやインドネシアなど、東南アジアで日本企業が出している公害が、克明に報告されている。

こうして、多国籍企業の活動が国家主権や労働組合の利害、あるいは環境問題に悪影響をおよぼし得ることから、すでに一九七六年にはOECDの場で「多国籍企業行動指針」が採択され、二〇一一年に五度目の改訂がされている。この指針では、「市民社会の良き一員」としての多国籍企業のあり方を保障するために、外国の公務員に対する贈賄防止、消費者の健康や安全の保護、情報公開など良き企業ガバナンスの確立、環境や人権の尊重、人材の養成や訓練機会の提供、労働者・従業員の権利の尊重、技術移転、競争政策や課税のための情報開示などを勧告している。

日本でも一九七〇年代初め、東南アジアへの海外投資が急増した時期に、インドネシアやタイなどで反日運動が起こったことから、進出企業が一九七三年、日本在外企業協会を設立し、「海外投資行動指針」を定めて、自分たちの行動基準とすることにした。この「指針」は、発展途上国における進出企業の倫理について述べたものだが、八〇年代に対欧米投資が増えた事情から、八七年に先進国をも視野に入れて改訂された。

その内容は、現地会社の主体性尊重、現地従業員の雇用・登用の推進、従業員の教育・訓練、海外派遣者の教育や生活基盤の整備、投資先国産業との協調、技術移転の促進、現地への再投資、投資先国では社会との協調・融和をはかること、環境や教育に配慮し、また以上の諸点について広報すること、などから成る。

もちろん、これらは強制力をもたないガイドラインだが、それでも投資側から、投資が地元社会に受け入れられる条件を真剣に追求した結果と言えるだろう。

だが、今日では、しだいに市民社会の側から企業の社会的責任(Corporate Social Responsibility CSR)が追求されはじめてきた。CSRとは、企業のガバナンスの透明性、雇用、消費者への責任、環境保全などで、「良き企業市民」として行動することを社会に証明する、という考え方である。これは、一九九〇年代にイギリスで提唱され、欧米に広がったもので、今日では企業の格付けに際して、経済性のみならず、環境や社会への貢献を評価する、という考え方へと展開した。

この考え方に沿った社会的責任投資(Socially Responsible Investment SRI)が投資ファンドなどでも推奨されるようになっている。これは実際、環境や市民社会への貢献に配慮する企業ほど、今日の社会では消費者の評判もよく、収益も高いことから出てきた投資方式で、SR(社会的責任)企業がリストアップされ、企業側でも資金集めがしやすくなっている。

日本でもバブル経済の末期に、政財界の癒着や贈賄、汚職がリクルート事件、佐川急便事件、野村證券事件など、次から次へと明るみに出たため、一九九一年に経団連が企業行動憲章を策定した。この憲章は、最近の二〇一〇年までに数度改訂されている。その内容は、①消費者の信頼に応え、生産物の安全に配慮、②公正、透明性と企業情報の開示、③環境への取り組み、④従業員の人格・個性の尊重、⑤社会貢献活動、⑥国際基準、海外での現地文化や慣習の尊重、など一〇項目から成るもので、従来、永田町と霞が関(政官界)しか目に入らなかった日本の大企業も、国際社会の基準を考慮することを否応なしに迫られ、ようやく、市民社会、消費者や従業員に目を向けるようになったことを示している。一九八〇～九〇年代には日本の大手商社、メーカーなどがアメリカで性差別、性的嫌がらせやパワー・ハラスメント、人種差別などで訴えられる事件があいついだが、こうした事件を進出先の国で起こすような企業の将来性は疑わしいものだろう。

もちろん、いま述べた企業倫理は、市民、消費者や従業員の監視なくしては絵に描いた餅に終わってしまいかねない。日本でも企業合併、海外企業の買収があいついでいる昨今、ますます企業の社会的責任を要請する市民活動が求められるだろう。

第4章　国際通貨体制と円のゆくえ

国際通貨(international currency)とは基本的には、国家間の取引決済に使用される通貨を指す。ある国が他国と通貨を交換する場合に、それぞれの購買力に応じて一定の交換比率が成立する。これが、為替レートである。だが、為替レートの設定を通じて、ある国の通貨に対しては、他の国(々)からより多くの需要が寄せられ、そのためにこの通貨が国際的に取引されることになる。

国際通貨とは理論的に言うと、ある国の生産力が高く、その国の財・サービスに対して、他の国々から多くの需要が存在し、その事実によって国際的に商取引に媒介・決済通貨として使用され、価値を保蔵する手段として利用され、国際的な価値尺度として通用するような通貨であり、基軸通貨(key currency)とも呼ばれる。国際通貨体制とは、このような基軸通貨を中心として、貿易や資金移動の促進、国際収支の調整、金融市場の円滑な機能などのために国際的に合意された通貨取り決め、協定や、これらにもとづく機関の総体を指している。

それゆえ、近現代世界においては、国際通貨はつねに世界市場で優越する経済力をもった国の通貨を基軸として定められてきた。国際通貨体制の変動は、この基軸通貨国の経済力の変動にもとづいている。この点を見るために、第二次大戦後のドル・円レートの変動を検討してみよう。

円対ドルの為替レート

二一世紀当初の世界の通貨体制は、二〇世紀後半の国際通貨体制を形づくったドル本位体制から、新しい国際通貨体制が胎動する過渡期にある。

第二次大戦後、圧倒的な経済力をもつに至ったアメリカは、ブレトンウッズ体制(第2章)により、いわゆる金為替本位制を国際通貨体制の土台とした。

金為替本位制とは、従来の国際通貨体制の大宗《たいそう》を形づくってきた金本位制を形としてはとりながらも、アメリカの卓越した経済力とそれにともなう金準備のアメリカへの集中を背景として、金一オンス＝三五ドルという交換レートを設定して、ドルの金転換への要求があればいつでもこれに応じるという約束にもとづいて、ドルの基軸通貨としての立場を確立した制度である。金・ドル本位制といってもよい。

日本の円も、戦後間もなく、連合軍占領の下に一ドル＝三六〇円という固定為替制(第二次大戦前は一ドル＝二円の時代が長く続いた)が設定され、これが一九七〇年代初めまで続く。

しかし、高度成長時代を経て、日本の経済力が飛躍的に伸び、アメリカとの貿易でも一九六〇年代になると黒字が続き、さらに六〇年代後半には貿易のみならず経常収支も黒字化し、その黒字が拡大してきた。六七〜六八年にはEECの共通市場化が完成し、ヨーロッパ共同体(European Communities EC)が成立して、ECの世界的な発言力が一段と増した。このころ、アメリカは貿易収支が赤字化したばかりではない。ベトナム戦争と対ヨーロッパへの多国籍企業の投資が始まったことによって、海外支出が著しく増え、「ドルの垂れ流し」状態となり、ついには外国の保有するドルが、アメリカにとって交換可能な金の総額約七〇〇億ドルを上まわる事態となった。これでは、アメリカのドル価値を保障していた金・ドルの交換性が失われることになる。

こうして、一九七一年八月に「ニクソン・ショック」と呼ばれたアメリカ大統領ニクソンによる金・ドル交換の停止が宣言され、同年一二月にワシントンDCで主要国の会議が開かれた。そこでドル切り下げ(円は一六・八八%切り上げて、一ドル＝三〇八円になる)と変動幅の拡大が承認され、一九七三年以降、主要国は変動相場制へ移行することになる。

キーワード **変動相場制(floating exchange rate system)**

固定相場制では、金(この場合は金本位制)または基軸通貨に自国通貨の交換レートが固定的に設定されるが、変動相場制では、市場での各国通貨の需要と供給によって交換レートが決められる。一九七一年一二月、米国のワシントンDCにあるスミソニアン博物館ビルで、先進一〇か国蔵相会議がおこなわれ、ドルの七・八九%切り下げ(一オンス＝三五ドルから三八ドルへ)と為替変動幅の拡大(上下各二・二五%へ)が取り決められた。しかし、それでもアメリカの国際収支赤字は改善せず、七三年からは全面的な変動相場制がとられた。これが七六年にジャマイカのキングストンで開かれたIMF暫定委員会で追認され、各国とも固定相場制でも変動相場制でも、自由に採用できることになった。

図4―1は、一九七一年のニクソン・ショック時から数年おきの円ドル為替レートの推移を示している。この表からも明らかなように、石油ショックの前後に円レートは一時安くなるが、後は、一九八三~八四年の円安を除き、一貫して円高の方向に動いている。これは、この時期のアメリカ・日本の相対的な経済力の変動をあらわしているといえる。

一九七一年末のスミソニアン会議でおこなわれた通貨レート調整以後、七二年には一ドル二六五円の水準まで切り上がるが、七三年秋の石油ショックにより、三〇〇円前後まで下がる。その後、八〇年ころまで二二六円の水準に戻すが、八一~八二年の第二次石油ショック時には、再び二五〇円前後の円安へと振れる。日本経済にとって、石油がアキレス腱であることがわかる。

円安下で、日本の対米輸出は大きく伸び、日米経済摩擦が激化した。「ジャパン・アズ・ナンバー1」(アメリカの経済学者エズラ・ヴォーゲルの本の表題)の時代である。貿易赤字の拡大、それにあいともなう財政赤字の拡大、いわゆる「双子の赤字」問題に悩むアメリカの提唱で、一九八五年九月にニューヨークのプラザ・ホテルで先進五か国の蔵相・中央銀行総裁会議が開かれ、ドル

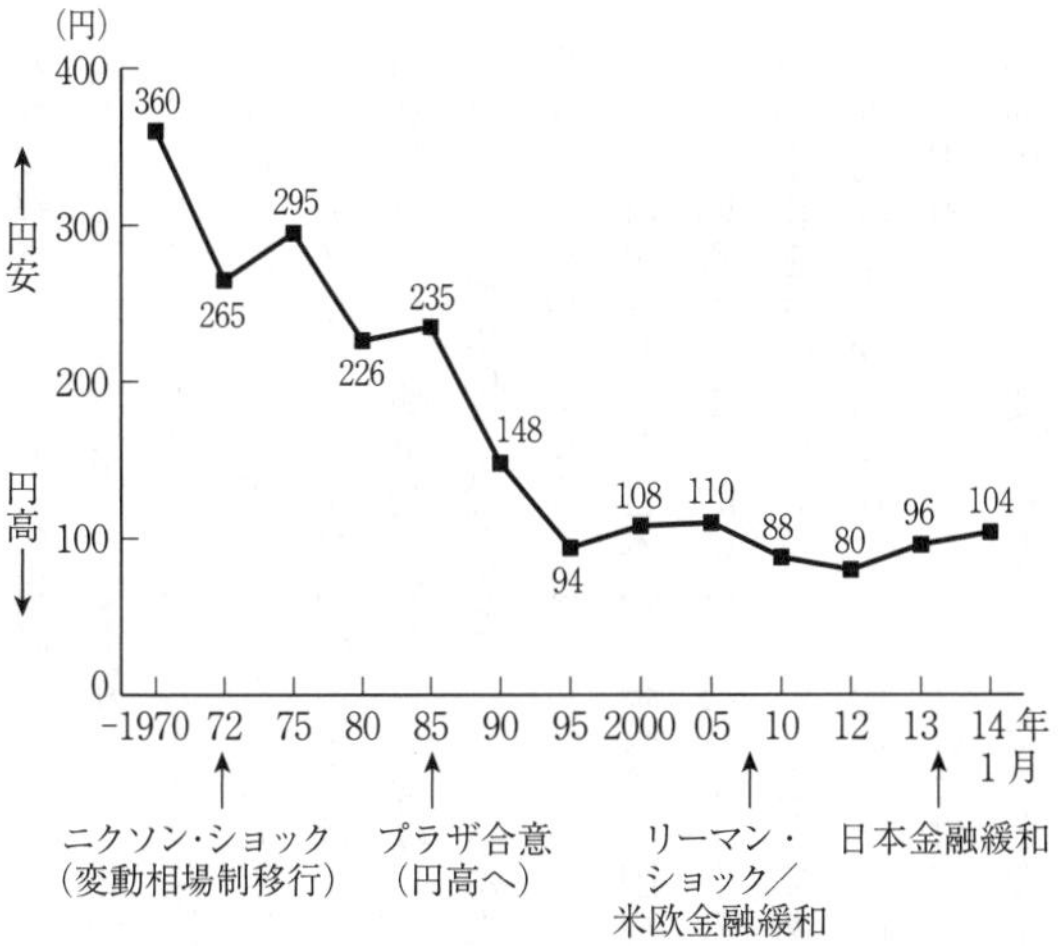

図 4-1　ドル・円相場の推移(1972-2014年)

注：為替レートの数字は，その年の月平均レートの平均値をあらわしている．本図では簡略化のため，本文で述べた二次の石油ショック時，および2006-07年アメリカ不良債権危機時の為替レートのぶれを細かく示してはいない．

出典：財務省財務総合政策研究所『財政金融統計月報』より作成．

高の為替レートを是正するべく、日本、イギリス、フランス、ドイツの四国が、アメリカと協調して、自国通貨のレートを一〇～一五％引き上げるべく、市場介入することになった(プラザ合意)。その結果、円高が八〇年代後半に進み、九〇年には一四〇円台へと昂進《こうしん》した。

円高が輸出主導で伸びてきた国内産業に与える悪影響を懸念して、日本政府は大幅な金融緩和策をとるが、その結果起こったのが、悪名高いバブル経済である。これは、国内流動性が過剰に出まわり、それが土地や株に対して投資されたことから、土地や株の価格インフレとしてあらわれた。

バブル経済は一九九二年以降崩壊するが、円高の傾向は継続し、九五年ころには年間を通じて九四円（最高月には八三円）まで上昇した。その後、九八年、二〇〇〇年ころには一三〇円台へと戻し、二〇〇二年の四月ころからアメリカ経済のバブル崩壊を受けて、再び円高傾向となって〇四〜〇五年には一一〇円程度、〇六〜〇七年には一一六〜一一七円だった。だが、リーマン・ショック後のアメリカの大幅金融緩和を受けて、再度円高へと振れ、一一〜一二年には八〇円の空前の円高となった。輸出産業の悲鳴を受けて、一三年四月、日銀総裁に就任した黒田東彦氏の下で「異次元の金融緩和」政策がとられ、一三年七月ころには一〇〇円前後と円高が是正された。

図4―1からわかることは、石油ショックや湾岸戦争などの政治経済学的な要因、さらに近年に至ってはアメリカと日本の金融政策や国境を越えて移動する国際流動性の動きが為替レートに影響しているが、根本的には、為替レートの相対比の動きは、それぞれの国の生産性の増大や経済力の変化を反映している、ということである。

一九七〇年代初めから二一世紀初めにかけて、円の対ドル・レートが三六〇円から三・六倍の一〇〇円前後まで上がったということは、この間において日本の経済力が高まり、円を需要する力が他の通貨を需要する力に勝ったことを示している。これは、典型的な後発国の先進国キャッチアップの例である。

キーワード　双子の赤字

アメリカ経済で、経常収支の赤字と政府の財政収支の赤字がともに拡大する現象をいう。経常収支赤字の根本は貿易赤字だ。この赤字は第3章でみたように、アメリカの多国籍企業が一九六〇年代以降、まずヨーロッパに、次いでアジア、中南米に生産拠点を移していく過程を通じて、拡大した。八〇年代以降、アメリカ産業は、投資の重点を研究開発等の知識部門、また電子部門に向け、その特許やノウハウを海外に販売する知的財産などの「見えない貿易」で黒字を計上する。だが、この黒字や投資収益を合わせても、貿易収支の赤字を補うには足りない。八〇年代には、レーガン大統領の下で軍拡がすすみ、財政赤字も拡大した。貿易が赤字だと、政府は財政赤字を増やして、不足する購買力を補おうとする。しかし、財政赤字の拡大は、輸入を増やし、経常収支の赤字を増大させる。双子の赤字は相互に関連して、悪性循環を生み出しやすい。

一九九〇年代後期、クリントン政権時に、アメリカはバブル景気により、経常収支の赤字は増えたものの、財政収支を改善し、一時黒字化することができた。このまま、双子の赤字を解消することができるかに見えたが、しかし、ブッシュ大統領の戦争政策により、二〇〇二～〇三年の財政赤字は対GDP比四％前後と大幅に拡大した。ブッシュ失政から大統領の座についたオバマ大統領の下でも、リーマン・ショックの後始末、アフガニスタンなどでの戦争継続により、金融緩和政策が続いており、財政赤字も拡大して、双子の赤字を是正する方向は見えていない。

国際収支の構造

ここで、いま述べたような、ある国の経済力を測る指標の一つとして、国際収支の構造をアメリカと日本について見ておこう。ある国の経済力はGDP、生産性（何人の労働者でどれだけの生産をおこなうか）、インフレ率、失業率、財政の健全性など、いくつかの指標で測られ、これらをファンダメンタルズと言うが、国際収支はファンダメンタルズのなかでも重要なものである。

アメリカの国際収支（二〇一一年）を表4―1に示した。

国際収支とは、大きく言うと、経常収支と資本移転等・金融収支にわかれる。経常収支は、①貿易収支、②所得収支、③移転収支、の三つから成る。貿易収支（A）とは目に見える財の貿易（B）、また目に見えないサービスの貿易（C）から成る。アメリカは二〇一一年に一・五兆ドルの財輸出をして、二・二兆ドルの輸入をしている。アメリカの輸入は毎年、絶対額でも、対GDP比でも増えており（最近三〇年間に七％から一五％へと二倍強に増えた）、アメリカ国民がしだいに外国からの輸入によって、今の生活水準を支えるようになっていることがわかる。

しかし、この財貿易は膨大な赤字であり、これをサービス貿易（旅行、運輸、通信、金融、保険など）、および所得収支（表のDで、これは対外投資の収益や外国で働いているアメリカ人の本国送金などの合計から、外国企業が対内投資の収益として海外に持ち出したり、アメリカで働く外国人が海外送金する分を差し引いた勘定）の黒字で従来は埋めていた。しかし、近年ではこれらの収支の黒字も縮まるか、あるいはマイナスになっており、経常収支全体として、四六五九億ドルの赤字を計上している。これが、ドルの海外への過剰供給の一因となっている。

他方で、資本移転等・金融収支(G、H)は直接・間接双方で対外投資、対内投資のバランスを示すものである。一九九〇年代には世界からアメリカの株や債券への投資が膨大に存在し、それがドルの高目の価値を維持していた。しかし、リーマン・ショック後はアメリカの財政赤字がふくらむ一方、国内外の投機筋がドル、ユーロ、円の間で乗りかえをくりかえしている。金融収支の黒字は五五六三億ドルで、経常収支の赤字を金融収支の黒字でまかなう構造となっている。

表4―1から読み取れるように、海外からアメリカ資産を保有しようとする動きは一兆ドルときわめて強い。これはアメリカの技術革新が強いこと、また、近年のオイルシエール開発など、資源輸出大国として復活してい

表 4-1　アメリカの国際収支(2011 年)

(10 億ドル)

貿易収支　A＝B＋C	△559.9
財　　B	△738.4
輸　出	1,497.4
輸　入	△2,235.8
サービス　C	
軍事取引収支	△11.6
旅行・観光収支	31.3
その他サービス	158.8
所得収支　D	227.0
移転収支　E	△133.1
経常収支　F＝A＋D＋E	△465.9
資本移転等収支　G	△1.2
金融収支　H	556.3
アメリカ保有海外資産計	△483.7
公的資産	△119.6
民間資産	△364.1
外国保有アメリカ資産計	1,001.0
公的資産	211.8
民間資産	789.2
金融デリバティブ	39.0

出典：『2013 年アメリカ大統領経済報告』.

ること、などの理由があるだろう。しかし、海外からの米国証債買いにドル価値は大きく依存しており、それがドル不安定の原因となっている。

ひるがえって、日本の国際収支構造はどうだろうか。二〇一二年のそれを、表4―2に示した。まず貿易・サービス収支(A)では、財の輸出入(B)で七三一億ドル、サービス収支(C)では三一三億ドル、計一〇四三億ドルと大きな赤字となっている。日本は長年、輸出品の国際競争力がきわめて強く、毎年膨大な貿易黒字を出し、外貨準備を増やしてきた。ところが、二〇一一年を境に、日本企業の海外立地が進んだこと、新興国の台頭、また円高の影響による輸出低迷に加えて、東日本大震災により世界市場に対するサプライチェーンが途絶えたこと、などを理由として、

表 4-2　日本の国際収支(2012 年)

(10 億ドル)

貿易・サービス収支 A＝B＋C	△104.3
貿易収支　B	△73.1
輸　出	772.3
輸　入	△845.4
サービス収支　C	△31.3
所得収支　D	179.3
移転収支　E	△14.2
経常収支　A＋D＋E	60.7
投資収支	△102.9
直接投資	△121.1
証券投資	△38.7
その他投資	63.6
その他資本収支	1.0
資本収支	△103.8

出典：財務省 HP：『国際収支状況』およびジェトロ HP：「国際収支統計」より作成.

注：経常収支と資本収支の数字が食い違っているのは，海外投資が外貨準備高を減らして行われているのと，誤差脱漏による．なお，2014 年 1 月より国際収支統計が見直され，本表の「資本収支」は，「金融収支」(投資収支と外貨準備増減)と「資本移転等収支」(海外援助，債務免除等の「その他資本収支」)とにわけられることになった．この改訂は IMF 国際収支マニュアル第 6 版に依拠したもので，表 4-1「アメリカの国際収支」と整合性がとれている．

貿易赤字へと転じた。所得収支の黒字によってようやく経常収支の黒字六〇七億ドルを維持している。これを用いて海外投資をおこない、一二年には一〇三八億ドルの資本収支(現在は表4―2の注のように、金融収支と資本移転等収支に表記変更)の赤字を計上した(経常収支の黒字との差額は外貨準備を食いつぶしている)。日本は外貨の大部分を間接投資(とくにアメリカの債証券購入)や直接投資(アジアが多い)に向けて使用し、国際収支のバランスをとっているのである。

このように、一国の経済力の根本は貿易(財、サービス)によっており、貿易での黒字を用いて、ある国は対外投資して、経済力を拡張していく構図がここに読みとれる。だが同時に、近年ではマネー経済の拡大とともに、かなりの程度、投機的な資金が国境を越えて動いており、為替レートに影響を与えることにも注意を払っておく必要がある。

さて、それでは、今日のグローバル化の動きのなかで、新たに提唱されるようになった東アジア経済圏の要として、円がドル、ユーロと並んで、国際通貨、基軸通貨となり得るか、という問題を次に検討することにしよう。

円は基軸通貨になりうるか?

円は一定額以上の為替売買については届け出を必要とするが、国内外で売買は自由であり、基本的には国際通貨となっている。しかし、ある経済圏の中軸としての基軸通貨となっているか、というと、一九八〇年代からの規制緩和、金融ビッグバンにもかかわらず、まだまだ制約は多い。

キーワード　金融ビッグバン

一九八六年にイギリスのサッチャー政権の下で、ロンドンの金融街シティの活性化のためにとられた規制緩和、競争政策に始まる。宇宙の始まりの大爆発を指すビッグバンという言葉から、この改革は金融ビッグバンと呼ばれた。日本では、橋本内閣のときに「日本版ビッグバン」政策が発表された。この改革には、銀行・証券・保険業間の相互参入や株式売買手数料の自由化、会計制度を国際基準に合わせるための商法改正などが含まれる。外国為替(外為《がいため》という)に対する規制も九八年の改正で大幅に自由化された。金融ビッグバンによる外資の参入に対して、日本では第3章で述べたような、金融機関や保険会社の合併が促進されたわけである。

ここで、歴史の経験を踏まえて、ある国の通貨が基軸通貨となる条件を整理しておこう。一九世紀から第一次世界大戦に至るまでは、イギリスのポンドが世界市場での基軸通貨であった。これは、イギリスがこの時期に「世界の工場」として、世界中に製品を輸出していた、その経済力が背景にあった。つまり、世界の他の国々はイギリスとの貿易をまかなうために、ポンドをため、これをロンドン金融市場に預金した。イギリスのポンドの価値は貿易黒字により蓄積された金によって裏づけられていた。金本位制の時代と呼ばれる。イギリスは自国に蓄積されたポンドを使って、海外投資をおこない、帝国主義の黄金時代を現出させた。

だが、二〇世紀に入って、後発国アメリカやフランスの経済力がイギリスを上まわるようになり、イギリスの金保有比率が低下して、ポンドの価値も不安定化してきた。また、世界的な金生産の減少のため、増大する世界貿易の決済がまかないにくくなったこともあって、第一次大戦時に金・ポンド本位制は停止した。

その後大恐慌時に、主要国は経済ブロック形成に移行した。一九三〇年代にドル、ポンド、金ブロック（フランスなどヨーロッパ六か国）の基軸通貨圏が形成された。日本は遅れて、朝鮮・台湾の植民地と中国東北部（「満州」）および日中戦争での占領地を中心に円ブロックの形成を試みる。

第二次世界大戦後、アメリカの経済力を背景として、ブレトンウッズで合意された金為替本位制（実際は金ドル本位制）が、国際通貨体制を形成したことは先に見た。新体制は、経済ブロックの分立、世界貿易縮小、そして大戦の苦い経験から、貿易制限を取り除き、通貨の交換性を促進し、自由貿易・自由資本移動をすすめるために、IMFと世界銀行を手足とした。

これらの経験から、基軸通貨の要件を次のように整理しておこう。

まず第一に、基軸通貨とは、ある経済圏で中心的な役割をもつ通貨だが、このような中心通貨は、金や他国の通貨と無条件の交換性をもち、その事実によって、他国によって、準備通貨として選好される。

第二に、中心通貨国は、他国と大規模かつ広汎な貿易をおこなっている必要がある。大規模な貿易をおこなっていれば、貿易相手国は、その獲得した流動性（国際通貨）の残高を中心国の金融市場に保持することに利益を感じるだろう。手広い貿易国の金融市場では、第三国通貨も容易に取得でき、取引に便利である。こうして、中心国の金融市場は発達し、それを媒介として通貨圏の形成もまた、促進される。

第三に、中心通貨は、多少の景気変動にもかかわらず、他国に対して、その経済取引をまかなうだけ、十分に供給されていなければならない。そのために、中心通貨国は、他国に資本を移転する能力をもっていなければならない。つまり、この国は対外投資国である。他国は、中心通貨国の金融債券市場で、このような対外投資企業の債券や株式を取得することに利益をもつだろう。そのため、外国に投資した資金は絶えず自国に還流し、中心通貨の価値を支える。

第四に、中心通貨国は、対外投資のために、つねに、経常収支においては黒字を維持していなければならない。経常収支を黒字に保つためのもっとも基本的な条件は、貿易収支の黒字である。この国は、貿易（財・サービス）黒字と利潤・利子など所得収支の黒字でもって、金融収支での対外投資の赤字を相殺する。このことは、中心通貨国の経済の生産性が高く、国際競争力が強く、かつ通貨価値が安定していることを意味する。

このような中心通貨は、対外的にも取引手段、準備手段（対外取引の決済のために準備しておく流動的な資金）として受け入れられ、為替変動の際の介入手段としての機能をも果たすことになり、その事実によって、他国によって価値を保蔵する手段として認められ、保持されるのである。このような通貨が国際通貨、基軸通貨であり、金本位制下でのポンド、ブレトンウッズ体制下でのドルはまさしく、このような基軸通貨であった。

ところが、ドルの価値が先の四条件のなかの第四の貿易黒字の条件を失ったことから動揺していることは、見てきたとおりである。それでは、円はどうだろうか。

日本経済の貿易、投資状況は世界のなかでもかなりの規模であり、金融ビッグバンにより、交換性も高まったが、いまだ、貿易や国際債、公的準備の面での国際性は必ずしも高いとはいえない。輸出に占める円建て取引の比率は二〇一〇年で四〇%だが、日本自身のアメリカとの取引が大きいこと、また、輸入で多い一次産品はほとんどドル建てであることから、輸入に占める円建て取引は一九八〇年の二%からは増えたものの、いまだ二四%に過ぎない。世界の通貨当局が保持する公的準備に占める円の比率は四%(ドル六六%、ユーロ二五%)と、大きく後れをとっている。

したがって、ドル価値が不安定な現状で、東アジア諸国が共通の外貨準備を保持したり、相互取引で円や人民元を利用する動きはあるものの、東アジア経済圏で独自の中心通貨が話題になるかというと、それはむしろ遠ざかっているようである。

日本でもひところ、「円経済圏」を視野に入れた「円の国際化」が活発に議論された時期があったが、近年では、霞が関の政策日程からは脱落したようである(財務省のＨＰで以前は「円の国際化」の項目があったが、最近では削られてしまった）。その理由として、第9章で見るように、東アジア共同体など、東アジアでの地域協力体制が難航していること、代わって、G2戦略（第1章参照）が浮上し、アジアで膨大な外貨準備をかかえる中国の関心もそちらに移行していること、円を国際化するためにはかなり大胆な規制緩和をして、円を国際市場に先に述べたように大量供給する必要があるが、先進国不況の荒波のなかで、日本の政官財指導部にはその決意が見られないこと、当面アメリカの「ドルの傘」に入っていることが安泰と考えられることなどがある。そして何よりも二〇一一年以来貿易収支の赤字が年々拡大し、高度成長以来初めてとなる経常収支の赤字が近い将来見越されている。これらの理由から日本は、アメリカ主導のTPPに活路を求め、「円経済圏」の道は当面忘れ去られたようである。

中国でも人民元の国際化が話題にのぼっているが、「日本の失敗」に学んで、当面慎重に部分的な自由化で対処していく方向である。

国際通貨

東アジアでの国際通貨体制について、ドル本位、円や人民元本位など、さまざまな議論がおこなわれているが、それは、いまの変動相場制の下で必ずしも、世界経済の均衡ある発展が実現していず、むしろいくつかの大きな不均衡が進展しているからである。

Ｇ20の二〇一三年モスクワ会議では、世界経済について、「二つのリバランス」の目標を掲げた。一つは、先進国の財政不均衡の是正、第二は、黒字国と赤字国の不均衡の是正、である。Ｇ20は、世界経済の不安定がこの二つの不均衡に根ざしていると見ている。先進国の財政赤字問題は、後に第9章で国家債務との関連でさらに見ることにして、ここでは黒字国と赤字国の不均衡問題を考えておきたい。

変動相場制の下では、本来ならば貿易の不均衡は為替レートの調整によって解決できるはずである。しかしながら、現実は必ずしもそのようになっていない。このような不均衡の第一は、アメリカのドル垂れ流しによって、ドル価値の安定が必ずしも守られていない、という問題である。これはドルの「シニョリッジ」(seigniorage)効果といわれるものである。

つまり、アメリカの世界経済に占める優位から、他国によってドルが需要され、結果として、かねを輸出して実物を手に入れることが可能となる。「年長」(優位)を示すシニョリティからつくられた言葉だが、「覇権《はけん》」効果といってもよい。もちろんシニョリッジ効果により、アメリカ国民は他国の生産に依存して暮らすことは可能になる。しかし、その結果は自国経済の空洞化をすすめることになり、自国の経済力をひよわなものにしてしまう。かねはあくまでも社会関係の表象に過ぎず、実体ではないため、「マネーがマネーを生む」カジノ経済に慣れ親しんでしまうと、そのようなバブルはいつ崩壊するかわからない。

キーワード カジノ経済とユーロ・カレンシー

多国籍企業が、自国外で保有している自国通貨の準備高(流動資金)をユーロ・カレンシー(ユーロ・マネーともいい、ユーロ・ドルが七割強を占め、残りはユーロ円やユーロ・ユーロ)と呼ぶが、世界経済の不均衡を反映して、ユーロ・カレンシーなどの金融資産が近年急増している。

現在、世界の金融資産(株式、債券、銀行預金)は二一二兆ドルにのぼり、世界GDPの三倍に相当する(McKinsey & Co., *Mapping Global Capital Market, 2012*)。世界の金融市場では毎日一・五兆ドル(年間四五〇兆ドル)の取引がなされるが、その九割以上は実体経済の取引とは関係のない金融取引である。これらの資金のうち、一定部分はつねに諸通貨間の金利差や為替レートの変動などを利用して利殖をはかるべく動いている。第3章で述べたヘッジ・ファンドのように、利殖専門の金融機関も存在する。これらの金融機関はコンピュータを操作して、一瞬にして数千万ドルの投機的取引をおこなう。近年あいついだアジア通貨危機、世界金融不況、ユーロ圏の国家債務危機の際には、単に仕手筋や多国籍企業が莫大な利益を手中にしたばかりでなく、実際に破産や失業が短期間に激増し、国民生活に深刻な影響が出た。このような利潤を最優先させる資本主義経済の不合理な仕組みを、イギリスの国際政治経済学者スーザン・ストレンジは「カジノ経済」と呼んだ。

実際、変動相場制の下でも、世界経済にはいくつかの大きな不均衡が進展している。

その第一は、アメリカ経済の国際収支の赤字傾向が続いていることであり、そのため、ドルの価値が必ずしも安定的ではない。この問題に対しては、一つは、各国がバスケット制など、自国通貨を複数通貨に連動させて、米ドルの負担を軽減させるか、あるいは、EUのように地域ベースの通貨を新しく創造して、国際通貨として育成し、国際取引を自地域の共通通貨ですすめていくしか、解決の方向は存在しない。

第二は、経済グローバル化を通じて、世界各地域間の格差が拡大していることである。四六ページで引いたOECD白書『四速世界における富のシフト』では、世界を富裕国、キャッチアップ国、努力国、貧困国にわけ、世界経済の底辺に低迷する後の二つのカテゴリー(六十数か国で、国連に加盟している途上国の四割)では貧困問題が解決できていないことを指摘した。これらの国は同時に債務問題を抱えている国でもある。発展途上国の累積債務には二種類あり、キャッチアップ国が工業化の過程で、資本財・生産設備を輸入することから起こる債務は、やがて、工業化の進展とともに返済することが可能である。しかし、問題は、重債務貧困国(Heavily Indebted Poor Countries HIPC。第9章)と呼ばれている貧困国で経常的に貿易収支の赤字が拡大している国である。HIPCに対しては、一部債務削減などの救済措置がとられているものの、実体経済の改革とそのための国際協力がおこなわれない限り、問題の解決は困難である。

第三は、今日の世界経済では、経常収支の黒字が一方では東アジア諸国(二〇一二年末で日本の外貨準備額は一兆二六八〇億ドル、中国三兆五〇〇〇億ドル、台湾四〇〇〇億ドル、韓国三二七〇億ドル、香港三一七三億ドルで、東アジア五か国・地域だけでなんと五・八兆ドル、全世界の外貨準備の半分以上を占めている）、他方では、産油国に集中している（二〇一二年末のＯＰＥＣ諸国の外貨準備額は、約二〇〇〇億ドル）（IMF, *International Financial Statistics Online*, March 2013）。ところが、これらの国の黒字の大部分はアメリカに間接投資（債券購入）として還流し、ドルの価値を支えていながら、必ずしも自国や地域の経済社会の改善に使われているわけではなく、世界経済の不均衡を拡大する役割を果たしている。それゆえ、アメリカはとくに日本円、中国人民元に対して、切り上げ圧力をかけてきたが、これらの国は政策介入や金融緩和により、自国の通貨安に固執している。それは、これらの国が輸出主導による経済・景気の維持を優先課題としているからである。しかし、アジアの「豊かな」国々にせよ、絶えざる「為替戦争」に怯え、外貨の積み上げが国民生活を必ずしも安定させていないところに、大きな問題をかかえている。

地域通貨

こうした世界経済のかかえる大きな不均衡、矛盾を尻目に、最近では、地域レベルで独自の地域通貨を生み出し、覇権マネーに振り回されない自前の豊かさを追求しようとする動きが世界的に広がっている。

この地域通貨（Local Exchange Trading System　ＬＥＴＳ）は一九八〇年代ころから欧米に広がり、

日本でも二〇一一年一月の段階で、「エコマネー」などの名前で六六二件がリストアップされている(「地域通貨全リスト」http://cc-pr.net/list/)。

地域通貨の起こりは、カナダやアメリカで地方コミュニティのつながりを回復したり、地域おこしの手段として、サービス提供者のリストを作り、地域サービスの交換や商店での利用を活性化することをめざして発足したのに始まる。中央集権的なマネーの流通が、コミュニティの繁栄に必ずしもつながらないことに対する反省から生まれたケースもある。

地域通貨は、事務局が参加者の口座を作って、そこで出し入れするもの、紙券やクーポンを作るもの、ICカードなどで利用の出し入れを記録するものなど多様だが、いずれにしても、地域の外では使用できないので、銀行では扱われず、利子もつかない。したがって、投機の対象にもなりにくい(地域通貨については河邑厚徳+グループ現代『エンデの遺言』[二〇〇〇年]、坂本龍一+河邑厚徳編著『エンデの警鐘』[二〇〇二年、ともにNHK出版]がイントロダクションとして勧められる)。

地域通貨は、基本的には参加者の間で流通するので、それぞれの人が自発的に、できる形で、コミュニティ生活の振興にかかわっていく手段となり得る。アメリカのニューヨーク州イサカ市で発足した「イサカ・アワー」は、地域経済の活性化に貢献した例として著名である。

イギリス南西部の海港ブリストル市では、二〇一二年選挙で当選したファーガソン市長は給与全額を地域通貨ブリストル・ポンド(B£)で受け取っている。市職員も給与の半額までB£で受け取れるという(『毎日新聞』二〇一三年八月一四日)。

日本では、千葉市中央区の商店街から発足した「ピーナッツ」の例がある。これは、地域で放置自転車の片付けや、緑化、お年寄りの見守り、買物弱者支援など、公共奉仕的な手伝いがなされた場合に、取引日時、当事者、額(一ピー=一円)を「大福帳」と呼ばれる通帳に記載し、電子マネーとして利用できる仕組みになっている。(株)みんなのまちが運営し、各地にピーナッツクラブができて、普及を図っている。ピーナッツは千葉県の地場産品の名前からとっていて、基本単位をピーと呼ぶ。ピーは、参加商店で、定価の五~一〇%の範囲で利用できる。千葉県はこのような地域通貨を全県で支持する方針で、千葉県のHPには、松戸市、市川市、佐倉市などでの取り組みの実績が報告されている。

地域通貨が発展している例として、東京都新宿区の「アトム」を紹介しておこう(図4―2)。これは、手塚治虫の漫画の主人公からとった名称で、「環境」「地域」「国際」「教育」をつなげた形での振興を意図している。もともとは、二〇〇四年、手塚の著書『ガラスの地球を救え』に共鳴した、早稲田大学の学生たちと、手塚プロダクションの話し合いから始まり、これに地元商店街が加盟店として参加した。

早稲田・高田馬場でおこなわれるさまざまな社会貢献事業(地域の大震災支援やペットボトルのキャップ回収など)に参加した人たちは、所定のアトム通貨を受け取ることができる。また、商店街でマイ箸を持参したときや、地産地消商品を購入したとき、あるいはレジ袋を断ったときなど、アトム通貨を受け取れる。これらの通貨は商店街で一馬力一円で使用でき、商店はこの通貨を事務局に持参し、現金に引き換える。二〇一一年度のアトム通貨の加盟店は一五〇〇店舗（うち高田馬場・早稲田エリア一九〇店舗）、配布量は全国で二〇〇〇万馬力（うち新宿区約一八〇万馬力）である。

特筆すべきことは、近年アトム通貨が二つの分野で拡がり、深まっていることである。一つは、地域振興の理念から、徳川時代に内藤新宿（現在の新宿区の語源）で生産されていた内藤とうがらしの復興栽培が始まり、これを地域産品として、地域の飲食店で使用・提供するプロジェクトを開始した。このプロジェクトは、農水省の助成事業（平成二四年度）にも採択されている。

図4-2　アトム通貨

　アトム通貨の事業は、もともと地元商店街としては、新宿や池袋に流れていた学生たちの客足を早稲田に引きとめることを目的として協力を始めたのだが、いまではそれをはるかに越えて、地域社会の内発的な発展、革新のメッセージ発信をおこなうに至っている。

　他方では、アトム通貨が全国に広がりはじめたことである。二〇一三年二月に開かれたアトム通貨第九期総会での資料では、本部、早稲田・高田馬場支部のほかに、新宿区、埼玉県川口市・新座市・和光市、北海道札幌市、宮城県仙台市・女川町、沖縄県石垣市、愛知県春日井市・安城市の各支部から報告された。女川町の場合には、復興事業の一環としての地域活性化の観点から、アトム通貨が二〇一二年度から導入され、地元商工会などのイニシアチブで、六四事業所が加盟し、初年度は七八万馬力が発行された。

　このように、地域通貨はいろいろな形があり、発達段階も多様だが、共通していえることは、法定通貨に代替するというよりは、法定通貨で必ずしも重視されない社会関係を、地域のボランティアシップやサービス互酬機能を発達させる「絆づくり」の形で表面に出し、地域の人的・文化的資源を最大限に活用しながら、独自の生きがいや豊かさを発掘していくことを目的としていることである。その意味では、法定通貨や国際通貨の世界で、かね儲けに血道を上げるばかりが人生ではない、という価値観を草の根レベルで培うひとつの手段として役に立つものであろう。地域通貨は、おそらくこの事実によって、世界的に人びとに受け入れられ、広がっていると考えられる。

II

地球経済のベーシックス

第5章　一〇〇億人の地球へ

世界の人口は

二一世紀の一〇年代、世界人口は七〇億を超え、二〇二五年の時点では八〇億の大台を超えることになる。産業革命の前後には五億の人口が一〇億になるのには二世紀かかった。ところが、一九六〇年代以降は、わずか十数年で世界人口は一〇億人ずつ増え、一九五〇年の二五億人が四〇年後の一九九〇年には二倍強の約五三億人、そして二五年後の二〇一五年には七三億人になっている（図5―1、表5―1）。いまの人口は、向こう一〇年間にさらに七億人増えると予測されている。

二〇世紀の後半、世界の人口増加率は年一・九％と顕著に高かったが、二一世紀に入るころから、人口増加のピッチは緩慢化し、二〇一〇年代には一・一五％、二一世紀中ごろからは〇・四五％へと下がり（表5―2）、横ばいに近くなる。地球人口は予想より早く二〇六〇年代に一〇〇億程度に達し、二二世紀にかけて定常化していくことが期待されている。

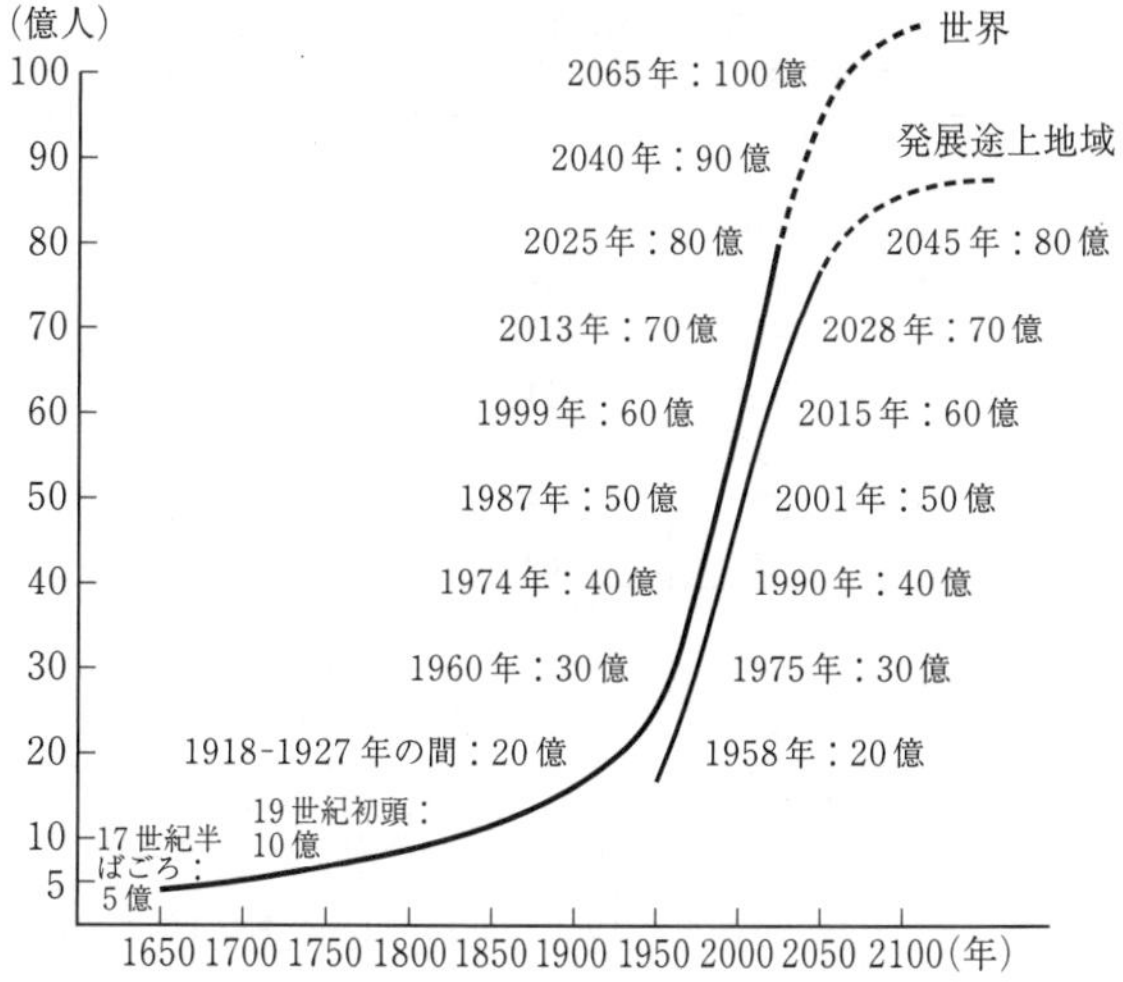

図5-1　世界人口「10億人」増の歩み

出典：United Nations, *Department of Economic and Social Affairs, Population Division*, On-line database Population.

注：このグラフは，国連の中位推計値にもとづいており，将来必ず起こるだろうことを描いたものではない．出生率と死亡率の，一定の仮定のもとで起こり得る状況を示したものに過ぎない．

近代世界において、人口の大きな変動は一方では、天災や奴隷制、戦争などと関連している。一六、一七世紀ころから始まったヨーロッパの対外膨張により、イベロアメリカ大陸では、先住民であるインディオが鉱山労働者として酷使され、また、ヨーロッパ人の持ち込んだ天然痘によって大量に死亡したことから、人口が激減した。アフリカ大陸では、奴隷狩りと戦争によってやはり激減した。

しかし、ヨーロッパでは、とりわけイギリスでは、一八世紀末から一九世紀を通じて、人口がコンスタントに増加するようになり、

表 5-1　世界人口の推移(1750-2000 年)および将来予測(2050 年まで)

(100 万人)

年	世界人口計	先進地域*	発展途上地域**
1750	791	201	590
1800	978	248	730
1900	1,650	573	1,077
1950	2,519	814	1,706
1970	3,691	1,008	2,685
1990	5,255	1,115	4,115
2000	6,122	1,189	4,933
2015	7,325	1,260	6,065
2025	8,083	1,286	6,797
2050	9,306	1,312	7,994

出典：1750-1900 年は，世界人口会議(1974 年，ブカレスト)への国連事務総長報告；1950-2050 年は，United Nations, *World Population Prospects, The 2002 Revision; The 2011 Revision* による．

注：* ヨーロッパ，北米(アメリカ，カナダ)，オーストラリア，ニュージーランド，日本．

** アフリカ，中南米，アジア，大洋州(オーストラリア，ニュージーランドを除く)．

表 5-2　人口増加率の推移

(%)

	1900-1950 年	1950-2000 年	1995-2000 年	2000-2005 年	2010-2015 年	2050-2055 年
世　界	0.8	1.9	1.35	1.22	1.15	0.45
先進地域	0.8	0.9	0.34	0.25	0.30	−0.01
発展途上地域	0.9	2.2	1.61	1.46	1.33	0.52

出典：1900-1950 年と 1950-2000 年は，United Nations, *World Population Prospects, The 1994 Revision*, また 1995-2000 年は Ibid., *The 2000 Revision*, 2000-2005 年，2010-2015 年，2050-2055 年は Ibid., *The 2012 Revision* による．

イギリスの人口は一九世紀の一世紀間に、約九〇〇〇万人から二倍の一八〇〇〇万人へと増えた。

一九世紀初めにイギリスの経済学者マルサスが見ていたのは、このようにイギリスの経済発展とともに、人口が急増する状態だった。そこからマルサスは有名な、人口増加が食料のカベによって阻まれ、貧困、飢餓《きが》などいろいろな災厄《さいやく》を引き起こすという命題を提唱した。しかし、イギリスの人口増加について、マルサスが注意しなかった点が二つある。

一つは、人口が所得の増加にともなって増えたことである。所得が上がれば、栄養や衛生状態もよくなる。人びとの期待寿命は伸びるし、死亡率も減る。イギリスの人口増加は、マルサスが単純に考えたように、「子どもを産む性向」の増大によるものではなかった。マルサスは、出生率の抑制により貧困が解消されうると信じたが、事実上は富の形成が死亡率を減少させて、人口を増やしたのである。

第二は、当時のイギリスでは、資本主義の形成・発達とともに、農村の囲い込み(エンクロージャ)運動が急速にすすみ、土地を失った農民たちが、都市に流れこんでいた。ここから、一九世紀を通じて、ヨーロッパから膨大な移民が新大陸に向かうことになる。都市の人口膨張は見た目には人口増加と映るが、じっさいはそうではなく人口移動、人口分布の問題である。カール・マルクスはこの視点から、イギリスの人口増加問題が、絶対的な人口過剰問題ではなく、「相対的過剰人口」問題であることを指摘していた。

いずれにしても二〇世紀初頭には、地球人口は一七億程度で、先進地域は六億弱、後進地域(今日の発展途上地域)は一一億弱で、両地域の比率は三対五程度であった(表5—1)。しかし、二〇世紀前半を通じて、ヨーロッパの人口増加率は所得の上昇、核家族化、社会保障の充実、家族計画思想の普及などにより低下した。つまり、産業革命からの二世紀間に、ヨーロッパは伝統的な多産多死型の社会から、多産少死型へ、次いで少産少死型へと移行した。これは、人口転換と呼ばれる現象である。

キーワード　人口転換
図5—2A、Bで見るように、伝統社会では多産多死状態で、人口は出生率、死亡率ともに高く、人口は増えない(第Ⅰ期)。しかし、経済発展が始まると、死亡率は本文中のイギリスの例のように下がるが、出生率はこれまでの習慣(子どもの多死を補うため、多く産む)からすぐは変化しないため、高い出生率と下がる死亡率の間が開き、これが自然増加率となる(第Ⅱ期)。この「人口爆発」の時期は高い人口増加率によって特徴づけられるが、この状態がある程度続くと、子どもの死亡率は下がっているので、多産も必要なくなり、少産少死の方向に人口動態は変わりはじめる(第Ⅲ期)。つまり、人口増加率は減りはじめる。この状態がさらにある程度続くと、少産少死の時代へと移行し、人口は安定化する(第Ⅳ期)。これが、今の先進国の状態と考えられる。

それでは、二一世紀初頭の時点での人口問題はどのようなものだろうか。それは、マルサスの

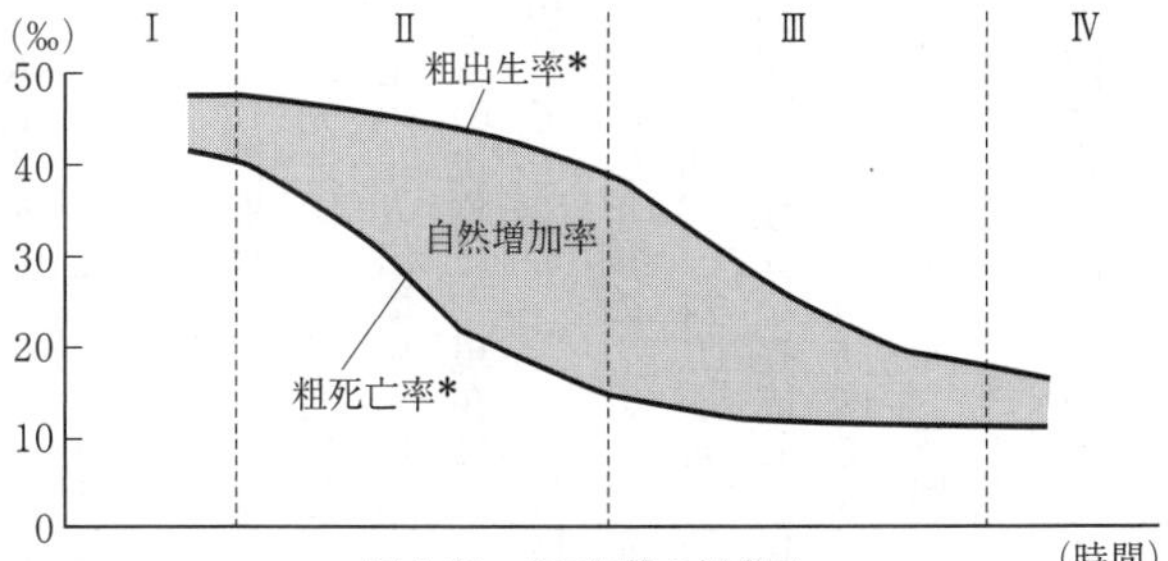

図 5-2A　人口転換の概念図

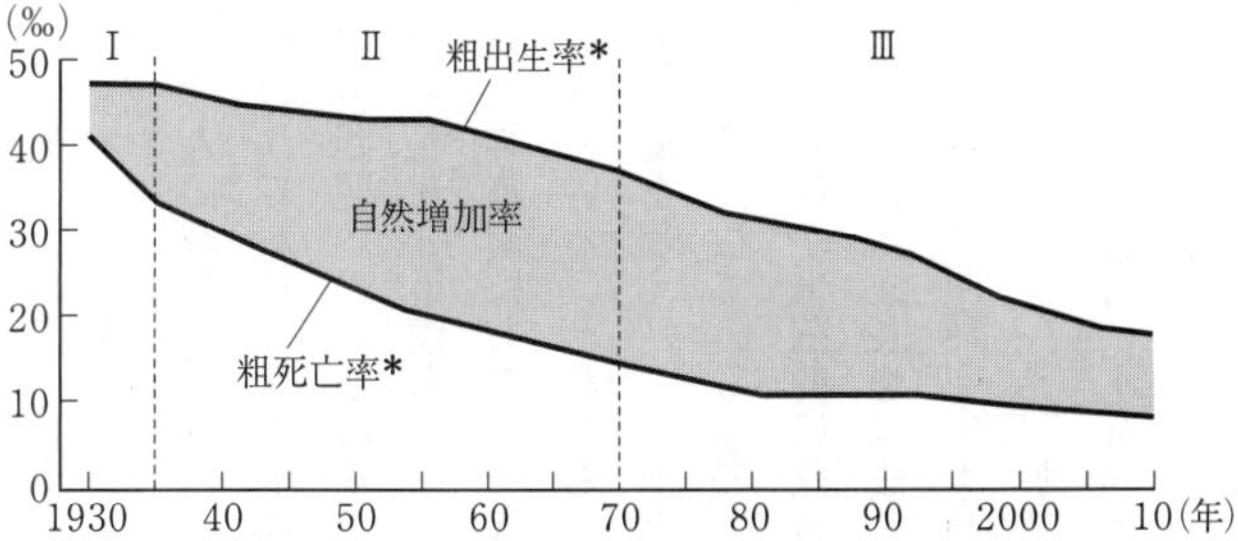

図 5-2B　発展途上国の粗出生率・粗死亡率の推移

注：* 粗出生率，粗死亡率とは，1000 人当たりの平均出生(死亡)数を指し，パーミル(‰)であらわす．
なお本図は 5 年ごとの移動平均による傾向線を描いている．

時代よりもはるかに複雑なものとなっている。

つまり、まず第一に、第二次大戦後に、先進国では人口がほぼ安定化したが、南の発展途上国では「人口爆発」が始まり、その余波としての年二%程度の高い人口増加率がつい最近まで続いていた。年二%というと、三六年で人口が二倍となる状態である。このように人口増加率が高い場合には、マルサスが懸念した人口―食料のバランス問題が起こり、一九世紀のヨーロッパや日本で起こったような海外移民が発生する。これが、つい最近までの南の世界の情勢である。

第二に、北と南ではそれぞれちがった人口問題があらわれている。人口増加は主として、南の国の問題だが、北では少子高齢化、人口減少や労働力移入など、新たな問題がでてきた。北の国の人口問題は、日本で象徴的に見られており、世界全体の動向を先取りするものである。日本はじめ先進国の少子高齢化、人口減少問題への対応は途上国からも注目されている。

南の「人口爆発」は主として、一九五〇年代末から一九七〇年代後半、二回の石油ショックのころの現象で、現在は、人口転換の第Ⅲ期にあたり、人口増加率がひところの年二%台から、平均して一・二〜一・三%程度へと落ちている。それでも、南の人口は、一九六〇年ごろの二〇億から、四〇年後の二〇〇〇年には五〇億を超え、二〇一五年には六〇億で、北と南の人口バランスもこの間、一対二から、一対五へと拡大している（図5―1、表5―1）。これは、基本的には、南の諸国が独立を達成し、保健衛生の条件が飛躍的に改善し、死亡率が減少したことによる。

すでに、南の諸国でもいち早く高い経済成長を達成したアジアの新興工業経済地域（NIES。香港、シンガポール、韓国、台湾）は、日本と同様の少子高齢化の問題をかかえている。その他の新興国（表9―1）の場合は、人口増加率はほぼ先進国並みの一%前後に落ちているところが多い。中国は途上国では例外的に「一人っ子」政策により、人口増加率を一九八〇年代ころから一・二%程度に落としたが、最近の経済成長を通じて、さらに〇・四%程度に下げている。中国の場合には二〇二〇年代以降に予測される急速な高齢化、人口減少への対処が問題となっている。

このように、二〇世紀後半においては、世界の人口問題というと、先進国の人口横ばいの帰結、発展途上国の人口増加問題としてあらわれていたが、二一世紀に入ると、南の世界の北へのキャッチアップを通じて、南北ともに、人口定常化をどう実現するか、人口定常化を念頭に置いたうえでの生活の質改善をどう果たしていくか、という問題が生じてきているのである。次に、これらの問題が南と北、それぞれの世界でどうあらわれているかを検討しよう。

地球人口の五分の四

二一世紀の世界人口の将来を考える際には、地球人口の五分の四を占める発展途上国の人口動向をまず考える必要がある。

途上国の人口増加の基本原因は、先に述べたように死亡率の減少だが、実際に国ごとに、その状況はかなり異なる。カトリック国やイスラム圏では、人口増加率はなかなか下がりにくい。二一世紀に入っても、二〇一〇年代に、多くのアフリカ諸国は二～三%、イエメン、サウジアラビアなどは三%台と、かなり高い人口増加を続けている。このレベルの人口増加だと、二〇～三〇年前後で倍増することになる(「七二の法則」といい、複利の計算と同じで、年一%の増加の場合には七二年で倍増し、年二%では三六年、三%では二四年で倍増する)。

一般に、所得の低い国、国内の貧富の格差が大きい国では人口は増える傾向にあるが、近年では、国連のミレニアム開発目標(MDGs　第9章)などによる国際社会や各国、市民社会の努力によって、中南米やアジアの最貧国などで、人口増加率は下がっている。しかし、戦乱にさいなまれた国(イラク、アフガニスタン、スーダンなど)では人口増加率は三%程度で、かなり高い。

南の国、とくに貧困地域で、一般に人口増加率が高いのは、子どもが家計を補助する貴重な労働力と見なされること、また、社会保障が整備されていない国では、子どもが唯一の老後保障の要因であると考えられ、大家族制が維持されがちなこと、などに由来する。また、法治能力・警察能力に欠けたり、それが一部の支配階級によって占有されている国では、子どもが多いことは家の権勢を確保し、安全を保障する手段でもあろう。

これらの理由から、貧しく、公共政策も欠けている社会では「子どもを持とうとする性向」は必然的に高く、これを引き下げるためには経済社会全般の発展が不可欠であることが知られている。そして、実際、ここ数十年の新興国を始めとする南の国の経済成長と保健衛生の普及により、人口増加率が低下傾向にあることは、それを雄弁に示している。

今日の発展途上国が経済発展を実現するためには実際、人口増加をある程度抑えていかねばならない。人口増加は、資本蓄積に回すべき経済余剰をそれだけ食いつぶすからだ。

資本蓄積の源泉が食いつぶされると、国内の雇用問題や貿易赤字、債務問題などが深刻化することになる。中国が一人っ子政策をとり、かなりの程度強権的に人口増加を抑えているのは、資本蓄積、先進国へのキャッチアップを優先する政策によるものと考えられる。

また、人口増加は女性の解放にとっても望ましいことではない。女性が子どもを産む道具と見なされ、子育てに追われるかぎり、女性自身の自立的な生き方、能動的な社会参加は困難だろう。

キーワード 女性への投資(Investment in Women)

南の世界で人口爆発が始まったころ、人口増加の抑制には産児制限が必要だと考えられ、強制的な避妊手術がおこなわれたり、ピルなどが配られた時期もあった。しかし、一九七〇年代の半ばごろから、女性が自らの人権を主張するようになる。人口増加を抑えるためには、むしろ女性を家の付属物と考えるような家父長主義をなくし、女性が教育を受けて、自立を促進することこそ、人口増加を抑える早道だとする考え方が強まってきた。もちろん、家族計画や計画生育(中国では産児制限をこう呼ぶ)によって、「子は宝」文化を是正し、少ない子どもに高い教育をほどこし、人口の質を高めることも必要である。だが、それは、女性の人権保障によって、初めて可能になる。これが「女性への投資」と呼ばれ、広く認められるようになってきた。

国連の世界人口中位予測(図5―3)からすると、二一世紀の後半に人口増加率は〇・四%程度に落ち、世界人口は九〇億から一〇〇億程度で安定化する可能性がある。だが、一世紀先の予測については高位(一六六億)から低位(六八億)予測まで幅がある。そして、これらの予測はいずれにせ

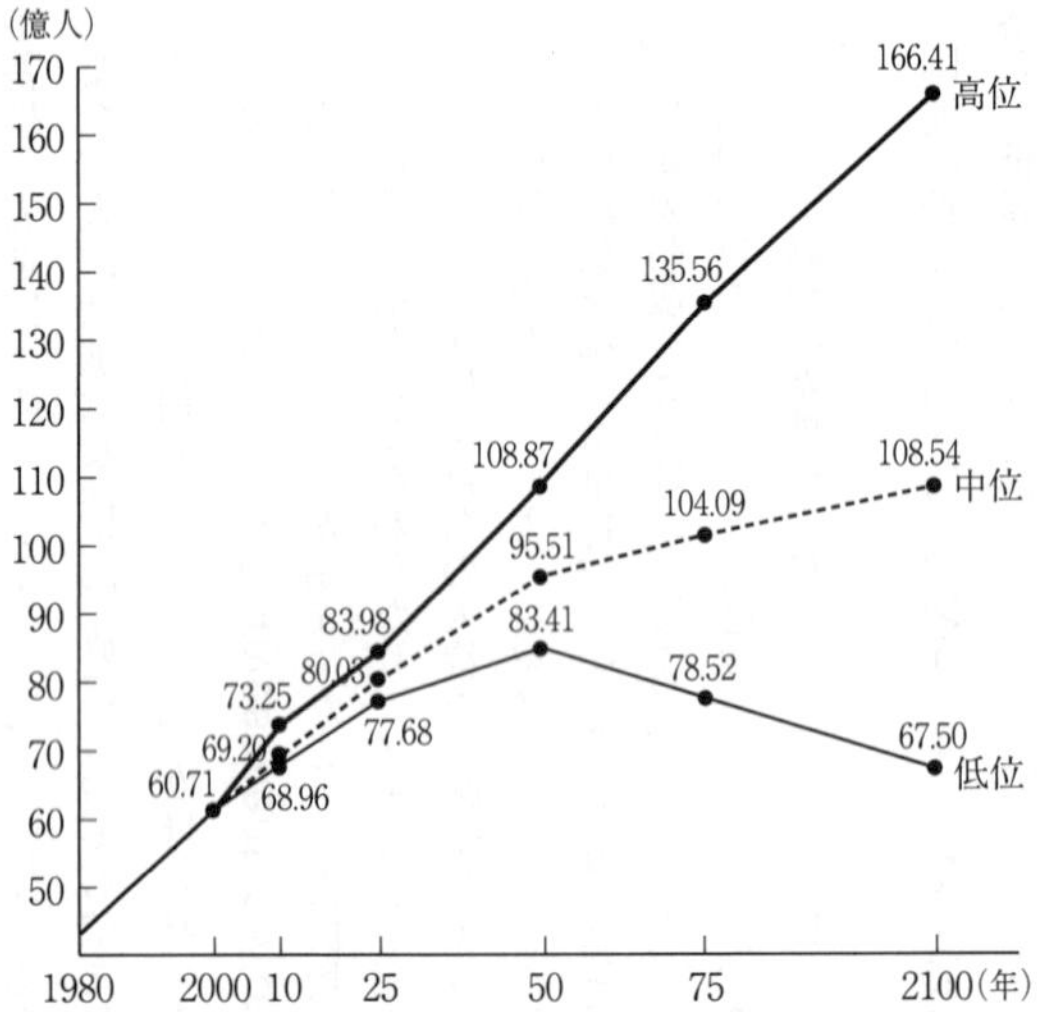

図 5-3　21 世紀後半にむかっての世界人口動態 3 つのシナリオ
出典：United Nations, *World Population Prospects, The 2012 Revision.*

よ、私たちが人口問題の本質を理解し、それによって具体的な政策をどうとるか、によって、それぞれ異なってくるものである。

いずれにしても、いま七三億人の人口があと十余年で八〇億人になり、その大部分が南の途上国で起こる反面、北の世界では、日本をはじめとして人口減少の問題が提起される時代に、私たちは生きている。このことは、世界の平和、エネルギー、資源、食料などの問題に影響をおよぼさずにはいない。この大きな変化を前提に、世界を見る必要がある。

人口分布の変化

人口動態の変化の問題は、人口分布の変化の問題とも関連している。人口分布とは、地理的、階層別、職業別、性別などで、人口がどのような配置になっているか、ということだが、都市と農村の人口分布も、社会変化の動態を知るには重要な要素である。日本の戦後の農村人口は、総人口のほぼ五〇％であったが、高度成長期の工業化、都市化により、二〇〇〇年時には三三％にまで減り、都市人口が今では人口の六七％を占めるようになった。

世界的に同様の現象が、南の国にも広がっている。

表5-3　世界の都市*・農村人口の推移と予測（1950-2050年）

（1000万人）

		1950	1970	2011	2030	2050年
都市	北	44	67	96	106	113
	南	30	68	267	392	512
	計	75	135	363	498	625
農村	北	37	34	28	23	18
	南	142	201	307	311	287
	計	179	234	334	334	305

出典：United Nations, *World Population Prospects, The 2012 Revision.*
注：* 都市とは人口2万人以上の居住地域.

世界の都市・農村人口の推移（一九五〇～二〇五〇年）を表5―3に示した。一九五〇年の時点で、世界の都市人口は七億五〇〇〇万人、農村人口は約一八億人で、その比率はおおかに見て一対二であった。ところがその後、南の世界で、都市・農村人口とも、急速に増加した結果、二一世紀に入っては、都市人口が農村人口を上まわるようになり、二〇一一年には、都市人口は約三六億、農村人口は三三億となった。二〇三〇年には、都市人口は約五〇億となるのに対し、農村人口は三三億と変わらず、それ以降、農村人口は絶対数でも比率でも低下していく。

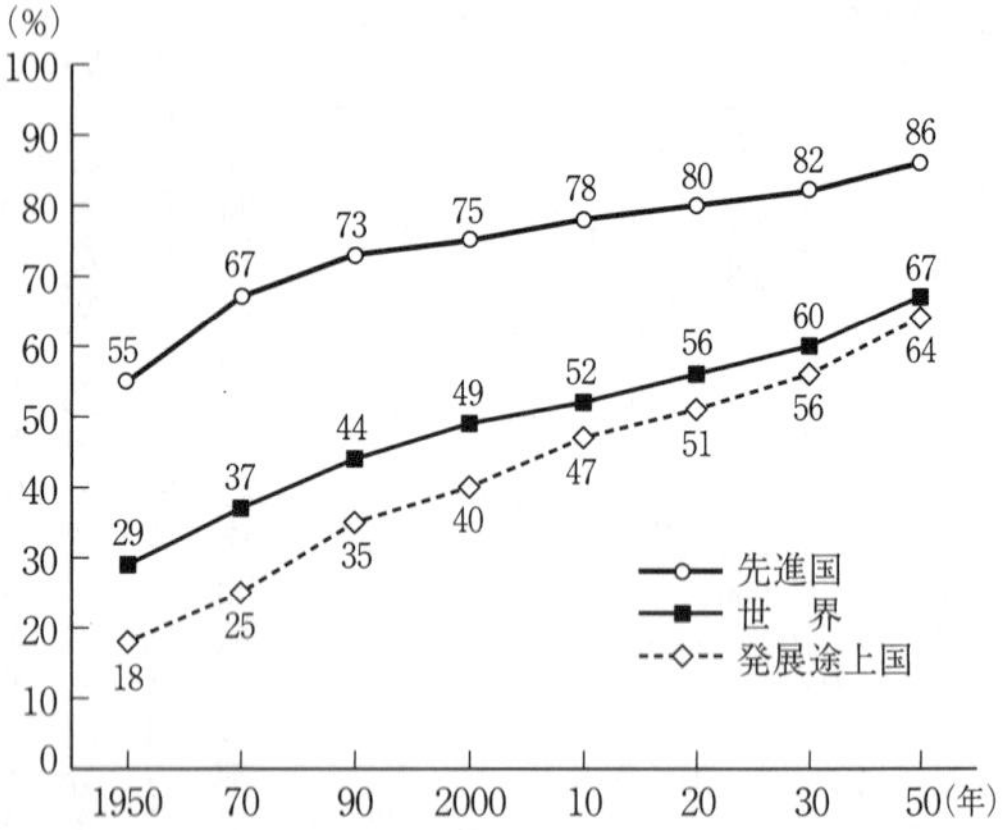

図 5-4　世界の主要地域別都市人口割合(1950-2050 年)
出典：United Nations, *World Urbanization Prospects, The 2001 Revision;* Ibid., *The 2012 Revision.*

世界では今後、都市問題および都市と農村のバランス問題が、ますます重要となるだろう。**図5—4**は、世界の主要地域別都市人口の割合を見ている。二一世紀初めに、先進国では人口の四分の三が、また、世界全体では二人に一人が都市住まいであり、都市問題の重要性が見てとれる。

先の**表5—3**からは、二つのことがわかる。一つは、都市人口も従来は北の世界が南を上まわり、世界の都市というと、北の先進世界を指していたのだが、一九七〇年代にすでに、南の都市人口が北のそれを上まわり、二〇一一年では、北の九・六億に対して、南は約二七億人と約三倍に達している。**図5—4**では、二〇二〇年代以降、南の世界でも都市人口は農村人口を上まわり、南でも都市問題が主要な問題となってくることがわかる。

第二には、この間、農村人口は北では一貫して低下してきた(一九五〇年の三・七億から二〇一一年の二・八億へ)。しかし南では同じ期間に一四億から約三一億へと二倍強に農村人口は増えている。このように農村人口が南の世界で依然として多いということは、世界の農村・農業の問題が集中的に南であらわれることを意味しよう。

世界的な都市化現象と都市問題の重要性の高まりから、国連では、一九七六年に最初の人間居住会議をカナダのバンクーバーで開催し、その二年後、ケニアのナイロビに国連人間居住(ハビタット)委員会(現在の国連人間居住計画 United Nations Human Settlements Programme)を設置し、世界的な人間の居住環境の問題に取り組むことにした。

第二回の人間居住会議は一九九六年にトルコのイスタンブールで開かれ、イスタンブール宣言と行動計画(ハビタット・アジェンダ)を採択した。急進行する都市化への対応を協議するこれらの文書では、スラム問題、都市の過密、農村の過疎、都市計画、土地・住宅問題、上下水道、交通、廃棄物処理、建築資材、住宅融資などの広汎な項目にわたり、世界的なネットワークや政府・民間のパートナーシップの構築の必要性が謳《うた》われた。

これらの会議を通じて「すべての人に住居を!」と、「持続可能な都市づくり」がキーワードとして打ち出された。実際、今日の急速な都市化は、二つの要因にもとづいている。第一は、プル（引きつけ）要因で、都市の相対的に高い所得、雇用機会が人びとを引きつける。第二は、プッシュ（押し出し）要因で、農村での過剰人口から食べていけない人が都市へと押し出される。国内の農村から都市への人流は、さらに国際的な労働移動としてもあらわれているが、この点は、後で述べることにしよう。

こうして都市に移動した人びとのかなりの部分が、スラム住まいでその日暮らしを送っている（スラムの定義は二四一ページ）。国連ハビタットによれば（UN Habitat, *The Challenge of Slums: Global Report on Human Settlements 2003*）、二〇〇一年時点で世界の都市のスラム人口は約九億二四〇〇万人だが、これが三〇年後には倍増して、二〇億人に到達する恐れがある。その場合には、南の都市人口の二人に一人がスラム住まいということになる。こうした最悪の状況を防ぐために、すべての人の居住権の保障とそのための国際協力の必要性が強調されている。

他方で、都市の人びとは農村の人びとよりもはるかにエネルギーを使用する。このことは、資源の利用可能性や環境問題への圧力を強めることになるだろう。都市化と人口の過密が災害を増幅させることも近年注目されるようになった。省エネルギー、リサイクルなど「環境に優しい生活」に支えられた持続可能な都市生活の実現が課題となる。

また、都市化は世界的に都市文化をひろげ、その影響はこれから慎重に分析されていかなければならない。都市化は、一方では民主主義文化を強める傾向を持つ。だが他方では、消費文化に流されがちな大衆社会がひろがり、ネット犯罪や扇動政治が幅を利かせる可能性もある。

今後、南北双方で、持続可能な都市づくりとそのための住民参加が進められていかなくてはならないだろう。

ますます進む人口の高齢化

都市化とともに、世界的に高齢化が進行している。これはとくに北の先進国での人口問題なのだが、発展途上国でも所得が上がってくると、先に人口転換の理論で説明したように、出生率は下がり、人口の高齢化がはじまる。

ヨーロッパ諸国の場合には二〇世紀のほぼ一世紀をかけて、六五歳以上の高齢人口が人口の五%程度から二〇%以上へと増えた。日本の場合には、一九六〇年ころ、高齢人口は人口の五%だったが、七〇年には早くも七%、そして九〇年代半ばには一四%を上まわって高齢社会(六五歳以上の人口が人口の七%を超えたとき高齢化社会[ageing society]、一四%を超えると高齢社会[aged society]という)に入り、二〇一三年には二三%で、高齢化のピッチがきわめて速い。日本のように高齢人口が人口の二一%を超えた国は超高齢社会という。日本は、二〇三三年には人口の三人に一人が高齢者となると予測されている。アメリカの場合も高齢化は進行しているが、絶えざる若年人口の移入により、そのピッチが他の先進国よりも遅い(図5—5)。

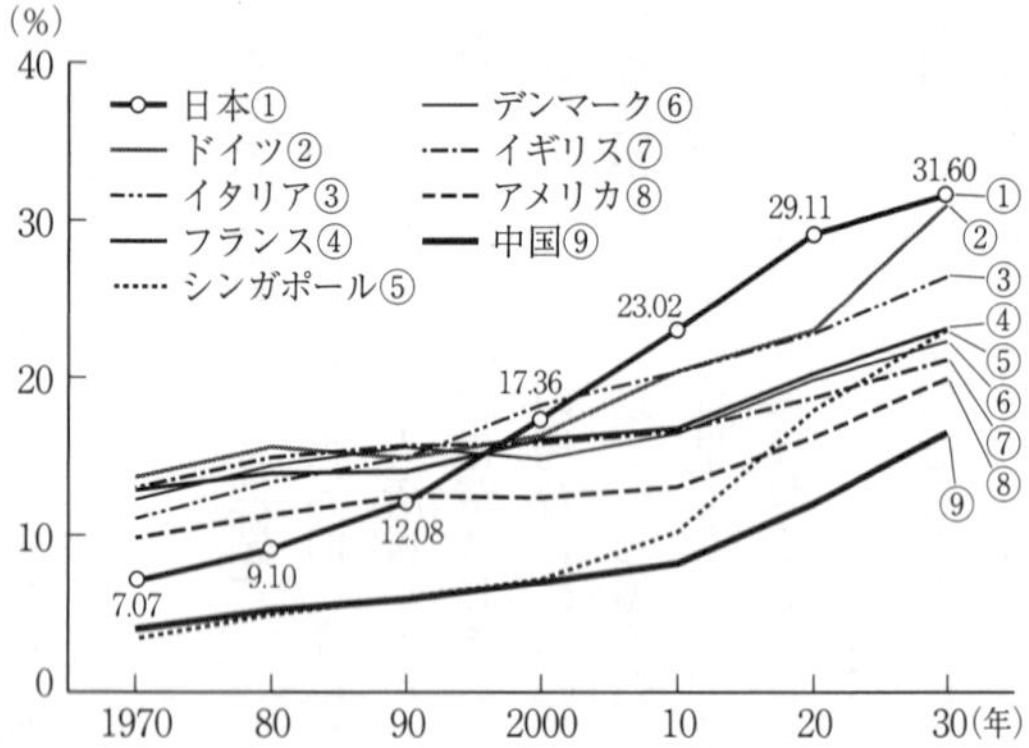

図 5-5　主要国の 65 歳以上人口の割合(1970-2030 年)
出典：United Nations, *World Population Prospects, The 2012 Revison.*

高齢化社会への移行は、根本的には二つの要因による。

一つは、高所得国では、医療保健の水準が高く、人びとの平均寿命が伸び、ＯＥＣＤ諸国では七〇代後半(日本は男八〇歳、女八六歳)となっている。

第二は、生活の質への関心が高まり、子どもをあまり持とうとしないために、出生率も低く、それだけ、高齢化が進行するのである。途上国でもシンガポールのようなＮＩＥＳ、中国のような一人っ子政策をとっている国では、高齢化の進行が速いことが知られている(図5―5)。シンガポール、中国はともに、一九八五年ころまでは高齢者の比率が五%程度だが、二〇一〇年時にはその比率が八~九%に増え、高齢化社会に入り、二〇三〇年時には高齢人口は各二三、一七%に増える。二〇五〇年時には、シンガポールの高齢人口は総人口の三二%、中国は二六%で、ともに日本の後を追って超高齢社会に入っている。

高齢化は所得上昇、医療保健レベルの向上の必然的な結果だが、あまりに短期間での高齢化・高齢社会への移行は、いくつかの問題を引き起こす。

その第一は、より少ない生産年齢(一五〜六四歳)人口でより多くの従属(一五歳未満および六五歳以上)人口を養うことになるため、生産年齢人口の負担が大きくなる。日本の例をとると、一九六〇年ころは、三人の生産年齢人口が一人の従属人口を養っていたが、二〇〇〇年にはほぼ二人が一人を養うことになり、そして、二〇五〇年になると一人が一人を養うことになる。そのため、年金や健康保険も維持がむずかしくなり、改革を余儀なくされる。

第二は、急速な高齢化のため、労働力不足の問題が生じる。日本の場合には生産年齢人口が一九九五年の八七一七万人をピークとして、現在減少に転じている(二〇一〇年には八一〇三万人)。この傾向が続くとすると、二〇四〇年代には六〇〇〇万人を割ると見られる(国立社会保障・人口問題研究所「日本の将来推計人口」平成二四年一月中位推計)。日本は、もし八〇〇〇万人という現在の生産年齢人口のレベルを維持しようとするならば、毎年、約六七万人(二〇〇〇万人÷三〇年)の外国人労働力を移入しなければならないだろう。

もちろん、高齢化社会はけっして暗い停滞した社会ではない。それはむしろ、競争よりは智慧《ちえ》の分かち合いを重視し、肉体労働よりも知識集約労働に励み、社会的に弱い立場に立つ者に対して思いやりをもつ協調の社会であり得る。だが、そのような社会の建設に向かっては、高度成長時代に形づくられた「効率と競争」優先の私たちの価値観を変えていかなければならない。

そもそも日本の少子高齢化のピッチが、OECD諸国でも最速で、(超)高齢化の道をひたすら突進している背景には、「子どもを持とうとする性向」が低い、つまり合計特殊出生率(夫婦が持つ子どもの数で、再生産率あるいは出生力といってもよい)が一・三程度(夫婦二人で一・三人の子どもを産んでいる)で、人口置き換え水準(合計特殊出生率二・一が必要)に、はるかにおよんでいないという事情がある。

人口の再生産率が低いのには、晩婚、高教育化、人びとの個人生活を重視する価値観など、いろいろな事情があるが、日本では欧米に比べて、男女格差の問題、つまり、女性が仕事と家庭とを両立させようとするとき、社会的なサポート制度(託児所やフレックスタイムなど)の整備が遅れていること、夫の協力が十分得られないこと、などの事情が働いている。そこから、子どもを二人持つことにはためらいが生じる。こうした事情には、高度成長以来のワーク優先、それについて行きにくい(と、みなされる)女性への雇用、労働条件面での差別(男性と平等という名目での、女性の置かれた家庭的・社会的条件の無視という差別)が働いているし、このような男女差別に安住している男性側の無神経さがこれに寄与していると言えるだろう。

家族・女性政策によって、合計特殊出生率の落ち込みを回復した例としては、フランス(一九九〇年代半ばの一・六五から二〇一〇年前後に二・〇〇へ)、イギリス(同じ時期に一・六三から一・九六へ)などの例がある。家族政策、男女平等の進んだ北欧諸国では出生力が人口置き換え水準に近いことも、それを証明している。日本でも「少子化対策担当」大臣が置かれ、女性議員が任命されるのが通例だが、実権も予算もないために、有効な少子化対策を打ち出せないままにとどまっている。社会保障制度のパンク、労働力の高騰など痛い目に合わなければ(もうその兆候が進んでいるのだが)、この国の政治は高度成長のわだちに沿ったまま、泥沼のほうにまっしぐらに進む以外にはないように見える。

外国人との共生

グローバル社会の特徴は、さまざまな人種、多様な国民が相互に肩をならべて働くことである。経済のグローバル化がすすむにつれて、人の流れも著しく増えるようになっている。これは単に、まず想起されるような出稼ぎ労働者ばかりでなく、経済のグローバル化にともなう企業の多国籍化で外国で働く人、また、グローバル化時代に必要な知識、多文化環境での生活経験やネットワーキングを求める学生、また研修生など、多様である。

もちろん最大の人の流れは観光客であり、今日の世界では約七億人、世界人口の九人に一人が毎年観光で国境を移動している。日本の場合も、一九八〇年ころには計五〇〇万人程度だった出

表 5-4　OECD 諸国内およびロシア国内の外国生まれ人口（2012 年）

	外国生まれ人口（100 万人）	人口比（%）
OECD	──	13.2
アメリカ	40.4	13.0
ロシア	11.2	7.9
ドイツ	10.7	13.1
イギリス	7.4	12.0
フランス	7.4	11.6
カナダ	6.9	20.1
スペイン	6.7	14.6
オーストラリア	6.0	26.7
イタリア	5.5	9.0

出典：OECD, *International Migration Outlook 2013*（http://www.oecd.org/els/mig/imo2013.htm）.

入国者数は、二〇一二年には二七七〇万人となった。その三分の二が日本人だが、この出入国者数の大部分（九割以上）は観光による移動である。

　しかし、住民登録をおこなう外国人の流入数は経済の国際化、先進国の労働力不足、南での新興国の出現とともに、世界的に増えている。

　二〇一〇年代には、アメリカへの外国人定住移住者は年一〇〇万人台、ドイツは毎年八〇万人台、イギリス五〇万人前後、カナダ二五万人前後となっている（OECD, *International Migration Outlook 2013*）。労働力不足のロシアでも、毎年三〇万人前後を受け入れている。その他、ヨーロッパの国々では毎年数万人の流入がふつうである。日本でも二一世紀には、毎年三〇万人前後が流入している。その結果、アメリカ、カナダ、大部分のEU諸国では、外国生まれ人口の総人口に占める比率は一〇～二〇％となっている（**表5—4**）。日本のみは少なく一・一％程度である。

表5—5は、日本の在留外国人登録者数の推移を示している。二〇〇二年の一七四万六四〇〇

人が、一一年には二〇四万七四〇〇人に増えている。中国人が三三%、韓国・朝鮮人が二六%、フィリピン人、ブラジル人が各一〇%、ペルー人二・五%、アメリカ人が二・四%だが、その在留資格も技能や研修、興行など労働関係ばかりでなく、国際業務、投資・経営、企業内転勤、技能、留学、研究、教育など多様である。

表5-5　日本の在留外国人登録者数(2002, 2011年)

	2002年 (1000人)	2002年 (%)	2011年 (1000人)	2011年 (%)
中　国	408.9	23.4	668.6	32.7
韓国・朝鮮	610.9	35.0	542.2	26.4
フィリピン	153.6	8.8	203.3	9.9
ブラジル	263.6	15.1	209.3	10.2
ベトナム	20.4	1.2	44.4	2.2
ペルー	45.1	2.6	51.5	2.5
アメリカ	47.0	2.7	49.1	2.4
タ　イ	24.6	1.4	40.1	2.0
インドネシア	19.6	1.1	24.3	1.2
ネパール	2.8	0.2	20.1	1.0
その他	149.9	8.6	193.2	9.4
計	1,746.4	100.0	2,047.4	100.0

出典：法務省入国管理局のホームページより作成.

だが、世界の移民の流れは、単に南から北への流れればかりではない。図5―6は、ギャラップ調査をもとにした国際移住機関(IOM)の報告から作成したものだが、南から北への流れが総数の四〇%と一番多く、北から南への流れは五%で非対称的である。この両方向の流れは、私たちの通念に沿っているが、同時に北から北への流れが二二%におよんでいることに注目したい。

これは経済のグローバル化にしたがった人の流れを示しており、国際業務、研究開発、留学や研修など、国際ビジネスの展開とともに増え

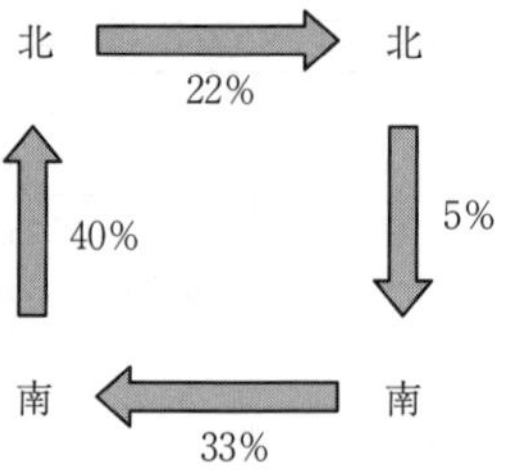

図 5-6　世界の移民の流れ
出典：ギャラップ調査(2009-11年). International Organization for Migration (IOM), *World Migration Report 2013*: "Key Facts and Figures" より.

ている。日本の場合も例外ではなく、国籍別ではアメリカ人が五〜六位に入っている。

また、同じ図では、南南間の労働力移動が三三％におよぶ。これはもちろん、アジア発の多国籍企業の展開にしたがう人の流れもあるが、その大部分は、中東産油国やアジアの新興国に、同じアジア域内から出稼ぎに移動している人たちである。中国の沿海部には内陸部から七〇〇〇万人以上が出稼ぎに出ているが、これも、同様の動きといえる。

その結果、これら労働者の本国送金も世界銀行の推計によれば、二〇一二年に四〇〇〇億ドルを超える。アメリカから毎年一五〇億ドル、ドイツから五〇〜六〇億ドルに達し、受け取り国側からいえば、インド、中国が各七〇〇億ドル、六六〇億ドル、メキシコ、フィリピンが二四〇億ドルにおよぶ(http://www.bloomberg.co.jp/news/123-MDTH2Z6K50YB01.html)。いまや、出稼ぎ労働者・移民による本国送金は、世界のＯＤＡ(二〇一一〜一二年に一三〇〇億ドル台)の三倍におよんでおり、今日の国際マネーの移動で無視できない金額となっている。

このような外国からの人の移動がすすむにつれて、受け入れ国で人種差別が再燃したり、排外主義を掲げる政党が登場したりすることもある。リーマン・ショックのときなどに、外国人は真っ先に一時解雇されやすかった。パリ近郊の低家賃住宅街の多くが外国人労働者街となっているが、二世は就職難に直面し、社会紛争の一因となっている。

しかし、このような人の流れはグローバル化にともなう必然的な動きであり、それは労働力供給側のプッシュ要因ばかりでなく、労働力不足に悩む受け入れ国側からのプル要因も大きくはたらいていることを理解する必要がある。

日本でも、二〇〇九年に入管法が改正され、従来の外国人登録制度は廃止され、在留カードに切り替えられた。労働条件が無視されやすい研修生制度も実学のみに変えられ、新しく実務に就く技能研修生制度が設けられ、透明度が高まった。

だが、日本でも外国人が住居を見つけにくい例や東京都などでヘイト・スピーチ（人種、民族、国籍や性にもとづき特定の人や集団に対し、敵意や憎悪をあおるような言辞）が横行していることを考えると、私たちは増えていく外国人と共生していく道をさらに学ばなければならないだろう。そのためには、国連の場で発効している移住労働者の権利保護条約など、人権関係の条約の批准、その実施を日本国内でもすすめていく必要がある。また、労働基準の順守や、遅れている人権委員会を一日も早く発足させ、提訴制度を整備することも課題となるだろう。外国人との共存社会を形成するには、多文化共生についての教育を普及するなど総合的な政策が求められる。

人口問題を見たので、次に、食料・農業問題を検討することにしよう。

第6章　食料と人口バランスのダイナミズム

北は浪費し、南は足りない

今日、北半球の先進諸国では歴史に前例のないほど穀物は豊作で、多くの土地が休耕している反面、アフリカその他の南の諸国では干ばつや飢えが絶えることがない。

世界の穀物収穫は、一九八〇年代前半にだいたい年一六～一七億トンの生産量で推移したのだが、八〇年代後半から二〇〇〇年代初めまでほぼ一七～一八億トン台、二〇〇〇年代にはほぼ二〇～二二億トンのレベルで推移した。二〇一〇～一三年の穀物生産は二二～二四億トンに達している（FAO統計データベース　http://faostat.fao.org）。しかし、この間、安全在庫水準とされる期末在庫率一七～一八％を割り込む年（二〇〇六～〇七年）もあり、異常気象や災害で穀物価格が高騰して、世界の穀物需給は、けっして安定した状況ではない。

最近ではバイオ燃料としての穀物需要が急増している。この需要増加により、二〇一三年に、小麦、とうもろこし、大豆、米などの主要穀物価格は二〇〇四～〇六年の高値期価格に比べて、

表 6-1 世界の耕地，穀物生産，人口（2010 年）

	耕 地（100 万 ha）	穀物生産（100 万トン）	人 口（100 万人）	1 人当たりの穀物生産（kg）
アフリカ	257	165	1,022	161
中南米	184	194	590	329
アジア	553	1,216	4,046	301
中 国	126	498	1,367	364
インド	170	268	1,225	219
発展途上国計	994	1,575	5,658	206*
ヨーロッパ	275	407	738	552
ロシア，ウクライナ，ベラルーシ	122	60	142	423
北 米	203	447	345	1,296
大洋州先進国	5	35	27	1,296
日 本	5	13	128	102
先進工業国計	488	902	1,238	729*
世界計**	1,482	2,476	6,896	359

出典：FAO, *Statistical Yearbook 2012* および United Nations, *World Population Prospects, The 2012 Revision* より作成．
注：* 1 人当たりの穀物生産の計欄は平均値．
** 世界計の数字は，その他の国およびFAO の推計を含めた集計値で，発展途上国，先進工業国のそれぞれの値の合計と一致しない．

さらに一・四〜二・三倍に上がっている（農水省ＨＰ「穀物等の国際価格の動向」二〇一三年一〇月）。穀物需給のバランスは幸いとれているものの、世界人口の三人に一人におよぶ貧困層（一日二ドル未満の所得者。第9章）にとっては、食料価格が騰貴《とうき》すると、それだけ生活は厳しくなる。

もうひとつ、世界の穀物需給について注意しなければならないことは、**表6―1**にあるように、世界穀物生産の四割は世界人口の五分の一を占めるにとどまる北半球で生産されており、世界人口の五分の四におよぶ南の世界では、穀物の六割を生産するにすぎないことである。

そのため、北では一人当たりの穀物生産が年七二九キログラムなのに対し、南の生産性はその三分の一以下の二〇六キログラム程度にすぎない。

世界平均では一人当たりの穀物生産は、三五九キログラムである。人間の生存に必要な穀物量は一年一五〇キログラム(昔の単位の一石)であるので、世界には、いまの二倍の人口を養って余りある穀物が生産されているのだが、現実には八億人の飢えた人口が存在する(後出表6―5)。それは、この穀物生産の半分強は家畜飼料に向けられているからである。先進国だけとると穀物生産の七割、途上国では約半分が飼料穀物として販売されている。新興国の興隆とともに、肉食が増え、家畜用の穀物需要は増大するばかりである。また、南の耕地の多くの部分(六割程度)が、自分たちの食料ではなく、海外向けの商品作物を生産している事情もある。

現在(二〇一〇〜一三年)、世界の穀物期末在庫率は、ほぼ二〇%の水準である。だが、この時期にも、アメリカの高温・乾燥、オーストラリア、ロシアの干ばつ、EUの天候不順などがあり、穀物供給には不安定がつきまとっている。

こうして、地域によって穀物需給のバランスや一人当たりの供給栄養量には、かなりの差異がある(表6―2)。北米では一人一日当たりの供給栄養量は三六八八キロカロリー、ヨーロッパでは三三六二キロカロリー(日本では、二七二三キロカロリー)であるのに対し、南の発展途上国の平

表6-2　主要地域別の1人1日当たりの供給栄養量と，それに占める穀物の比率
（2009年，穀物の比率は2005-07年）

	1人1日当たりの供給栄養量(2009年)	穀物の比率(2005-07年)
北　米	3,688 kcal	22%
ヨーロッパ	3,362	30
日　本	2,723	38
アフリカ	2,560	49
サハラ以南アフリカ	2,360	55
アジア	2,706	56
中　国	3,036	50
インド	2,321	60
ラテンアメリカ	2,951	37

出典：FAO, *Statistical Yearbook 2012.*

均は二七〇〇キロカロリーである。サハラ以南のアフリカでは二三六〇キロカロリーと、OECD諸国平均の七割程度の水準でしかない。また、**表6―2**で、供給栄養量に占める穀物の比率を見ると、途上国では五〇～六〇%におよんでおり（先進国では三〇%程度）、エンゲル係数の高い南の国では食料供給、食料価格が大きな問題であることがわかる。

国連食糧農業機関（FAO）は二〇〇三年に、世界の食料生産について二〇三〇年予測を発表している（"World Agriculture: Towards 2015/2030"）。これによると、世界の食料生産は、この間の二〇億人の増加をカバーする形で伸び得るが、食料生産の増加は、①耕地の拡大、②水、肥料など投入財の増大、③生産性の増加、のいずれかによる。

①の世界耕地の拡大は現在、耕作可能な土地の

表 6-3　世界の穀物貿易(2010 年)

(100 万トン)

	輸　入	輸　出	純差額＊
アフリカ	66.4	3.6	△62.8
中南米	49.7	43.7	△6.0
アジア・中東	138.2	44.1	△94.1
中　国	11.8	1.3	△10.5
発展途上国計	254.3	91.4	△162.9
北　米	8.0	109.7	101.7
ヨーロッパ	71.7	118.4	46.7
ロシア，ウクライナ，ベラルーシ	0.5	14.0	13.5
日　本	25.6	0.3	△25.3
大洋州先進国	0.6	20.3	19.7
先進国計	107.2	248.7	141.5

出典：FAO, *Statistical Yearbook 2013,* Table 37 より作成.
注：＊ 純差額の不整合は統計誤差による.

農地転用はほぼ限界に近くなっており、他方で住宅地や工業用の土地との競合もあるので、むずかしいだろう。だが、現在世界平均で一ヘクタール当たり二・八トン程度の穀物単収が三・五トン程度まで上昇する可能性は十分ある。実際、耕地の八割は天水の灌漑《かんがい》によっているので、灌漑設備をつくったり投入財を増やして生産性を高める余地はあるが、水の制約、化学肥料や薬品を多く投入することによる公害、家畜の新感染症の恐れ、またそのほか環境負荷の問題も存在する。当面は、国際貿易によって穀物不足国は食料不足をカバーすることになるだろう。

世界の穀物貿易の現況を表6―3に示したが、発展途上国の穀物純輸入(輸出と輸入の差額)は二〇一〇年で一億六三〇〇万トンにおよぶ。先進国では日本が二五三〇万トンの純輸入となっている。これらの不足分は、北米、ヨーロッパ、オーストラリア、ロシアなどからの輸入でまかなわれているが、なかでも北米は一億トン余を輸出し、世界の穀倉となっていることがわかる。

ただし、この北が南を養っている図式は複雑な現実を正確に描き出していない。

一つには、途上国でもアルゼンチン、ウルグアイ(小麦)、タイ、ベトナム(米)、ブラジル(とうもろこし、大豆)など穀物の大輸出国がある。第二に、南の新興国では所得の増加とともに肉食が進み、畜産に必要な飼料穀物の貿易が拡大している。また、第三に、近年では原油価格の上昇に対応して、穀物のバイオ燃料への転換が進んでおり、新しい需要を生み出しているが、これも人間の食料と競合する。

表 6-4　主要国の 1 人当たり食肉消費量

（キログラム）

	2000 年	2009 年
韓　国	47.6	54.1
中　国	48.7	58.2
日　本	45.3	45.9
バングラデシュ	3.5	4
タ　イ	26.3	25.8
インド	3.9	4.4
エジプト	22.4	25.6
トルコ	21.9	25.3
ガーナ	10.4	13.9
マ　リ	16.6	22.2
イタリア	91.6	90.7
フランス	100.9	86.7
スペイン	113.7	97
ドイツ	84	88.1
ロシア	39.9	62.9
アメリカ	123	120
ブラジル	75	89
メキシコ	55.1	63.8

出典：FAO, *The World Agriculture: Towards 2015/2030.*

主要国について、一人当たり食肉消費量の推移を二〇〇〇年代について見よう(表6—4)。韓国、中国、トルコ、ブラジル、メキシコなどの新興国で、この一〇年間に食肉消費量は二割前後、ロシアでは五割増えている。先進国は世界的な不況の時期でもあり、ほぼ横ばいだ。

日本の場合には、一六〇〇万トンのとうもろこし輸入、五〇〇万トンの大豆輸入など、その他とあわせて二六〇〇万トン（二〇一二年）の穀物を輸入しているが、その多くは、家畜向けの飼料穀物である。一キログラムの肉を生産するのに、飼料穀物は鶏では四キログラム、豚では七キログラム、牛では一一キログラムが必要であるので（農水省国際食料問題研究会『食料をめぐる国際情勢とその将来に関する分析』平成一九年）、エネルギー・バランスからすると、肉食は南の世界の低所得人口が必要としている穀物を大きく浪費していることになる。

また、最近ではバイオ燃料の生産、消費が、いくつかの国で急速に進んでいる（図6―1）。バイオエタノールの生産は、アメリカ、ブラジル、EU、中国などが大手であり、二〇〇一年の二一〇〇万キロリットルから二〇一一年には九一〇〇万キロリットルへ四倍強に増え、さらに二〇二一年に向けて二倍の一億八〇〇〇万キロリットルに増えると見越されている。

バイオディーゼル燃料は二〇〇一年ころから生産が始まり、二〇一一年に一八〇〇万キロリットル、二〇二一年時には四二〇〇万キロリットルへ生産が増加すると推定されている。

なお、バイオエタノールは、とうもろこし、砂糖きびなどを発酵・蒸留させてつくったエタノールで、そのまま、ガソリンに混ぜて使える。バイオディーゼルは、各種の植物性油や廃食用油から再生し、軽油に混ぜて使うディーゼル用燃料油（BDF）で、燃やしてもCO_2を出さない利点がある。

栄養不足の人口

これら家畜や燃料用との競合により、南の世界の穀物需給は余裕がある状態ではなく、これに近年頻発している異常気象を考慮すると、世界の食料需給の将来は、けっして楽観を許さない。

途上国の栄養不足人口を、表6—5で見ることにしよう。

FAOでは、一日のカロリー供給量が基礎代謝量

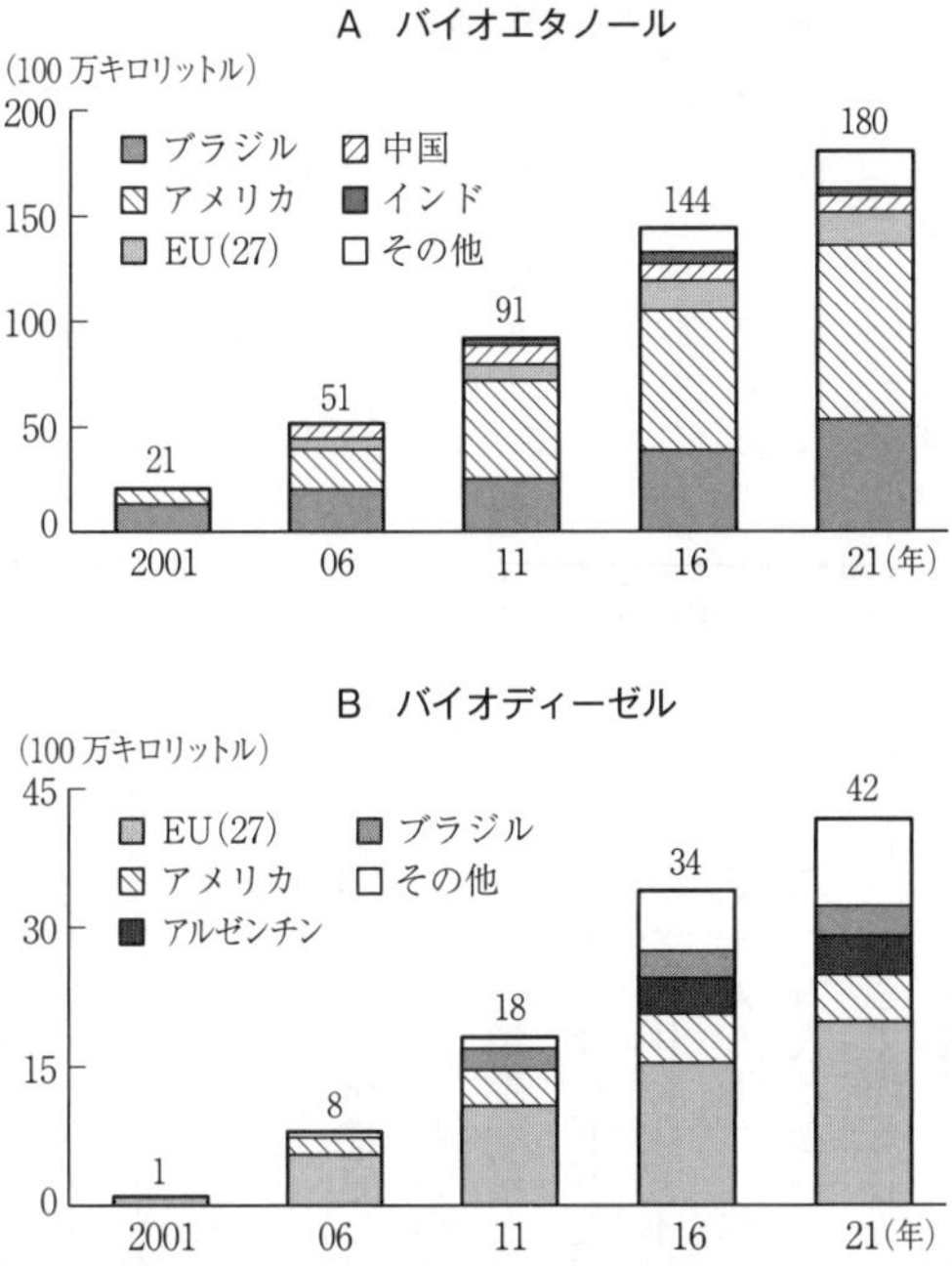

図6-1　バイオ燃料生産の推移と見通し

出典：農林水産省『平成24年度　食料・農業・農村白書』図2-1-6.

表 6-5　世界の栄養不足人口(1990-2030 年)　(100 万人)

	1990-92 年	2005-07 年	2011-13 年*	2030 年**
世　界	1,015 (19%)	907 (14%)	842 (12%)	—
先進国***	20 (≪5)	14 (≪5)	16 (≪5)	—
途上国	996 (24)	893 (17)	827 (14)	443(6%)
アフリカ	178 (27)	218 (23)	226 (21)	183(15)
アジア	751 (24)	620 (16)	552 (14)	235(5)
中南米	66 (15)	55 (10)	47 (8)	25(4)
大洋州	0.8(14)	1.1(13)	1.2(12)	—

出典：FAO, *The State of Food Insecurity in the World 2013* および FAO, *World Agriculture Towards 2015/2030.* より作成.
注：* 推定. ** 推測. *** (≪5)は 5% 以下.

(BMR。人間が身体を動かさずに生命を維持するのに必要な熱量)×一・五四に満たない水準を(男女により、また個体により異なるが、通常BMRは男性九〇〇～一〇〇〇、女性七〇〇～九〇〇程度と考えられるので、栄養不足水準は一〇〇〇～一五〇〇キロカロリー前後とみられる)、栄養不足(undernourishment. なお、栄養のバランスが悪い場合は、栄養失調 malnourishment という)として、飢えた人口を推定している。国によっては、標準体重より三〇%体重が少ない場合を飢餓水準とする場合もある。

このような栄養不足人口は、一九九〇年前後に一〇億一五〇〇万人で、南の世界では四人に一人が栄養不足と考えられていた。途上国の栄養不足人口は二〇〇〇年代に入り九億人程度とやや減少し、二〇一一～一三年の最新データだと、八億二七〇〇万人となっている。人口比では一四%に減少した。しかし、ここで注意しておきたいのは、減少した要因は主として、成長地域アジアで生じていることで、アフリカ、大洋州などでは、栄養不足者の絶対数がこの間増えていることで

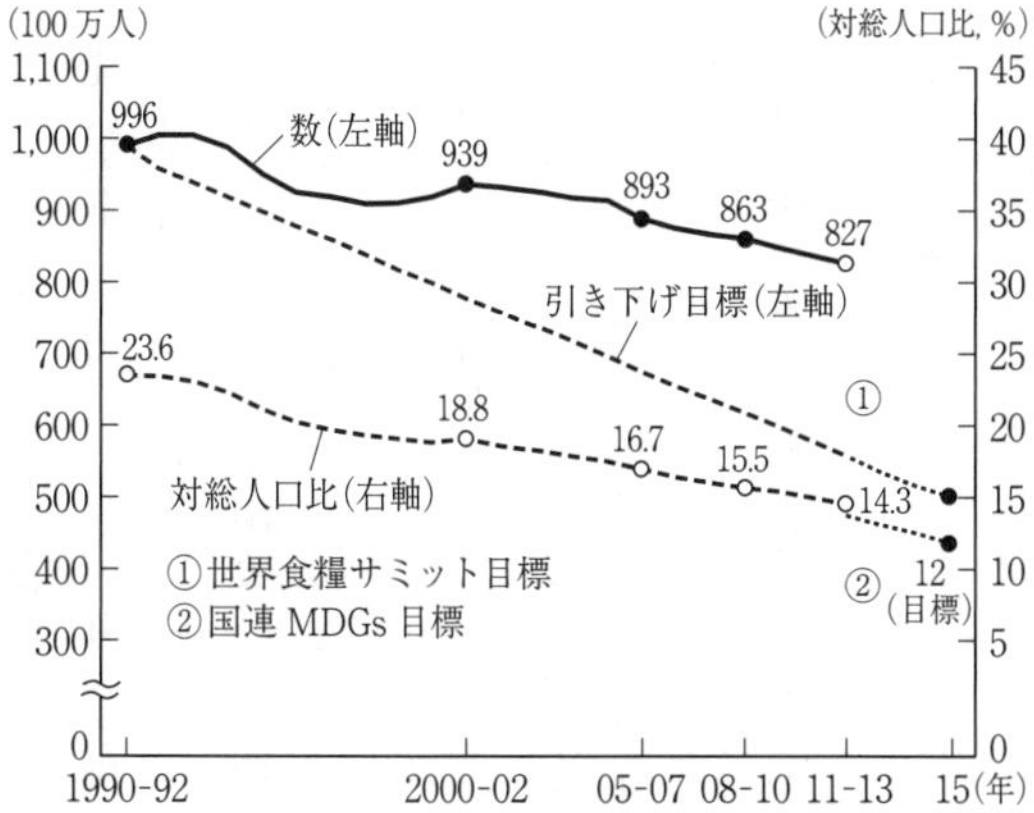

図6-2　途上国の栄養不足人口の推移

出典：FAO, *The State of Food Insecurity in the World 2013*, Table 1.

ある。また、先進国(東欧、北米、EUなど)でも、常に人口の五%以下だが、一〇〇〇万人台の栄養不足者が出ている。

南の世界での栄養不足人口の推移を図6―2に見てみると、栄養不足人口の減少は二〇〇〇年以降やや横ばい気味である。(二〇〇〇～〇二年時の九億三九〇〇万人から二〇一一～一三年時の八億二七〇〇万人へ)。

一九九六年の世界食糧サミット宣言で、飢えた人口を二〇一五年までに半減する(五億人程度に引き下げる)という目標を設定はしたが、この目標には到達していない。また、国連のミレニアム開発目標(MDGs)では、二〇一五年時に飢えた人口を人口比一二%に下げることをめざしているが、二〇一一～一三年時の一四%の水準からすると、さらに一段の努力(当事国および国際協力の)が必要となっている。ＦＡＯでは、飢えた人口を二〇一五年に六億人程度、二〇三〇年に四億人台に下げることを国際目標として掲げている。

先に表6—4で、一人当たりの食肉消費量の推移を見たが、アメリカ、ヨーロッパ諸国などＯＥＣＤ諸国で、食肉消費は年間九〇〜一二〇キログラムにもおよぶ（日本は水産物を加えてこの水準）。これに対し、途上国では、中国、また中南米のいくつかの国を除き、その消費量は、インド、バングラデシュの数キログラム、アフリカ、中東の一〇〜二〇キログラム台などで、魚類を加えても、先進国の一〇分の一といった国々も少ない数ではない。

しかも、途上国内部でも、社会層、地理条件、性などにより、栄養の配分はきわめて不平等であり、ここから、世界人口の一割以上の約八億人が飢えている現実があらわれる。社会の低所得層が、災害や飢饉、紛争の犠牲になりやすく、この「貧困のワナ」から容易には抜け出せないという、悲しい現実が見えてくる。飢えた人口を向こう十数年間に半減させるためには、飢えと貧困を絶えず生み出す社会構造に働きかける必要があることがわかる。

食料自給率

主要国の食料自給率（供給熱量ベース、二〇〇九年）を図6—3で見てみると、北米、オーストラリア、ＥＵ諸国などが、六五〜二二三％と高い。日本は四〇％で韓国の五〇％とともに低いので、

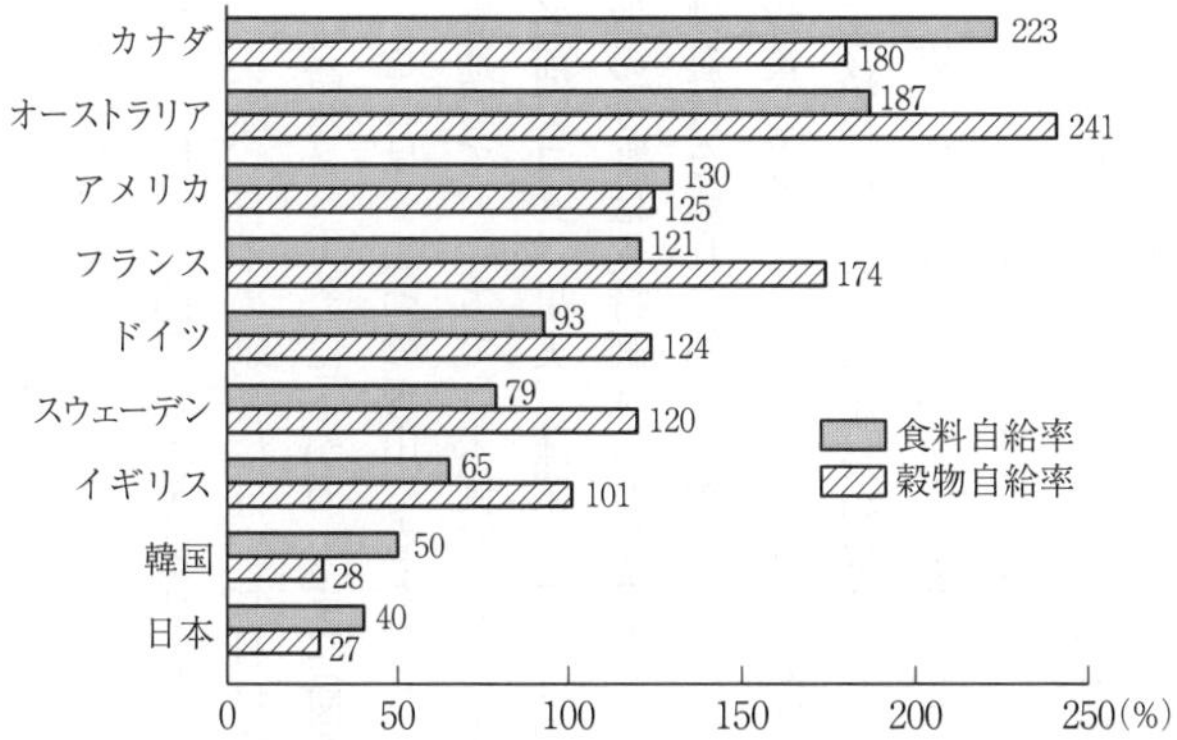

図 6-3　主要国の食料自給率＊および穀物自給率(2009 年)

出典：農林水産省「世界の食料自給率」http://www.maff.go.jp/j/zyukyu/zikyu_ritu/013.html および『食料・農業・農村白書』2013 年版，図 2-2-5 より作成．
注：＊ 食料自給率は供給熱量ベース．

災害時や食料需給が厳しくなったときには、つねに食料安全保障の問題が起こりやすい形になっている。

ＥＵの場合には、ＥＥＣ結成時の一九五〇年代半ばの穀物自給率は八〇％程度だったが、一九八〇年前後にはすでに一〇〇に上昇し、現在は一一五程度で、ＥＵが食料自給に力を入れてきていることがわかる（実際、ＥＵ予算の四割強は農業予算である）。なお、穀物自給率で見ると、途上国では、タイ一四四、インド、中国各一〇〇、インドネシア九〇など、人口大国が意外に健闘している。その理由は二つある。一つは、一九七〇年代以降、途上国に広がった「緑の革命」（穀物の新品種が開発され、普及した）と灌漑で生産性が上がったこと、他は、最近数十年間に途上国ですすんだ工業化により、肥料・農薬などが自前で安く生産されるようになり、農業での使用が近年、飛躍的に増えたことによる。

しかし、日本、韓国(各二七〜二八%)、産油国(二〇〜三〇%)などでは、穀物自給率は低く、これらの国が、国際分業を前提として発展してきたことを示している。

実際、日本の場合には、食料自給率は一九六〇年の八〇%程度から一九九〇年代には四〇%(供給熱量ベース)に下がってきた(図6—4)。

これは、二つの理由にもとづく。一つは、一九六一年、高度成長時代に策定された農業基本法を通じて、一方では米価安定と農家所得支持制度をとりながら、他方では「選択的拡大」という名前でコメ、果実、蔬菜《そさい》、畜産について基盤整備、構造改善、合理化をすすめた。しかし、その他の分野は支持制度の対象外として、農民を国際競争に直面させ、経営の苦しくなった農民たちは農村を離れて都市で働くように仕向けた。これは、日本の工業化のために、労働力を確保する政策と考えられる。つまり、国際分業(日本は工業化の道を邁進し、海外諸国に食料と資源の供給を仰ぐ)路線による経済成長のコストとして、食料自給率を下げたのである。

第二は、日本人の所得が向上し、コメの消費量が激減して(一九七五年の年八八キログラムから、二〇一〇年には六〇キログラムへ)、そのぶん肉食が増え、家畜を飼養するための穀物の輸入、また外食も増えていることから、外食素材の輸入が増えていることがある。今日、日本の輸入する穀物二六〇〇万トンを一ヘクタール五トンの生産性とすると、海外では五二〇〇万ヘクタールと日本

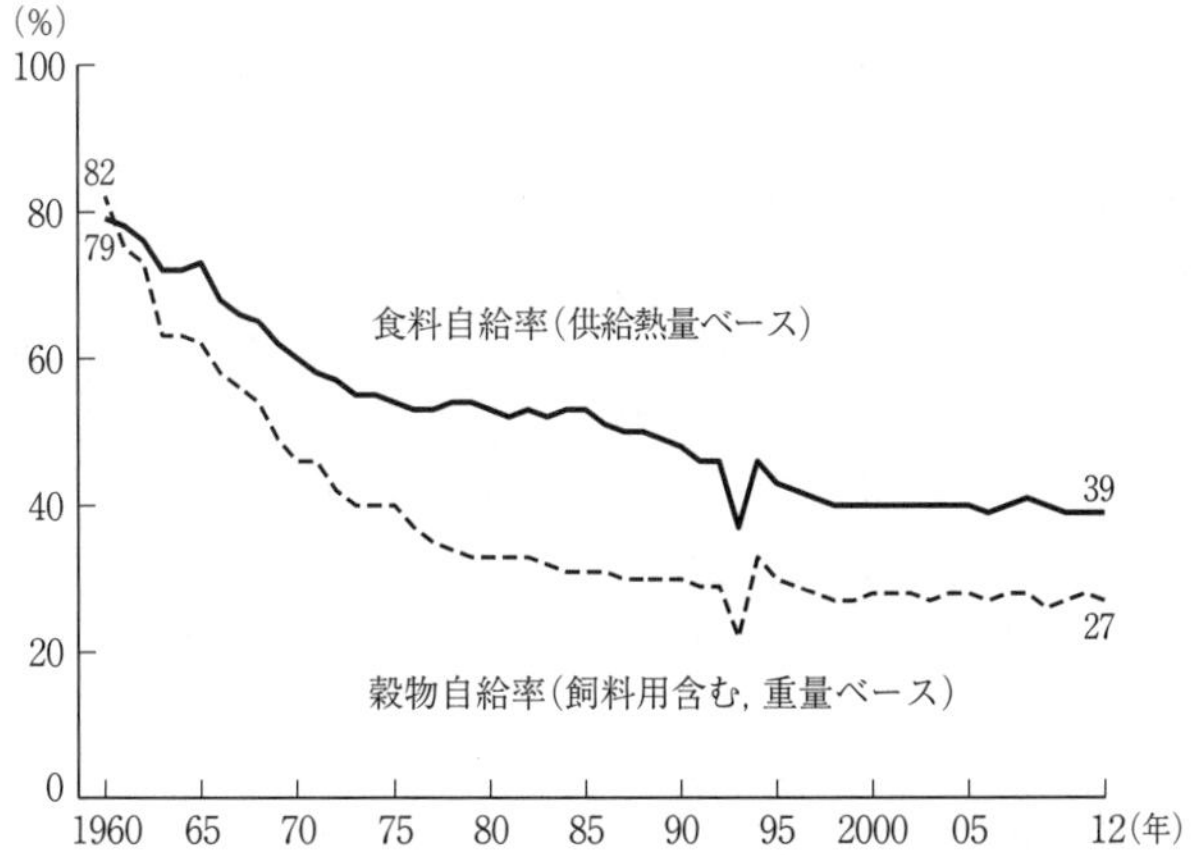

図 6-4　日本の食料自給率と穀物自給率の推移(1960〜2012 年)

出典：農林水産省のホームページのデータより作成．
注 1：食料自給率とは，国民に供給された食料のうち，国内生産でまかなうことのできた割合を示す指標(比率)である．
2：供給熱量自給率(カロリー・ベースの自給率)……国民に供給された食料の総熱量のうち，国内で生産された食料の割合．多種多様な個々の品目を国民一人一日当たりのカロリーに置き換えることにより，一つのものとして総合的にみることができる．

$$\left[\frac{\text{国内で生産された食料の熱量}}{\text{国民に供給された食料の総熱量}}\right] = \frac{\text{約 942 kcal}}{\text{約 2,430 kcal}} = 39\%$$

3：穀物自給率(重量ベースの自給率)……品目別自給率の一つであり，国民に供給された穀物(米，麦，飼料穀物等)の量のうち，国内で生産された量の割合．

$$\left[\frac{\text{穀物の国内生産量}}{\text{穀物の供給量}}\right] = \frac{\text{約 977 万トン}}{\text{約 3,569 万トン}} = 27\%$$

の耕地五〇〇万ヘクタールを上まわる耕地が、日本人の食生活を維持するために使用されていることになる。

二〇〇〇年代の日本の農林水産物の輸入額は、不況のせいもあり、八兆円台でほぼ横ばい(二〇〇九～一〇年にはリーマン・ショックで七兆円前後に落ち込み)だが、そのなかでも、近年では加工食品向け、また外食向け製品の輸入が増えている。これらの食品や畜産物を生産するために、海外で使用されている耕地面積は、さらに五〇〇万ヘクタールにのぼると推計されている(『食料・農業・農村基本問題調査会答申』参考資料)。日本は国内耕地(その利用率は一九六〇年の一三四%から二〇一二年には九二%に低下した)の二倍以上におよぶ土地を海外で利用することになる。

しかし、このような国際分業体制を前提とした国内農業の縮小、海外食品への依存は今日大きな転機に立たされている。それが、一九九九〜二〇〇〇年に成立した食料・農業・農村基本法および食料・農業・農村基本計画(二〇一〇年改訂)の背景である。

日本の農政のこれから

戦後日本の農政は、大戦直後の食料増産時代、高度成長期の農業基本法時代、そして、二〇〇〇年代以降の食料・農業・農村基本法時代の三つの時代にわかれる。それぞれ、その時代の国際情勢に対応したものであった。

これらの時期を通じて、国民の食料安定供給の確保という赤い糸はつねに貫かれてきた。しかしながら、農業基本法時代の国際分業体制下での農業合理化、コメなどを柱とした農業の選択的拡大、海外への食料依存の増大という路線は、一九八〇年代後半に、すでに袋小路に突き当たった。その理由の一つは、国内で生産されたコメを政府が保護価格で買い上げてきたのだが(食糧管理制度）、その会計が膨大な赤字となり、コメの国家管理が維持できなくなったことである。他方では、一九八〇年代の日米経済摩擦により、「聖域」のコメをも含めて、農産物の自由化が課題となってきたからである。

それではグローバリゼーション下で、食料、農業、農村は、どのような姿になるのか。これが、二一世紀に入って成立した新しい法律と、それに沿った基本計画の意味である。

キーワード　食料・農業・農村基本法および同基本計画の意義

この法律は、次の四つの理念に立っている。一つは、食料の安定供給の確保であり、これは食料の安全保障の問題と結びついている。第二は、食料の安定供給のほかにも、農業、農村のもつ洪水・土砂崩れなどの災害防止、水資源涵養《かんよう》などの国土・環境保全、美しい農村景観の提供、歴史と伝統に根ざした地域文化の維持・提供など、多面的な機能を発揮させていくことである。第三は、これらの機能の発揮を通じて、農業の担い手を育成し、農業の自然循環機能を強化・発展させて、農業を持続可能な形でさらに発展させていくことである。第四は、これら第一から第三の理念の実現を通じて、農村と都市の連携ネットワークを形成し、農村コミュニティを全国的に発展させていくことである。

これら四つの目的は食料自給率の向上（二〇一〇年に四五％への増加をめざしたが、逆に三九％に下がった）のように看板倒れとなっている部分が目につくが、最終的に農業・農村の自立、都市と農村の相互連携（相互乗り入れ）という方向では間違ってはいない。ただし、そのためには、

●●地域社会の分権、自立との組み合わせが必要になる。

グローバリゼーションの下で、食料・農業政策については当然いくつかの選択があり得る。一つは、自由化をすすめ、海外の安価な食料への依存度を高める選択である。他は、今までの国際分業体制からの恩恵を享受しながら、農業の役割を見直し、地域発展の不可欠の要因として農業を位置づけていく方向である。新法が成立した二一世紀初頭の時点で、日本農業は大きくその相貌《そうぼう》を変えている。日本のTPP加入やアジアでの自由貿易体制の推進とともに、この変化はさらに促進されていくことになろう。

ここで、現在の日本農業の立ち位置を整理しておこう(使用するデータは農水省『食料・農業・農村白書』、同省HP、および同省『農林水産統計』二〇一二年版による)。

(1)日本農業は第二次大戦後の農地改革以来、基本的には五〇〇万ヘクタールの農地を五〇〇万戸の農家が耕す(一戸一ヘクタール)小農家族経営を、コメ中心に政府が保護する形で食料の安定供給をはかってきた。農業基本法から半世紀を経て、今日では、約一六〇万戸の販売経営体が三二〇万ヘクタールの田畑(一戸当たり約二ヘクタール)を耕作している。保護農政の枠組みはしだいに外され、農業自立の方向が大きな流れとして浮かび上がっている。

(2)日本が工業立国の路線を歩んだ時代に、国際分業路線の日陰に置かれた農業は魅力的な産業とはみなされず、離農者が工業労働力を支え、農村は「三ちゃん農業」(じいちゃん、ばあちゃん、かあちゃん）に委ねられる状態が出現した。農家収入は、都市勤労世帯の収入を上まわったが、それは兼業によって支えられた収入だった。近年ではコメの価格が低迷し、農業生産額は低下しており、販売農家の平均収入は二〇〇八年度に四六六万円で、勤労者世帯の六四一万円をかなり下まわる（農水省HP「農業所得と農業経営の動向」）。この収入額も多くは、農外所得や年金によって支えられている。

(3)日本は世界でも大手の穀物輸入国であり、国内生産の三倍におよぶ二六〇〇万トンの穀物を輸入している。その大部分は飼料用である。反面、減反政策や自給農家などの高齢化にともなう放棄地面積は四〇万ヘクタール（二〇一二年）、耕作地の一割強におよぶ。減反政策が二〇一八年にかけて廃止された後、これら遊休農地がどのような担い手によっていかに活用されるのかは、日本農業の将来に直接かかわってくる。

(4)他方で、政府は国際競争の観点から、個人や法人の担い手が農地を集積して大規模経営を進めることを奨励している。農地の集積と耕地の大規模化は着実に進んでおり、以前は本州では稀だった二〇ヘクタール以上の経営体が耕地の三割を耕作するようになっている。法人経営体は二〇〇〇〜一二年の間に三倍に増え、耕地の六％を耕すようになった。農協の枠組みを離れた小規模農家の集落営農も、二〇一二年段階で一万二〇〇〇におよんでいる。

(5)基幹的農業者（一七八万人）の高齢化は進み、二〇一二年度では六五歳以上が一〇六万人、六割におよんでいる。他方で、新規就農者は二〇一一年に五万八〇〇〇人と増えており（対前年比七％増）、地域農業を支える若手（三九歳以下）の新規就農者も一万四〇〇〇余人で、増加傾向にある。ただし、新規就農者の三割は五年以内に離農しており、就農の準備段階、農地貸与、定住、技術、マーケティング面などでの、いっそうの支援が必要とされる。

（6）新規就農者の増加は、単に高齢社会の進展とともに、地方出身者が帰村するケースばかりではない。若手の就農増加は、生命や環境に直接かかわる農業に対する世間の評価の高まりをも反映している。経営規模の拡大のなかで、遺伝子組み換え作物の栽培も始まっているが、消費者の側でもどのような食品を選ぶかについての賢明な判断がせまられる。農業は今後、大企業が海外移転した後の成熟社会日本にとって、生命、健康を直接支える産業、環境を保全する産業、若者・女性がイニシアチブを発揮できる産業、また、地域社会を支える産業としての地位を確かなものとしていく可能性を持っている。

キーワード 遺伝子組み換え作物、食品

ＴＰＰ交渉のなかで、アメリカから遺伝子組み換え食品(Genetically Manipulated[GM] Food)の表示は非関税障壁であるとする議論が出された。アメリカの大規模農業では、多国籍企業が開発するＤＮＡ（遺伝子）組み換え技術を用いて、大豆、とうもろこし、じゃがいも、てんさい、なたね、綿などの農産物で、病害虫に強い品種や、耐農薬性を持つ品種、密植を可能にして生産性を

高める品種などの使用が通常となっている。厚生労働省では以上を含む八作物一六九品種について輸入を認めており(二〇一二年三月現在)、日本が輸入するこれら農産物の大半(二〇一二年に約二〇〇〇万トン)はGM作物となっている(農水省HP「遺伝子組換え農作物の管理について」)。日本でも二〇〇九年来、種子を輸入し、GM作物が栽培されている。その人体への安全性については議論があり、消費者運動の強い要求により、組み換えDNAが検出できる豆腐、味噌、納豆、コーンスナック菓子など二六品目についてGM表示が義務づけられている。しかしDNA検出のむずかしい食品(たとえば醤油)については表示義務がなく、消費者運動の側から批判されている。

日本の、TPPなど国際的自由貿易協定への加入、また、減反廃止など、農業保護政策の見直し後は、耕作条件の厳しい中山間地《ちゅうさんかんち》については、直接、所得補償が農地保全を代償として支払われることになる。しかし、農業全体として、現在進行している経営規模の拡大、法人や集落営農、農産物の品質向上、六次産業化による付加価値の増大などが必然となるだろう。この点では、「農業の自立」は単に市場経済の荒波に農業を放り出すということではなく、二〇世紀末ころから進行している地域主権の確立の動きとセットとして、地域社会への分権、自主的イニシアチブの尊重とともに、進められていく必要がある。地域社会の側でも、すでに始まっている女性や若手の新しいアイディアや、やる気を生かした事業の導入、産消提携、外国人を単に研修労働者として扱うのではなく地域社会の一員として迎え入れるような共生の社会をめざすべきだろう。

キーワード　六次産業化

農水産業は一次産業だが、農水産物を加工し(二次産業)、さらに流通面でもインターネット販売や直販によって直接消費者に届ける(三次産業)ようになると、加工、流通段階での付加価値を取得できる。こうして、一次×二次×三次(＝六次)の産業を生産者がコントロールしていけば、より高い収入が確保できるし、また消費者と直接連絡しあうことで、消費動向に見合った生産をおこない、廃棄分を減らすことができる。「道の駅」などがそのショーウィンドウとなっている。

現在、世界では先進国や一部の新興国での食料過剰にもかかわらず、世界全体のバランスを考えれば、中長期的に食料需給の逼迫《ひっぱく》が予想される。その理由としては、南北格差や貧富の拡大、飼料穀物や燃料、輸出向け商品作物との競合、また、生態系の悪化、異常気象の頻発《ひんぱつ》などが考えられる。他方で、経済のグローバル化、投資・貿易の自由化の動きのなかで、多くの国の農畜産業は厳しい国際競争にさらされつつある。食料問題、農業や農村発展の問題を考える際には、住民主権、食料主権の立場からこれを主体的に受け止めていく必要がある。食料自給や農業発展の問題を、一方では地域自治、地方分権の問題と結びつけていくということであり、他方では、環境保全、有機農業、スローフード(ファストフード的な大量生産、大量消費に対して自前の価値基準による食料選択と、それにもとづく食のライフスタイルを指す)の推進と関連させていくということである。

第7章　エネルギーと資源——ポスト3・11の展望

「資源」とは何か

世界人口の急増と新興国の経済成長につれて、「資源枯渇《こかつ》」「資源争い」の問題がクローズアップされてきた。すでに、一九七二年、第一次石油ショックの直前に、財界人たちが組織するローマ・クラブは有名な報告書『成長の限界』を発表して、経済成長が資源という「限界」に直面して、ストップするだろうことに警告を発した。

経済成長は、確かに諸資源の利用のうえに成り立つ。しかし、成長と資源の関係は、けっして単純なものではない。この問題を考えるためには、まず、「資源」とは何か、を定義しておく必要がある。資源とは、人間が経済活動に利用する諸原料を指すが、資源には枯渇性資源と非枯渇性資源がある。ここでは、この双方について、現状と問題点を眺め、私たちの工業社会での、資源をややもすると浪費しがちな生活様式について考えることにしたい。

キーワード　資源

資源には大別すると二つの種類が考えられる。一つは、人間の欲求を充足するために、加工あるいは未加工状態で消費される生物（鳥や獣、昆虫、爬虫《はちゅう》類、魚介類など）、無生物（土地、鉱物、森林、水など）の天然資源がある。第二は、これらの生産活動を組織し、潜在的資源を顕在化する人的資源（労働力、技能、熟練、労働者の士気）および文化的資源（科学技術、生産制度、組織）がある。さらに広義には、気候・地理などの非消費的潜在資源を含む場合もあるが、ここでは問題を「天然資源」に限定して扱う。

まず、枯渇性資源とは、ある一定期間内に一定品位の埋蔵量、賦存《ふぞん》量をもつ資源が、開発とともに非可逆的に減少・枯渇していく場合を指し、鉱物資源はこの範疇《はんちゅう》に属する。非枯渇性資源とは、一定期間内に再生可能な資源であり、森林、水、動植物類の多くは、この分類にはいる。もっとも、今日の資源問題は、枯渇性資源と同様に、非枯渇性資源について深刻なのだが、この点は後に述べる。

石油と鉱物資源

最初に、石油と鉱物資源から見ていこう。

世界の工業生産が急速に進展するにしたがって、原燃料への需要は大きく伸びた。一九七〇年代から二〇一〇年の半世紀間に世界の一次エネルギー消費量は石油換算で、五〇億トンから一一七億トンへと一三〇%増えた。この需要増加の多くは、石油によってまかなわれた。石油消費は、一九七一年の二四億トン（一次エネルギー消費の五割）から二〇一〇年には四一億トンに伸びている。

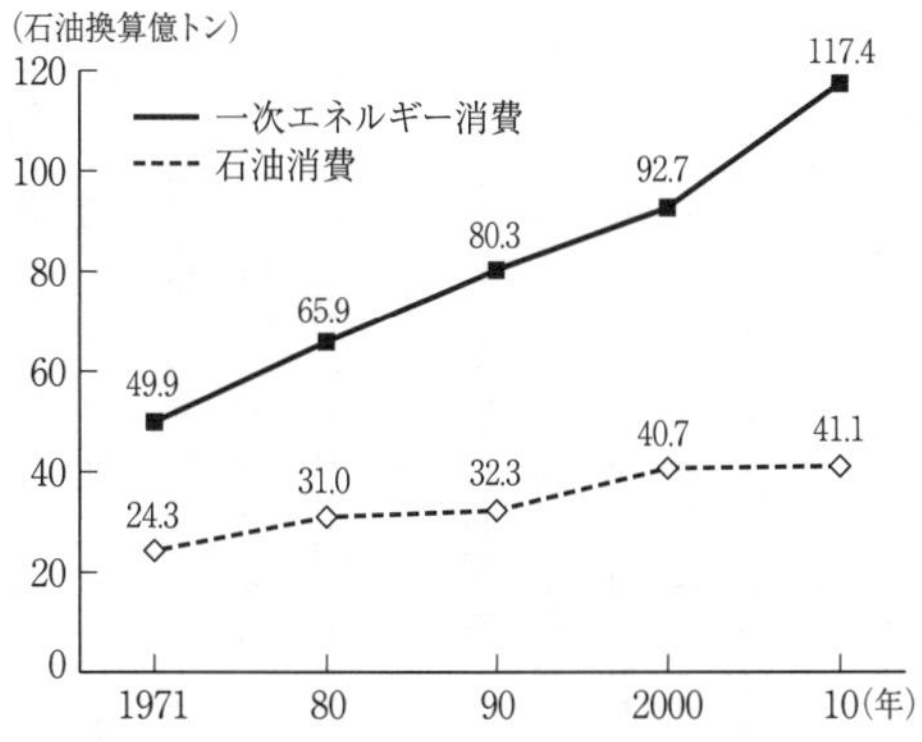

図 7-1　世界の一次エネルギーおよび石油消費量の推移（1971 年，2010 年）
出典：日本エネルギー経済研究所『エネルギー・経済統計要覧』2013 年版，IV-(2)，(4)表より作成．

ただし、一九八〇年代以降は、石油価格の上昇もあり、需要の伸びは抑えられ（二〇一〇年には一次エネルギー消費の三割強）、エネルギー源の多様化が進んだことがわかる（図7―1）。

日本エネルギー経済研究所の予測によれば（『エネルギー・経済統計要覧』二〇一三年版）、世界の一次エネルギー需要は、二〇世紀当初の二〇年間についても、それまでの二〇年間の年率二・一%とほぼ同率で推移し、アジアについては年三・一%の増加が見込まれている。これら一次エネルギー需要の増加は、当然、資源需要全般の増加をともなう。

この急速な原燃料需要の増大とともに、資源の安定的な供給に対する不安の念が高まり、資源問題はじっさい、国際紛争の主要な一因と見なされるようになっている。中東の民族紛争や湾岸戦争、イラク戦争についても、石油に関連した地政学的な問題が背景にあることが指摘されている。近年では「資源大陸」アフリカや産油国で、中国が経済援助、融資と引き換えに石油を引き取るなど、資源確保に乗り出している状況が報道されている。東シナ海や南シナ海の油田、ガス田の開発をめぐる領海紛争も、中国と、日本、フィリピン、ベトナムなどとの間に起こっている。

キーワード　中国の石油需要

中国は二〇〇四年時に年間約一・六億トン、二〇一二年には二億トンの原油を生産する石油大国である。だが、急速な経済成長とともに石炭から石油へのエネルギー源転換、モータリゼーション、家庭電器の普及などにより、石油消費も急速に増え、二〇一二年には四億トンで、アメリカの八億トンに次ぐ世界第二の消費国となった(日本は二億トン)。この生産と消費の差は、輸入でカバーされている。いま、中国の石油輸入量は、年間二億トンにのぼり、二〇〇〇年代の一〇年間に倍増した。中国の原油確認(可採)埋蔵量は、約一一四億トンで、可採年数は七一年におよぶが、国内の開発コストが割高なため、エネルギー源としては安価な国内の天然ガスとともに、海外原油に頼っているわけである(日本エネルギー経済研究所『エネルギー・経済統計要覧』二〇一三年版、および石油エネルギー技術センター[JPEC]レポート「ますます高まる中国の石油対外依存度とエネルギー安定供給への取り組み」平成二四年五月)。

経済成長が資源の稀少性というカベにぶつかり、停止する、という考え方は、マルサスの人口―食料の思想と通い合うものだが、現代においては、一九七〇年代に「成長の限界」説として登場した。この見方によれば、資源の確認埋蔵量（R）を年生産量（P）で割った可採年数（R／P）は、年生産（消費）量の伸びを考慮に入れれば、急速に小さくなる。水銀の可採年数は一三年、銅・鉛・亜鉛・石油・天然ガスは一八～二一年、アルミニウム三一年、プラチナ・ニッケル四七～五二年である。鉄・クロム・石炭は九三～一一一年でやや安心できる数字だが、現存埋蔵量がたとえ五倍になったにせよ、可採年数は数割増えるに過ぎない、といわれた（ローマ・クラブ「人類の危機」レポート『成長の限界』邦訳 ダイヤモンド社）。

しかし、それから三〇年を経て、たとえば石油の可採年数は、一九七九年の二七・一年を谷底として、その後は一九九九年には四三年、二〇一一年末には五四年にまで増えている。二〇一一年時の世界の原油埋蔵量、生産量を見ると、世界では約一・六五兆バーレル（一バーレルは一五九リットル、一日当たりのバーレルに五〇をかけると、年間のトン量が示される。一・六五兆バーレル＝二三四〇億トン）の埋蔵量が確認されており、生産量は一日八三五八万バーレル（年四一・八億トン）にのぼる（表7―1）。

キーワード　埋蔵量

ある一定の品位をもつ鉱物が、どの程度埋蔵されているかを見る目安で、通常は、現在の技術、

表7-1　世界の原油確認埋蔵量と生産量(2011年末)

	確認埋蔵量(10億バーレル)	生産量(1,000バーレル/日)	可採年数
アジア・大洋州	41.3	8,086	14.0
中　国	14.7	4,090	9.9
インドネシア	4.0	942	11.8
インド	5.7	858	18.2
マレーシア	5.9	573	28.0
オーストラリア	3.9	484	21.9
ヨーロッパ・中央アジア	141.1	17,314	22.3
ノルウェー	6.9	2,039	9.2
イギリス	2.8	1,100	7.0
カザフスタン	30.0	1,841	44.7
ロシア	88.2	10,280	23.5
中　東	795.0	27,690	78.7
サウジアラビア	265.4	11,161	65.2
アラブ首長国連邦	97.8	3,322	80.7
クウェート	101.5	2,865	97.0
イラン	151.2	4,321	95.8
イラク	143.1	2,798	>100
アフリカ	132.4	8,804	41.2
リビア	47.1	479	>100
ナイジェリア	37.2	2,457	41.5
アルジェリア	12.2	1,729	19.3
アンゴラ	13.5	1,746	21.2
ラテンアメリカ	336.8	10,319	>100
メキシコ	11.4	2,938	10.6
ベネズエラ	296.5	2,720	>100
ブラジル	15.1	2,193	18.8
北　米	206.1	11,363	41.7
アメリカ	30.9	7,841	10.8
カナダ	175.2	3,522	>100
OPEC合計	1,196.3	35,830	91.5
世界合計	1,652.6	83,576	54.2

出典：BP統計，日本エネルギー経済研究所『エネルギー・経済統計要覧』2013年版，表IV-(39)(44).
注：OPEC(石油輸出国機構)は1960年に結成された産油国の組織．2014年1月現在でイラン，イラク，クウェート，サウジアラビア，ベネズエラ，カタール，リビア，アラブ首長国連邦，アルジェリア，ナイジェリア，アンゴラ，エクアドルの12か国が加盟している．

価格で採掘可能な埋蔵量の存在を確認(可採)埋蔵量という。また、確認埋蔵量にもとづいて、未発見のものをも含め、存在が予想される埋蔵量を推定埋蔵量という。推定埋蔵量にもとづいて、採掘の経済的な条件は無視し、物理的に取り出すことが可能と考えられる埋蔵量の総体を究極埋蔵量という。埋蔵量は、鉱石の定義、技術水準、技術革新、需要の変化、探鉱の努力、そして多国籍企業の戦略によって、つねに変化する動態的な概念であることを頭に入れておく必要がある。

このように、資源の埋蔵量とは動態的な概念で、本当に資源危機になれば、価格が上がり、生産会社は資源探査に奔走《ほんそう》するので、当然、新しい油田・鉱脈が発見され、埋蔵量は増えることになる。

一九七〇年代のアラスカ、北海などの油田は、こうして開発された。最近のアメリカのシェールオイルが、その例である。インドは第一次石油ショックのころは「貧油国」の代表だったが、今日では、インド洋油田の発見により、アジアでも指折りの石油埋蔵大国となっている。近年ではブラジルで海底油田が開発され、ブラジルも大手の産油国となろうとしている。OPECの生産シェアも、第一次石油ショック時の七割から、表7—1に見るように、今日では四割強になっている。なお、二〇一一年時に世界最大の産油国は、サウジアラビアに次いで、ロシアである。

キーワード　ピークオイルとオイルシェール

最近、「成長の限界」論は、ピークオイル説として復活している。これは、ある油田・鉱山は必ず、生産のピーク時を迎え、そのあと生産は下落していくことから、ある国や世界の需給についても同様のことが言えるとする。アメリカの原油生産の場合は、一九七〇年代前半の六億二〇〇〇万トンをピークとして、一九九〇年代初めには五億トン、二〇〇〇年代には四億八〇〇〇万トンと生産は低下し、その分、輸入が増えている(二〇一〇年時に原油需要の二割が輸入)。「成長の限界」論は埋蔵量を固定的にとらえていたために現実にあてはまらなかったが、ピークオイル説は個々の油田が枯渇現象を示す事実から、積極的に代替資源の開発の必要性を説く(たとえばアメリカの石油地質学者 Colin Campbell, *The Coming Oil Crisis*, Multi-Science Publishing Co. Ltd., 2004 など)。

こうしてアメリカは、二〇〇〇年代には余剰農産物を利用したバイオエネルギーの開発を始め、またオイルシェール(地下数千メートルに存在する油質頁岩)層から石油、天然ガスを取り出す技術(水平採掘、水圧破砕法)が進んだことから、シェールガス生産を急速に伸ばしている。オイルシェールから製造される油がシェールオイル、ガスがシェールガスである。シェールガスは二〇一〇年時に、アメリカのガス消費量の二〇%を占めるにいたった。オバマ大統領は二〇一三年度経済報告で、二〇三五年にアメリカはエネルギー自給を達成すると宣言した。しかし、オイルシェール破砕にともなう環境破壊(薬剤による汚染)が指摘されており、市民の反対運動も強い。

なぜ資源「危機」が生じたのか

表 7-2　主要鉱物の確認埋蔵量(1940-2010 年)

(100 万トン)

	1940 年代	1960 年代	1980 年代	2010 年
鉄鉱石	19,000	251,000	253,000	232,000
銅	100	279	511	600
鉛	40	86	146	120
ボーキサイト	1,400	5,300	22,400	28,000
レアメタル*	マンガン 630　タングステン 3　バナジウム 14　モリブデン 10　コバルト 7.5　レアアース 99.0			

出典：資源エネルギー庁『資源エネルギー年鑑』1983 年版，『エネルギー年鑑』2004-05 年版，2010 年は U.S. Government, *Mineral Commodity Summaries*, 2013 より．

注：* 非鉄金属中，産業用途が少なく，希少な金属を言う．このうち，レアアース(希土類元素)は発光材料，磁性体，超伝導体など，発光ダイオード，LED，光ディスクなど電子産業に不可欠の原料であり，世界では供給地が中国，アメリカ，オーストラリアなどに偏在しており，近年では中国政府が資源温存政策と見られるレアアースの対日輸出制限(尖閣諸島での中国船衝突事件をきっかけに輸出業務を停滞させた)をおこなったことから話題になった．

他の主要天然資源(鉱物)については、表7―2が示すように、一九六〇年代から二〇〇〇年代にかけて、埋蔵量は概して増えている。鉄鉱石のように、横ばいか、あるいは減っているものは、優良品位の資源がふんだんにあるために、採掘会社が新しい探査をしていない例である。

それでは、資源「危機」がなぜ生じたか、というと、それには二つの要因がある。

一つは、長年、北の国から出てきた多国籍企業によって、資源を安価に採掘、移転されてきた南の生産国が、資源の価値を認識し、自国の資源に対して主権を確立し、輸出国による同盟や生産国カルテルを結成して、資源の生産をコントロールし、そのことによって、価格を統制するようになったことがある。この資源ナショナリズムは、一九世紀来の国際分業体制のうえに工業化を進めてきた先進国に一大「ショック」を与えた。こうして、一九七〇年代の二回にわたる石油ショック(一九七三年、一九七九～八一年)を経て、南の国が新国際経済秩序を推進し始めたことが、二〇世紀後半に起こった資源危機の本質である。

キーワード 新国際経済秩序(New International Economic Order　NIEO)

一九七三年の第一次石油ショックの後、南の発展途上国は、国連の場で「資源と開発に関する特別総会」を招集し、ここで、資源の生産国が自国資源に対して主権を有することを確認する「新国際経済秩序樹立に関する宣言」を採択した。実際、これらの国はそれまで、九九年といった、植民地時代に列強が勝手に定めた利権の租借協定により、自国資源の開発も、価格設定も自由にはできなかったのである。

ＯＰＥＣはすでに一九六〇年に発足していたが、かれらが第四次中東戦争の機会に、生産をストップして、一バーレル当たり二ドルだった原油価格を一躍七ドルに引き上げたのに始まり、同様の動きは鉄鉱石、銅、ボーキサイト、タングステン、熱帯木材、天然ゴムなど他の資源にも波及した。いわゆる資源ナショナリズムである。ＯＰＥＣは第二次石油ショックを経て、生産調整を武器に、一九九〇年代には原油価格を一バーレル当たり一〇〇ドル程度の水準に維持できているが、他の資源については、なかなか生産国の価格コントロールはむずかしい。

第二は新興国の需要である。一九九〇年代以降、急速な成長を示しているＢＲＩＣＳ始め、いくつかの工業化国では、エネルギーおよび天然資源の需要が急増しており、ロシアのように資源輸出を続けている国もあるが、中国のように、石油を始めとする主要資源や食料の、輸出国から輸入国に変わった例もある。

これら新興国が、エネルギー不足から原子力発電の導入に熱心になっていることにも注目しておきたい。原子力発電はエネルギーの補充的供給と同時に、戦略的に将来の核武装の可能性を踏まえて、導入されている。新興国の電力消費量は二〇一〇年前後で一人当たり年間七〇〇～二〇〇〇キロワットで、先進国の六〇〇〇～一万二〇〇〇キロワット(日本は七八〇〇キロワット)と比べて格段に低い。しかし二〇三〇年に向けて年間五～六%の割で伸びていくと見られるので、電力供給能力を急速に高めるために、原発導入がはかられているわけである(資源エネルギー庁報告「新規導入国・開発途上国協力について」平成二〇年一二月)。この報告によれば、二〇〇八年の段階で、アジアでは、日本(五三基)のほか、韓国(二〇基)、インド(一七基)、パキスタン(二基)、中国(一一基)、台湾(六基)で導入されているが、インドネシア、タイ、ベトナム、マレーシアなどでも導入計画があるとされている。トルコ、ベトナムなどの計画に、現在、世界有数の原子炉メーカーに成長した日本企業グループが手を挙げているわけである。

このように、世界経済の大きな変化とともに資源需要が急増しており、この情勢をうまくとらえた資源産出国の資源主権確立の動きが、従来、南の国からの資源輸入によって経済発展を実現した先進国の眼には「資源危機」と映るわけである。この「資源危機」状況から、前に記したような国境・領海紛争問題、北極圏の開発争い（ニューノース）、イランの核開発に象徴される核拡散問題も起こっていることに注意しておきたい。資源危機は世界的な民族主権、資源主権の動きと裏腹なのである。

キーワード ニューノース

地球温暖化とともに、北極海の永久氷が急速に溶融する現象が起こっている。北極海の氷の溶融は、ヨーロッパとアジアの海上交通を短縮し、便利になると考えられるが、同時に北極近辺の海底に眠る膨大な資源の開発の可能性を生み出す。ここからカナダ、アメリカ、フィンランド、アイスランド、ロシア、ノルウェー、デンマーク、スウェーデンの八か国は、一九九六年に北極評議会（Arctic Council）を設立し、北極圏の持続可能な開発、環境保護などをめざすことにしている。先住民六団体が常時会議に参加している。日本は中国、ヨーロッパ諸国などとともにオブザーバーとなっている。これら北極周辺の国々を「ニューノース」として、世界経済の新しいフロンティアと見る議論もある。

枯渇性の天然資源の「危機」は、石油のそれをも含めて、物理的な危機というよりも、むしろ南北間の資源分配をめぐる危機だが、非枯渇性の資源のそれは、資源の再生産の可能性自体をそこなうような問題であるがゆえに、いっそう深刻である。ここでは、魚、森林、そして水について考えてみたい。

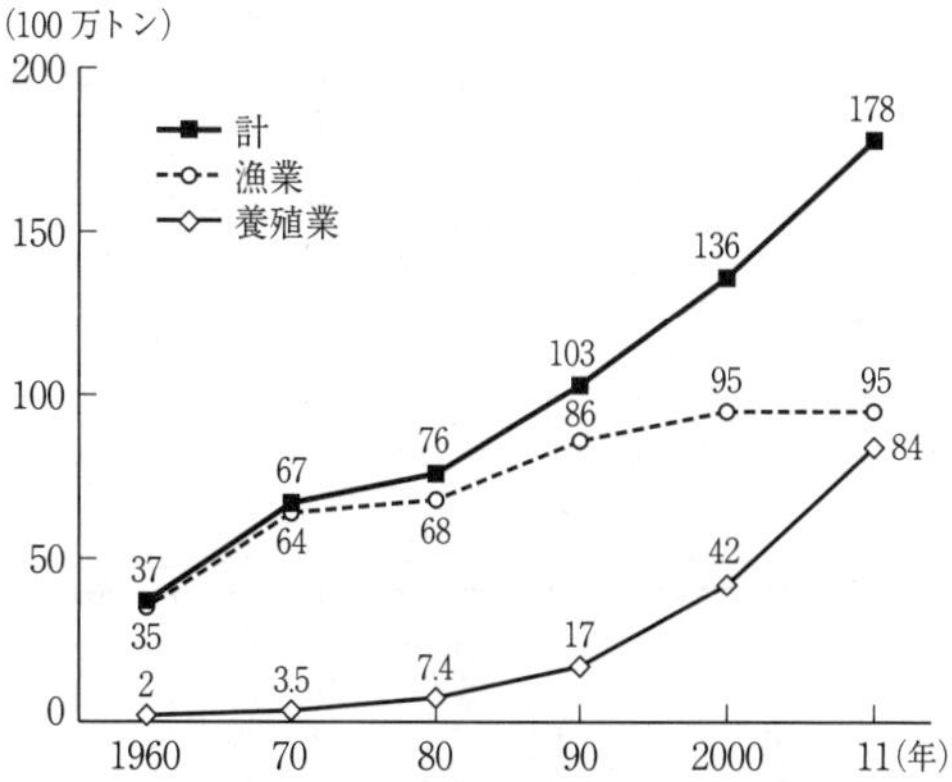

図7-2　世界の漁業・養殖業生産＊の推移(1960〜2011年)
出典：水産庁『平成24年度　水産白書』, 参考図表III-1より作成.
注：＊ 魚介類, 海藻を含む.

水産資源

世界の漁獲量は、一九六〇年代はじめに四〇〇〇万トン弱程度だったが、年々六~七%の比率で増加し、一九七〇年代後半には七〇〇〇万トンで横ばいになり、その後、一九八〇年代後半に中国はじめアジア諸国の漁獲量が増えて、九〇年には八六〇〇万トンに到達した。それ以後は目立った増加は見られず、二〇〇〇年の九五〇〇万トン(海面八六〇〇万トン、河川・湖沼などの内水面《ないすいめん》八八万トン)をピークとして、二〇一一年までもはや増えてはいない。しかし、世界的な需要の増加(途上国のタンパク質摂取、魚の健康食としての見直し、家畜飼料用)で、図7―2にあるように、九〇年代以降は、養殖生産が右肩上がりで増え、二〇一一年時には一億七八〇〇万トンの消費の半分を、養殖が担っている。

この間、中国は一九八〇年の六〇〇〇万トンから二〇一一年には漁業一六〇〇万トン、養殖業五〇〇〇万トン、計六六〇〇万トンへと漁獲を大きく増やし、世界第一の漁業国となった。同じ期間に日本は、一一一二万トンから四七七万トン(漁業三八六万トン)へと漁獲量は半減し、中国、インドネシア、インド、ペルー、アメリカ、ベトナム、フィリピンに次ぐ世界第八位に転落し、チリ、ロシアと肩を並べている。

日本の漁獲量が減少した理由は、ひとつは、世界からの水産物輸入が増加しているからだが、他方で、イワシ、マサバなどの庶民に親しまれてきた漁業資源が、明治時代のニシンと同じく、崩壊状況にいたっているからである。

魚は自然の増加分だけつかまえていけば絶滅することはない。しかし、近年の利潤優先のトロール、巻き網漁法により、高価格魚も低価格魚も文字どおり一網打尽に捕捉《ほそく》され、低価格魚はそのまま洋上投棄されてしまう。また、世界の漁獲量の二割は家畜飼料用のフィッシュミールだが、これは非食用なので稚魚がそのまま捕獲されてしまう。こうして最大持続生産量(Maximum Sustainable Yield　MSY)が維持できず、ある漁獲点をすぎると、資源量が急減する事態が起こってきた(図7―3)。

これが、日本のイワシやマサバ、サケ、サンマ類に起こったことである。マイワシは、一九九

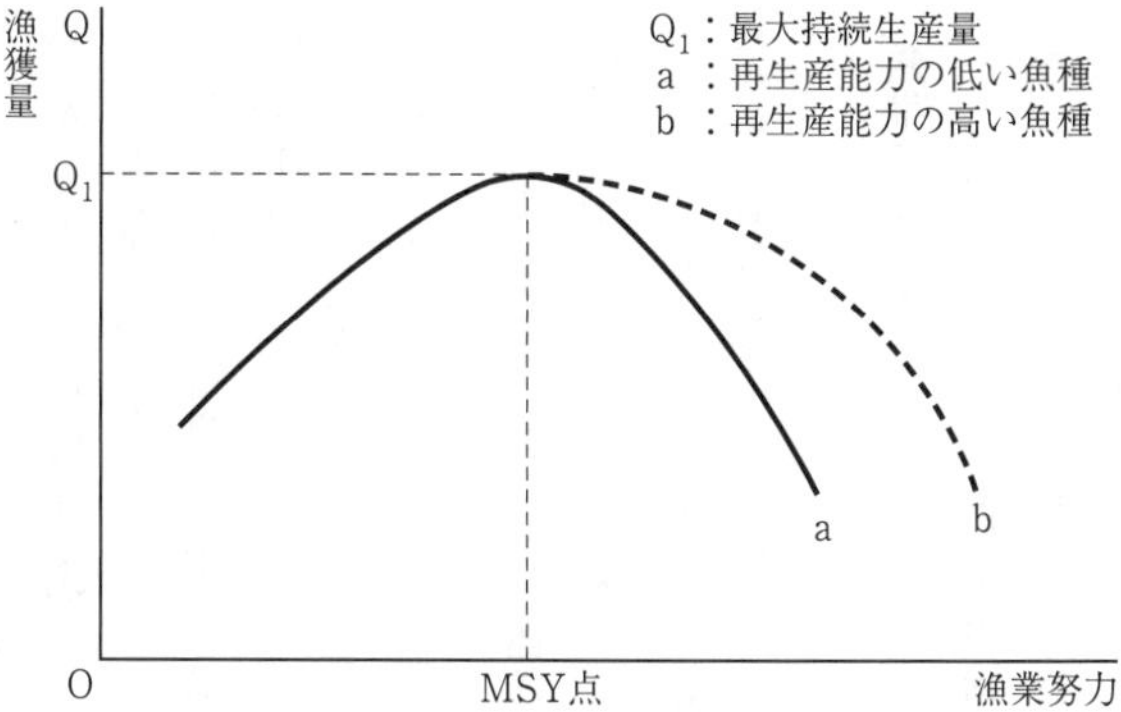

図 7-3　持続生産曲線

九年の三五万トンをピークとして、二〇一〇年にはわずか七万トン、また、サバ類は、一九九八年の五一万トンから二〇一一年には三九万トンと漁獲高が落ちた。近年落ち込みの激しいのは白サケ、サンマ、ウナギ類で、サケ・マス類は二〇〇一年の二二万トンから一一年には一五万トン、サンマは二〇〇八年に三六万トンとれていたが、一一年には二二万トンしかとれなかった(水産庁『平成二四年度　水産白書』、参考図表II—2)。ウナギは、種苗に使うシラスウナギの漁獲がピーク時の二〇〇トンから二〇一三年にはわずか五トンに激減し、蒲焼きの価格高騰を招いたことはよく知られている。

　太平洋および大西洋では日本人になじみの深いクロマグロが資源枯渇の危機にさらされ、毎年、漁獲高の制限が強化されている。世界のマグロ漁獲の三分の一を消費する日本人の責任は大きい。大西洋ではタラ類(北欧やイギリスでフィッシュ&チップスの消費が大きい)、太平洋ではペルーのカタクチイワシ（飼料生産向け）の生産が激落している。

キーワード　国連海洋法条約

国連の場で、一九七三〜八二年の間に開かれた第三次海洋法会議で採択され、九四年に発効した。従来の領海三海里の原則に代わって、領海一二海里、排他的経済水域二〇〇海里を設定。国家の管轄《かんかつ》を強めるとともに、深海底とそこでの資源を「人類共通の資産」として、国際海底機構の管理のもとに開発することを定めた。これは、資源における新国際経済秩序と同じく、海洋開発に秩序をもたらそうとする動きである。

世界の主要漁場、とくに大西洋、太平洋、地中海で水産高は二〇世紀末から二一世紀初頭にかけての数十年間に顕著に下がっており、魚類が増加する人類にとっての貴重なタンパク源であることを考えるとき、世界の食生活にとって、水産業の持続的な開発、そのための国際協力が大きな課題であることがわかる。

熱帯林の消失

一九九〇年代初頭、世界の森林（樹冠面積が当該地域の二割以上の閉鎖林）面積は約四〇億ヘクタールで、うち約半分が熱帯林であった。だが、この半世紀の間に熱帯林の面積は大幅に減少した。しかし、先進工業国の森林資源は、ほとんど変わらない。世界の森林面積の変化（一九九〇〜二〇

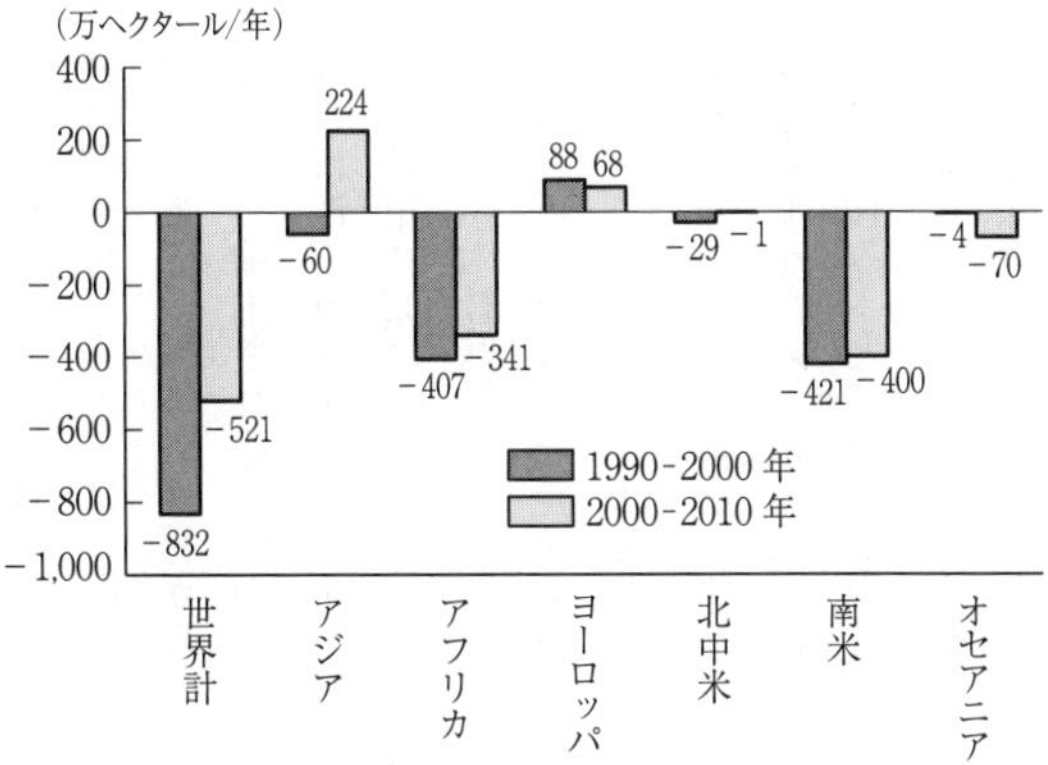

図 7-4　世界の森林面積の変化(1990-2010 年)

出典：農林水産省『森林・林業白書』平成 22 年版．原図は FAO, *State of the World's Forests 2010.*

一〇年)を図7—4で見ているが、熱帯林の位置するアフリカ、南米で消失度が激しいことがわかる。

一九五〇〜九五年の間に熱帯林は約五億ヘクタール、また九六〜二〇一〇年の間に約一・一億ヘクタールが失われた(FAO, *State of the World's Forests* 2012, Chap. 2)。FAO統計はアジアでの熱帯林伐採を主として中国、インド、ベトナムでの植林と相殺して、アジアでの森林増減をプラスとしてカウントしている(図7—4)ので、実際には世界の熱帯林の伐採量はこの二〇年間に年一一〇〇万ヘクタール以上の規模と見られる。

二〇〇〇年代は経済不況期に年七〇〇万ヘクタールと熱帯林の伐採量はやや落ちた。だが、最近六〇年間に熱帯林の約三割が消失したことになる。アマゾン流域のゴム栽培や牧場設置のため、人工衛星から見ると森林火災が絶えない地域もある。近年では東南アジアでアブラヤシ農園のために、熱帯林が焼き払われ、煙霧《えんむ》がマラッカ海峡をおおう事態も出現している。

森林開発の三分の二は、国内の商品作物への用途転換や農牧地開拓、焼畑農業、薪《まき》の採取などのためであり、残りの面積からの木材が主として、先進国や新興国に輸出されている。アジア太平洋地域で輸出される木材の半分は日本が輸入してきたが、近年では、中国が日本を抜いて、アメリカに次ぐ世界第二位の木材輸入国となった。

二一世紀初頭には、世界の産業用材（丸太、製材）の主要輸出国はロシア、北米、ヨーロッパ諸国（先進国が木材輸出の八割を占める）となり、熱帯諸国の森林が急速に持続可能性を失ってきたことが知られている。発展途上国は付加価値をつけた合板輸出に力を入れており、インドネシア、マレーシア、タイなどは大手の輸出国である。

森林は単に木材資源を生産するばかりではない。CO_2を吸収し、清浄な酸素を放出する。それは水資源をため、水循環を保ち、降雨を保障する。また、土砂の流出や侵食を防ぐ。多くの野生生物が住み、とりわけ熱帯林は、サンゴ礁とともに、生物多様性の宝庫である。

日本の国土の三分の二は森林におおわれ、森林はその多面的な機能によって、国土の多様性と可能性を保障し、安全で豊かな人びととの生活に寄与している。

森林の伐採については一定の樹数を残したり、再植林を義務づけているところも多いが、これは守られなかったり、また再植林のアフターケアがおこなわれないために、苗木の枯死率も高い。最近では、チップ材がパルプ原料や合板用として用いられるために、大手の会社が巨木を伐採した後、開設された林道を利用して、中小木を中小会社が伐採し、丸裸にしてしまうケースもしばしばある。

いったん森林が失われると、生態系が急速に変わる。鉄砲水が出て、土壌が流失する。雨が降りにくくなり、干ばつが起こる。大気中のCO_2濃度が高まる。森林の破壊は、人間生活の貧困化を促進する。

キーワード **生物多様性(Biodiversity)**

陸上、水界、あるいはこれらを複合した生命界に住むすべての生物は、それぞれ競争や協力を通じて、相互に依存した生活を営んでいる。すなわち、生物の種間に、また種内において、生物間にはさまざまな変異が存在し、このような多様性にもとづいて、生命の連鎖、すなわち生態系が存在する。土壌のような無機物から、植物が光合成をおこなって細胞を分裂させ成長し、この緑色植物を動物が摂取し、さらに動物を人間が捕らえ、あるいは飼育して食べ、そして人間が死後、無機物に転化するのは、このような生態系の一面である。人間は生活に必要なものを生態系から摂取するために、市場経済により特定種に対して大きな需要が発生するときや、特定種を有害と認めたときには、これらを乱獲したり、駆除したりして、容易に種の絶滅をもたらす。

今日、野生生物の種は約一七五万種（未知のものを含めれば七〇〇〜二〇〇〇万種）と推定されているが、同時に開発、開墾《かいこん》、気候変動など生息環境の悪化、乱獲などにより、毎日数百種が絶滅していると考えられる。生物種は、医薬品開発や農産物の品種改良を含め、生物資源として人間に利用されるばかりでなく、遺伝子研究、レクリエーションや、さらには精神的な安らぎや憩いを与えてくれる存在でもある。また、同じ種の内部でも異なる遺伝子形質をもつ個体が多く存在することによって、将来の気候変動や病気の発生に耐えることが可能になる。近親繁殖から劣性遺伝子が子にあらわれ、先天性の病気や障害が起きやすいことは知られているが、種の多様性は生命活性の低下を防ぐことにもなる。

生物多様性は、このように種の存続のためにも重要である。同時に、人間生活を豊かにする。地球上の種の四割以上が熱帯林地域に存在すると見られるが、この熱帯林の急速な減少により、一九九〇年以来、全世界の生物種の五〜一五％が絶滅したとする推定もある（World Resources Institute et al, *World Resources 2000-2001: People and Ecosystems: The Fraying Web of Life*, 2000. また、地球・人間環境フォーラム『環境要覧』二〇〇五／〇六年版）。それゆえ、国連の場で一九九三年来、生物多様性の保全をめざす生物多様性条約が発効し、日本も批准している。この条約は、生態系、種、種内（遺伝子）の多様性を守り、持続可能な生物資源を守るための国家戦略を各国が採択すること、また、生物多様性保全のための国際協力を定めている。この条約にもとづいて、二〇一〇年名古屋市で、生物多様性条約第一〇回締約国会議（ＣＯＰ10）が開かれ、遺伝子の扱いに関する名古屋議定書と、二〇二〇年までの行動計画を定めた愛知ターゲットを採択した。

水ストレス、水不足の進行

最後に、水資源について見ておきたい。地球上の水の総量は、約一四億立方キロメートルといわれ、そのうち九七％は海水で、淡水は三％でしかない。しかも、その大部分は南極、北極などの氷で、人間が利用できる水は全体のわずか〇・八％ほどでしかない（UNESCO, *World Water Resources at the Beginning of the Twenty-First Century*, 2003）。

地球上の水の総量は、増加も減少もしない。水はたえず、地表と大気のあいだを循環して、生物を養っている。しかし、アフリカや中東の多くの地域でのように、地表の緑が失われると、雨水は地下深く浸透して、地下水として貯えられ、循環せずに干ばつを引き起こすことになる。地球温暖化は、植物資源と水資源喪失の有力な一因と考えられている。

人間にとって利用可能な水はこのほか、汚染によっても失われる。

じっさい、安全な水へのアクセスが保障されている人口は先進国ではほぼ一〇〇％だが、南の途上国、とくに地方では、いまだかなりの程度限られている。国連のミレニアム開発目標（ＭＤＧｓ）は、二〇一五年までに、安全な飲料水へのアクセスができない人口を半減させるという目標を立て、実際大きな努力が払われているが、二〇一一年段階でも依然として約八億人が安全な水にアクセスできていないと報告されている（国連MDGs二〇一三年報告書）。その八割は農村人口で、水利用の改善は衛生設備の普及（途上国で適当なトイレ設備にアクセスできていない人口は依然として三割、二〇億人にのぼる）と並んで、人びとの生活状態の改善と健康にとって重要な項目である。とくに熱帯アフリカ、南アジアで、その必要度が高い。

世界の水問題については、量の問題と質の問題がある。

量の問題では人口一人当たりの水資源量が農業、工業、エネルギーおよび環境、生活用水を合わせて年間一人当たり一七〇〇立方メートルを下まわれば「水ストレス下にある状態」とされる。**表7―3**では、中東やアフリカの国々は水ストレス下にあることがわかる。年間一人当たり一〇〇〇立方メートルを下まわると水不足状態と呼ばれるが、中東やアフリカ内陸部では恒常的な水不足の地域も多い。

生活用水だけとっても、日本は一人当たり一日二九七リットルを使用しているが（国土交通省『日本の水資源』平成二五年版）、アジア諸国では一五〇リットル、アフリカは六〇リットル程度で（FAO, Aquastat）、日本の半分、五分の一程度でしかない。水ストレス地域では、家族の生活がきわめて厳しく、とりわけ水運びや薪探しなど女性への負担が大きいことが容易に想像される。

二一世紀を通じて、とくに人口増加率の高い南の国での水需要が高まっていくものと見られる。

表 7-3　世界各地域の水資源量(2010-11 年)

	年降水量 (mm／年)	水資源量 (km^3／年)	人口 1 人当たりの水資源量 (m^3／年・人)
世　界	813	53,788	7,720
カナダ	537	2,902	84,483
スウェーデン	624	174	18,430
アメリカ	715	3,069	9,802
スイス	1,537	54	6,946
日　本	1,668	430	3,399
イギリス	1,220	147	2,346
インドネシア	2,702	2,019	8,332
フィリピン	2,348	479	5,050
中　国	645	2,840	2,060
インド	1,083	1,911	1,539
エジプト	51	57	694
サウジアラビア	59	2	85
南アフリカ	495	51	1,019
ブルキナファソ	759	13	715

出典：国土交通省水管理・国土保全局水資源部『日本の水資源』平成 25 年版，参考 1-2-1 表.

すでにナイル河、ガンジス河などの国際河川をめぐる水争いも頻発している。アメリカ国務省の委託研究「グローバルな水資源の安全保障」(Intelligence Community Assessment, "Global Water Security" 2012)は、二〇三〇年時にはすでに南の人口の四割近くが水ストレスから河川の川岸に居住するようになり、過剰取水から起こる干ばつと大雨時の洪水被害、居住環境問題、感染症など人間の安全保障問題が起こる恐れがある、と警告している。

二〇〇三年に日本の京都、滋賀、大阪で開かれた第三回世界水フォーラム(三年ごとに開かれ、最近では第六回がフランスのマルセイユ市でもたれた)では、水不足、水へのアクセスの問題とともに、近年のグローバル化のなかで、人間の基本的な必要物資である水もまた、民営化により、ただでさえ水の乏しい貧困層の水へのアクセスがさらに阻まれるという問題、そして、水の問題が平和や安全保障の問題にまでつながるといったテーマが、緊急の問題として話し合われた。

こうして、水不足の問題は、地球温暖化、異常気象から起こる干ばつ、高温、砂漠化の進行、鉄砲水などの水害などと相乗作用を起こし、貧困の悪循環を形成する懸念も大きい。

質の問題では、世界的に進行する工業化の波のなかで、公害による水質汚染の問題がある。中国の河川、湖沼の汚染も深刻で、七大水系の全部が飲用、水浴に適していないと報道されている(英『エコノミスト』誌、二〇一三年一〇月一二日付)。表7―3で中国の一人当たり年間水資源量は二〇六〇立方メートルとなっているが、実際には水汚染で、使用可能な水資源量は現在四〇〇立方メートルにとどまり、水不足状態という(同誌)。

利用可能な水の量的問題はこのように安全な水という質の保障の問題と不可分なのである。二〇一三年一〇月に日本の水俣市の政府間会議で採択された水銀条約をきっかけとして、日本も世界各地での水質改善、安全な水の供給の条件整備に、自らの経験を生かして、一段と貢献していくことが期待される。

水は人間生活に基本的な公共財であるので、水を大切にし、リサイクルや用途別使用をおこなう努力とともに、汚染を少なくして、使える水を増やすことが重要である。

以上、魚、森林、水の、いずれも人間生活に不可欠な再生可能な資源の現状を見てきたが、これらの資源はその持続的な利用が多くの人にとって困難になってきていることがわかる。地球上でもっとも脅かされている資源とは、じつは非枯渇性資源にほかならない。

日本のエネルギー消費

今日、世界における資源問題の大半は、豊かな先進国の浪費と貧しい発展途上国の不足が隣り合っていることから生じている。しかし、この貧しい途上国は自国で生産するエネルギー資源の大部分を豊かな国に輸出して、先進国の高い生活水準を支えているのである（表7―4）。

アメリカの一人当たりのエネルギー消費量はアジア平均の四倍強で、インドのそれの約一七倍におよぶ。日本の一人当たりのエネルギー消費量は、やはりアジア平均の二倍、インドネシアの五・六倍になる。そのインドネシアでは、二〇一〇年に約五〇〇〇万トンの原油を産出しながら、その半分を輸出した。同じ表7―4から、先進国は大洋州を除き、おおむね石油の輸入国であるのに対し、南の産油国では石油などの炭化水素燃料を輸出していることがわかる。旧社会主義国では、ロシアが資源、ウクライナなどが食料、中央アジアが原料といった分業体制が厳存し、ソ連体制崩壊後も、変わらず存続している。

表7-4　世界の主要国：エネルギー・バランス(2010年前後)

(石油換算100万トン)

	生産(A)	消費(B)	(A)－(B)	1人当たりの消費量(石油換算kg)
世界	10,987	10,021	―	1,480
OECD諸国				
アメリカ	1,534	2,100	△566	6,738
日　本	35	406	△371	3,190
ドイツ	89	285	△196	3,458
フランス	48	177	△237	2,859
イギリス	159	203	△44	3,317
韓　国	15	164	△149	3,405
ロシア	1,278	662	616	4,685
発展途上国				
アジア	5,205	6,502	△861	1,548
中　国	1,718	1,763	△45	1,318
インド	370	468	△98	396
イラン	323	188	135	2,569
インドネシア	283	128	155	565

出典：*United Nations Statistical Yearbook 2012 edition*, Table 3 and Table 45.

いろいろな資源のなかでも、エネルギー資源が重要であるのは、エネルギーとはある資源を他の資源に転換できる資源だからである。それゆえ、エネルギーの確保は産業にとっても人間生活にとっても重要である。しかし、エネルギー原料のなかでも大きな位置を占める原油・天然ガスの分野では、依然として、南の途上国が北の先進国を養っている構図が読みとれる。

日本のエネルギー消費の構成を見ると(図7―5)、産業部門が四六%、貨物・旅客の運輸部門が二五%、家庭および業務の民生部門が二八%となっている(二〇一一年)。

ヨーロッパ諸国の例を見ると、この

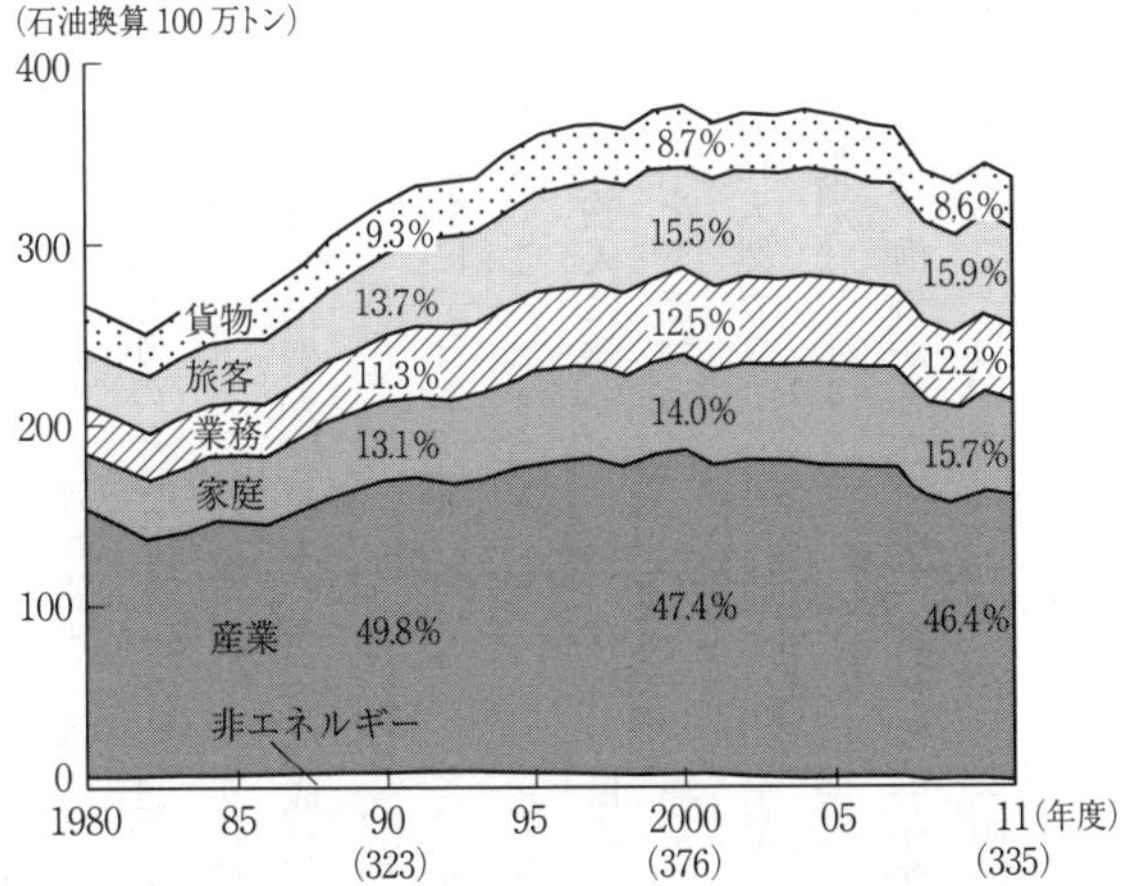

図 7-5　日本の最終エネルギーの消費部門別構成比(1980-2011 年)
出典：日本エネルギー経済研究所『エネルギー・経済統計要覧』2013 年版, I-3-(1)(2)表より作成.
注：(　)内は最終エネルギー消費量(単位：石油換算 100 万トン)

三部門の比率は、二三、二七、四一の比率なので（日本エネルギー経済研究所『エネルギー・経済統計要覧』二〇一三年版：I—2—(10)表）、日本も将来、さらに産業部門が減り、民生部門が増えることは十分予想される。

　これは、二一世紀はじめの数十年間に、エネルギーの総消費量は最高でも石油換算四億キロリットルのレベルを維持し、省エネルギーを一段と進めるとともに、民生（家庭および業務）面へのエネルギー・シフトを進める政策をとることが望ましい、ということを意味する。つまり、第三次産業、知識集約産業、各種の起業、そして地域レベルの中央暖房など、民生分野の充実に力を入れていくということである。しかし、石油ショック以来の日本の産業の省エネルギー努力にはめざましいものがあり、鉄鋼、石油化学、セメント、板ガラス、電気機器、自動車など、多くの分野で、運転管理、廃エネルギーの回収、生産工程の改善などにより、エネルギー原単位(単位当たりのエネルギー使用率)は、大きく改善した。

そのため、一九九〇年前後に一〇年後には石油換算六億キロリットルに達すると見込まれていたエネルギー消費が、日本経済の低成長とあいまって、ほぼ横ばいの四億キロリットル内(二〇一一年は三・三四億キロリットル)に抑えられた。この省エネルギー技術は、次の章に述べる脱公害技術とともに、日本産業の特徴として、世界に輸出可能なものである。

日本は、このエネルギーのほとんど(石油、石炭、天然ガス、原子力発電の原料であるウラン)を海外からの輸入に頼っている。食料の自給率も低いが(供給熱量ベースで四〇%)、エネルギーの自給率はそれを下まわって、わずか一割強でしかない。二〇一一年度の原油輸入は二億キロリットル強、液化天然ガス(LNG)は七〇〇〇万トン、石炭は一・七五億トンが輸入されている(日本エネルギー経済研究所『エネルギー・経済統計要覧』二〇一三年版)。日本は、いまの肥大した生活を支えるためには、海外からの資源・食料に依存せざるを得ず、それゆえに世界平和に切実な利害関係をもっていることは、ここでしっかりと頭に入れておきたい。

日本の一次エネルギー構成は、二〇一一年に石油・天然ガスがほぼ七割近くを占め、石炭が二三%、水力・太陽光・地熱など自然エネルギーが五・五%となっている(図7―6)。原子力は一九

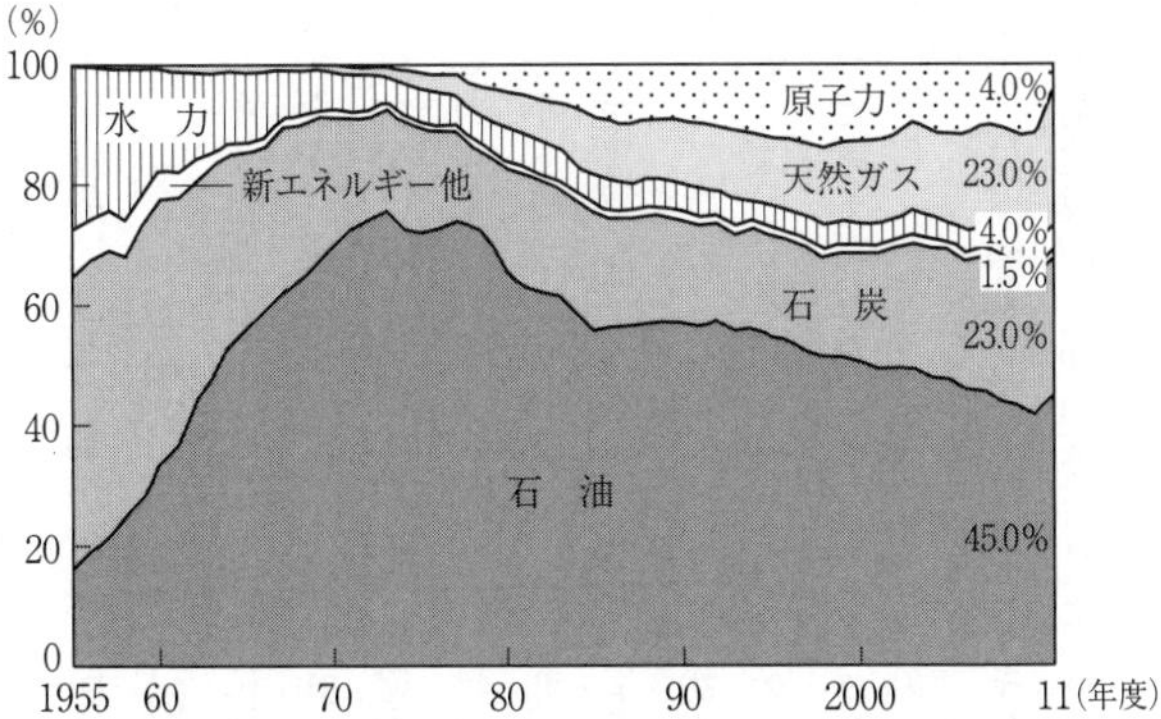

図 7-6　日本の一次エネルギーの国内供給構成の推移(1955-2011 年)
出典：表 7-3 の文献, I-2-(6)より.

九五～二〇一〇年に一二～一三%程度を占めていたが、二〇一一年に四%になったのは、言うまでもなく、3・11の福島第一原発での炉心溶融という深刻な事故により、国内の全原発が稼働を停止したからである。

同じ図で、一九五五～二〇一一年の間の一次エネルギー供給構成の推移を見ると、いくつかの興味深い事実が明らかになる。

第一は、日本の高度成長期のエネルギーは当初、石炭と水力によって担われた。当時は太陽光・太陽熱、風力、廃棄物、地熱などの新エネルギーもある程度活用されていた。しかし、高度成長期以降の海外からの炭化水素燃料(石油、ガス、石炭)依存によって、国内で供給できる自然エネルギーの開発・利用体制がなおざりにされ、ヨーロッパ諸国と比べるとエネルギー自給の努力がほとんど見られなかったことである。

第二は、一九七〇年代以降、従来の国際分業体制の破たんが明白になった時点で、原子力発電の導入が意図され、進められたことである。原発は、3・11直前には五三基が建設・稼働していた。日本の原子力ムラ(エネルギー政策を支配する権力集団)は、ウランを輸入し、核燃料の廃棄物処理を海外にゆだねるこの発電システムを国内自給エネルギーと強弁し、二〇一〇年には、一次エネルギー供給で一六%へと高めることを想定していた。だが、実際は、二〇〇〇年時の一三%(電力の三五%)をピークとして、それ以降、発電力は横ばいで、3・11前の数年も供給力は一〇%程度にとどまった。

これは原子力ムラが描いた核燃料サイクルが故障続きで完成できないこと、各所の原発で不具合や小トラブルが頻発し、点検期間が長くなり、平均稼働率が低いこと(二〇〇九〜一〇年の日本の原発稼働率は平均六六%)などによると考えられる。こうして無理を重ねながら、原発の比重を増やしてきたことには、いくつかの理由がある。

第一は、中東からの供給が不安定と考えられた石油に代わる原子力導入は、日本の親米政策に沿うと考えられたこと(日本のウラン輸入の三分の二はカナダ、オーストラリア、アメリカで、残りがアフリカ)。

第二は、当初、アメリカとイギリスから原子炉を輸入した日本はいまや、世界でも指折りの原子炉関連設備・部品供給者に成長した。今日、三菱重工(仏アレバ社と提携)、東芝(米ウェスティングハウスを買収)、日立製作所(米GEと提携)は、世界の原発市場をリードする大企業グループであり（原子力資料情報室『原子力市民年鑑２０１３』第2部11「原子力産業」。ロイターニュースメール「世界の原発ビジネス、〝フクシマ〟が新たな商機に」二〇一一年五月一二日参照）、原発関連市場は日本にとっての有力な輸出市場と考えられている。世界市場への輸出、その後の保守・管理ビジネスのためには国内で原発が広汎《こうはん》に稼働していなければならない。

第三は、原子炉と原爆の原理はまったく同一であり、原子炉を保有することにより、将来の核兵器保有が担保されると考える政治家たちもいる。こうして、二〇一四年初めに閣議決定を予定されている新エネルギー基本計画でも、3・11の苦い経験にもかかわらず、また、国民の意向を問うこともなく、原発維持の方向が組み込まれることになった。

このエネルギー構成図から、日々の生活に関しては次のことが考えられる。

（1）地球温暖化の原因となっている炭化水素燃料、とくに石油と石炭の比重を減らしていくこと、そのためにはライフスタイルの見直しも含め、省エネルギー生活に慣れていく必要がある。

（2）原子力利用については民主党政権下では国民的議論がおこなわれ、二〇三〇年に原発ゼロのエネルギー展望を作成していた。だが、その後に来た安倍政権は、この点での議論のないままに、なしくずしに原発再稼働を進める態勢をとっている。しかし、日本のエネルギー供給、利用については、3・11の経験を踏まえた国民参加のうえで、その将来を展望することが必要である。世界に原発は五〇〇基弱存在しているが、半世紀の稼働ですでにアメリカのスリーマイル島(一九七九年)、ソ連(当時)のチェルノブイリ(一九八六年)、日本の東海村臨界事故(一九九九年)、そして福島第一原発の事故(二〇一一年)などが起こっている。原発事故、そして処理の見通しがいっこうに立たない核廃棄物や汚染水の累積が、人間、生物、また大地、大気、水など環境に深刻な影響を与えることを考えると、国民的な議論のないままトップダウン型で原発再稼働をすすめることは為政者として許される行為ではない。

(3)いずれの場合にせよ、当面は世界的に埋蔵量の豊富な天然ガス、新燃料油(石炭液化油、シェールオイルおよびガス、バイオマス燃料など)を利用しつつ、再生エネルギー、自然エネルギーの利用拡大をはかるべきである。だが、そのためには政官財体制が高度成長時代につくり出した電力独占(原子力ムラはその一角)を解体し、エネルギーの供給と利用を民主化していくとともに、地方分権と組み合わせたエネルギー自給を促進する法制整備が必要である。

すでに、スウェーデン、スイス、ドイツ、イタリアなど、脱原発に踏み切った国々も少ない数ではない。世界的な脱原発、ソフト・エネルギーの利用の流れ、また、自国エネルギーを必要として将来世代のための資源保全をはかる南の国の動向を踏まえると、私たちは、今後、省エネルギーの努力とともに、循環・再生エネルギーや地域での中小エネルギーの生産・活用を考えていかなければならないだろう。

第8章　工業化と環境問題——循環型社会の可能性

工業化

近代以前の農村には、村の鍛冶屋のような手工業者がいた。また、女たちは織機で布地を織った。工業が自然と共生する共同体の生産活動からはなれて、社会を思いのままに動かすということはなかった。

だが、産業革命前後から、工業が地域共同社会から独立して、自らの論理を追求し、他の経済活動を支配下におくことがはじまった。工業化の論理とは、次のような特徴をもつ。

(1)富の蓄積は、工業化を通じておこなわれる。したがって、国内人口の大部分が工業に移ることが望ましい。この考え方から、農村では土地が一部の大地主に集積され(エンクロージャ)、土地を失った農民たちが労働者となった。工業化は資本家対労働者という階級対立とあいともなった。

(2)工業化は「規模の経済」(生産が増えれば、製品一単位あたりの費用が下がる。生産規模の拡大が経済効果を高める）を通じて遂行《すいこう》される。規模の経済により平均費用を引き下げ、利潤（製品価格マイナス費用）を大きくして、再投資にむけることが望ましい。ここから「大量生産、大量消費」という工業社会特有の生産＝生活様式が生まれた。だが、農業社会では、収穫逓減《しゅうかくていげん》の法則がはたらき、やたらに労働、資本を投入したり、生産規模を拡大しても、それほど効果はあがらない。

（3）工業化は、他の経済活動を自らに従属させる傾向をもつ。大規模工業化がすすむと、原燃料が大量に必要になる。他に農工商のバランスのとれた社会が存在しても、工業化社会はこの社会を支配して、原燃料モノカルチュア社会に変えようとする。工業化社会は、その裏側に一次産品モノカルチュア社会を生み出す。これが一九世紀に成立し、今日でも南北問題の根源となっている、いわゆる国際分業である。

（4）農業が自然から収穫を得るのに対し、工業は自然を加工することによって成り立つから、自然と対立的になりやすい。工業化は、自然原料を加工する過程で、必然的に廃熱《はいねつ》、廃物を生み出す。利潤極大化をめざす工業企業はこの廃熱、廃物を内部で処理するのではなく、自然や環境に押しつけて処理する傾向をもつ。これが公害である。廃熱、廃物を公害防止投資によりある程度少なくすることはできるが、しかし、それらは全体として工業化とともに増大する。この、人間が処理できない汚れたエネルギーを物理学ではエントロピーと名づけ、熱

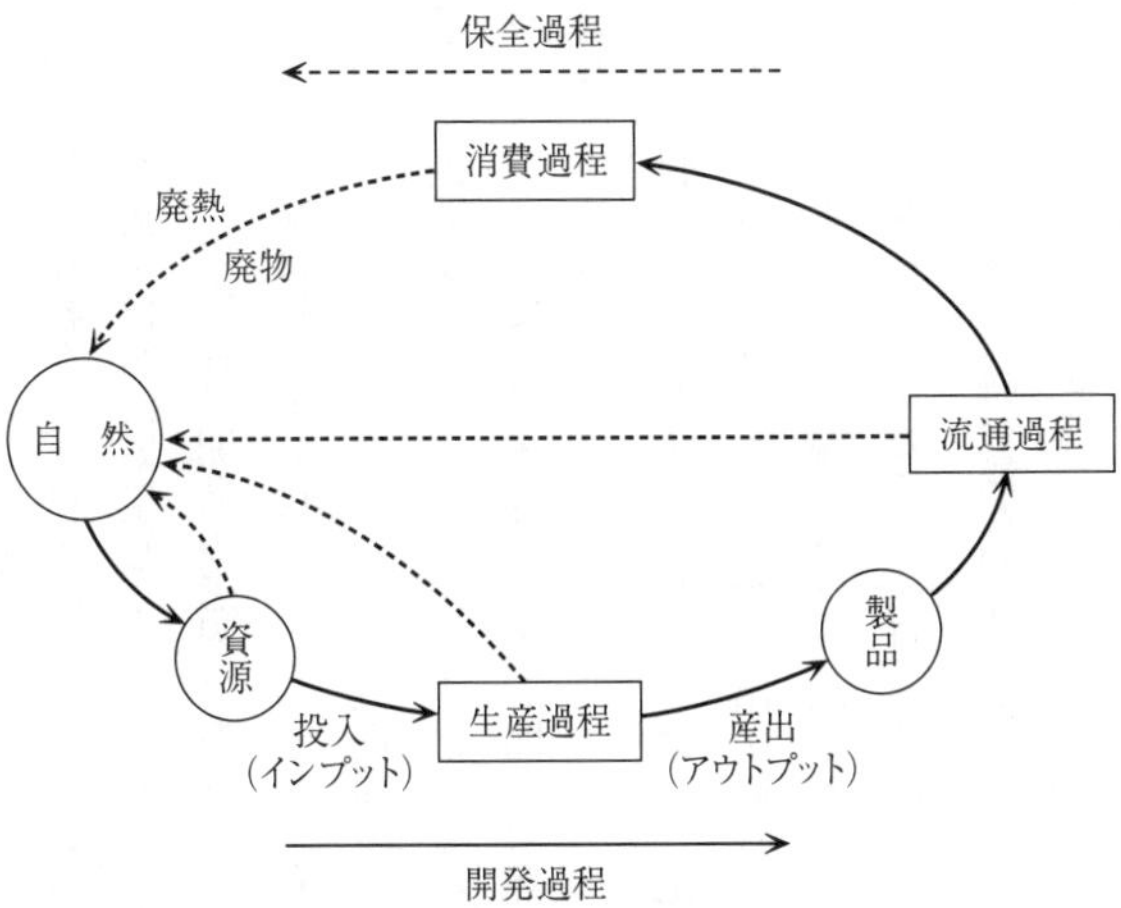

図 8-1　開発と保全の関係

注：図で時計回りの方向が開発過程を示すが，そのすべての段階で廃熱，廃物が自然に排出され，エントロピーが累積する．これが，生態系悪化の根本原因である．これを抑制するためには，そのすべての段階で廃熱，廃物の排出を抑える保全の努力が必要になる．

力学の第二法則をエントロピー増大の法則(熱力学の第一法則はエネルギー保存の法則)としている。工業化はこうして、大規模な公害、環境破壊をともなった。

今日までの開発は、工業化を軸として展開してきた。図8―1は、開発と保全の関係を示している。

私たちは、周囲の自然から資源を抽出(採掘、開発)して、これを生産過程に投入(インプット)する。生産過程で原料は加工され、製品になる。こうして産出(アウトプット)された製品は、流通過程、消費過程を経て、最終的には自然に廃熱、廃ガス、廃物などとして投棄される。しかし、注意しなければならないのは、資源の抽出、生産過程への投入、製造、そして流通、消費のあらゆる過程を通じて、私たちは絶えず、廃熱、廃物などを自然に還元していることである。こうして、私たちの手にあまるエントロピーがたえず自然に累積して、自然環境や生態系を破壊していく。

図8―1の実線は開発の過程であり、点線は保全の過程である。この両者のバランスがとれたとき、開発は持続可能になる。しかし、私たちはややもすると、保全を忘れ、もっぱら開発をすすめるのに専念することから、人間環境、生態系は悪化し、開発のコストが高まって、私たちの子孫が開発をおこなうことがむずかしくなる。開発の持続性がおびやかされる。開発と保全のバランスをとって、子々孫々まで周囲の自然から利益を享受するようにすることが、持続可能な開発の意味である。

工業化とともに発達した経済学は、一定の投入に対してどれだけ多くの産出をもたらすか、という効率計算に熱心で、この産出が同時にどれだけ多くの自然破壊、環境破壊をもたらすか、というエントロピーの測定には関心をもたなかった。ここに、学問体系のもつイデオロギー性(ある特定の利害に奉仕すること)が見出される。

キーワード 持続可能な開発(発展)

英語の sustainable development のサステナブルという言葉は、able(できるかどうか)という意味を語尾にもち、開発の持続性が危ぶまれる状態を意味している。ここで、開発(development)

とは「人間が自分の周囲の自然から最大限の利益を獲得する行為」を指し、「保全」(conservation)とは、「人間が子々孫々にわたって周囲の自然から最大限の利益を獲得する行為」を指す。この定義は一九八七年、国連の「開発と環境に関する独立委員会」(通称「ブルントラント委員会」)の報告書で与えられた。つまり、人間が近視的に自分の(または自分の世代の)最大限の利益をはかって開発を進める場合には、将来世代の生産＝生活の可能性を脅かすことになる。開発を持続可能としていくためには、したがって、保全の努力をともなわなければならない。

このように工業化の論理が自然・環境破壊を導いたが、同時に工業化は富(生産力)の蓄積、都市文明のアメニティ(快適さ)、そして他の社会への支配力をもたらした。それゆえ、長年工業化を抑えられ、あるいはむしろ非工業化されてきた南の世界の国々は、独立後、工業化をめざして突進しはじめた。一九七〇年に世界人口の三分の一を占める南の国の工業生産比率は一〇%にすぎなかったが、二〇一〇年の時点になると、これが二五%を上まわるようになる。

ラテンアメリカ諸国では、すでにGDPに占める工業生産の比率は先進国並みの三〇〜四〇%に達しているところが多く、いまはアジアの諸国が二〇〜三〇%台でそれを後追いしている。中国は粗鋼(二〇一二年に七億トン)、乗用車(同一九〇〇万台)、カラーテレビ(同一億台)、スマートフォン(同五億台)、パソコン(三億台)、化学繊維(三〇〇〇万トン)、汎用《はんよう》プラスティック(四〇〇〇万トン)、窒素・リン酸肥料(五五〇〇万トン)など多くの工業製品で、世界第一の生産国であり、二〇〇七年来アメリカを抜いて、世界第一の工業生産国となっている（ここで用いたデータは国連統計局のデータベースUNStatや矢野恒太郎記念会編集・発行『世界国勢図会』二〇一三／一四年版を参照）。文字通り「世界の工場」は新興国を始めとする南の国に移りつつある。グローバル化のなかで、南の諸国、中東欧の工業化ラッシュは、さらに継続していくものと見られる。

CO_2の増加

世界的な工業化のラッシュとともに、環境に対する圧力は増大する一方であり、それが人間の住む自然環境、生態系を変えることになった。このような生態系の変化は当然、人間生命に影響をおよぼす。こうした変化のなかで、大気中の二酸化炭素（CO_2）の増加、砂漠化、災害の増大と新感染症の流行の三つを考えてみよう。

工業化以前（一九世紀後半）の大気中のCO_2濃度は約二九〇ppm（一〇〇万分率）と推定されているが、一世紀を経て、一九八五年には年平均濃度三四五ppm、二〇一〇年には三九〇ppm程度に達した（図8―2）。

このCO_2増大は、人為的CO_2排出量の増加と比例しており、気候変動に関する政府間パネル（IPCC）の第五次評価報告書によれば、二一〇〇年までには五四〇～九四〇ppmになると予測されている。

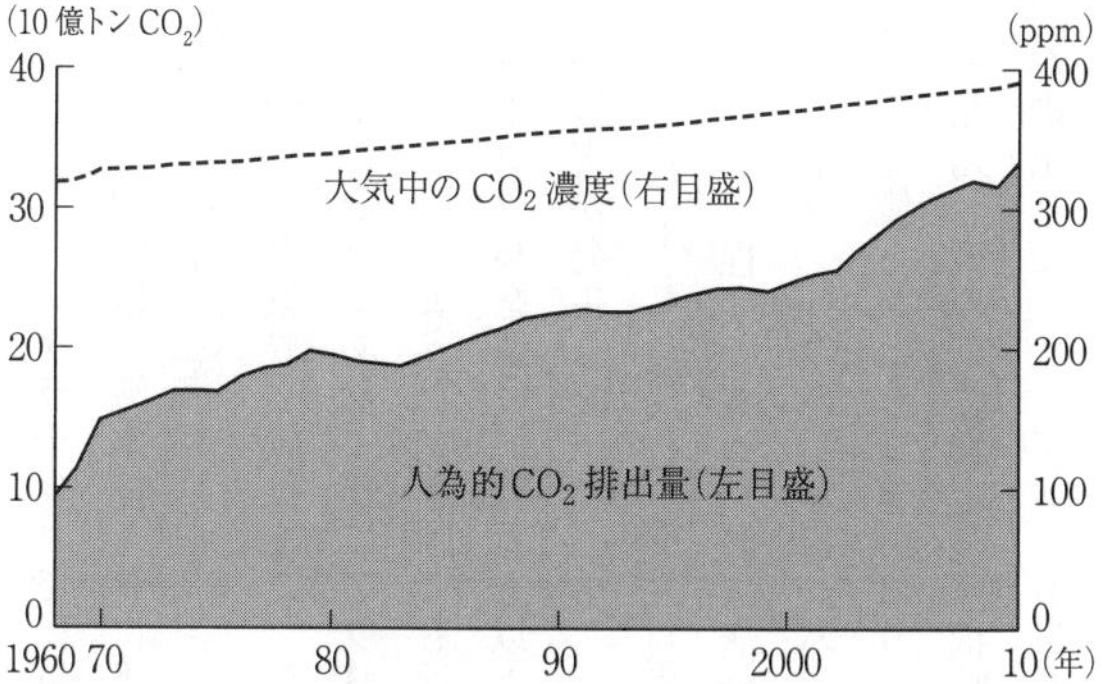

図 8-2　世界の大気中の CO_2 濃度の推移と人為的 CO_2 排出量の累計(1960-2010 年)

出典:『環境白書・循環型社会白書・生物多様性白書』平成 25 年版より作成.

　CO_2それ自体は毒性のない気体で、動物の代謝過程で放出され、植物の光合成過程で吸収される。しかし、大気中のCO_2濃度の上昇は地球に温室効果をもたらす。太陽の光熱を輻射《ふくしゃ》する反面、地表面から宇宙への熱放射をさえぎり、これを地表に反射する。地球温暖化をもたらす物質は、CO_2のほかにメタンガス、フロンなどもあるが、CO_2が温室効果ガスの六割を占める。

　ＩＰＣＣによれば、二〇世紀の一〇〇年間に、地球の平均気温は〇・六℃上昇し、また、平均海面水位は一七センチ上昇した。いまのCO_2の増加速度からすると、二一世紀末までに一・四〜五・八℃上昇すると考えられる。その結果、南北両極の氷や氷河が融解し、海面水位が今世紀中にさらに二六〜八二センチ上昇する可能性がある。このような異常気象により、洪水、高波、豪雨、竜巻、突風、ハリケーンなどが頻発したり、広大な陸地が水没する恐れが憂慮されている。

すでに、バングラデシュでは毎年高波が頻発し、また、ツバルやモルディブのようなサンゴ礁からなる国では、海水位上昇により、井戸が利用できなくなったり、国土が水浸しになる事例が起こっている。

このような気候変動はまた、熱帯や亜熱帯の砂漠化、土壌浸食をすすめ、熱波や干ばつを引き起こすおそれがある。現にアフリカの多くの国が干ばつに苦しめられているが、アメリカ、オーストラリアのような先進国でも近年では熱波や森林火災が頻発している。二〇〇三年夏には熱波がヨーロッパを襲い、五万人以上の死者が出た。二〇一〇年にはロシア西部で異常高温、森林火災の被害が発生した。

CO_2は主として、石油や石炭など化石燃料の消費により急増している。第二次大戦直後、年四〇億トン程度であった経済活動にもとづくCO_2排出量は、図8—2によれば、一九六〇年に九〇億トン、一九八〇年に一八〇億トン、そして、二〇〇〇年には二四〇億トン、二〇一〇年には三三〇億トンとうなぎのぼりに増えた。じつに六〇年間に八倍以上の増大である。

一九九七年の京都議定書採択時には、世界CO_2排出の半分以上を、世界人口の約二割の先進国が排出していた。アメリカは総排出量の二四%、EUは一七%、ロシア・ウクライナが八%、日本が五%を占めた。発展途上国が残りの半分を排出し、中国は一四%、インドが四%だった。

しかし、途上国の急速な工業化とともに排出のピッチも急上昇し、二〇一〇年の時点では、アメリカ一七・七%、拡大EU(図8—3の一五か国+その他一二か国、計二七か国)一三%、ロシア五・二%、日本三・八%に対し、中国が二四%、インドが五・四%を占め、いまや途上国の参加しないCO_2削減協定の意義が疑われるようになっている(図8—3)。

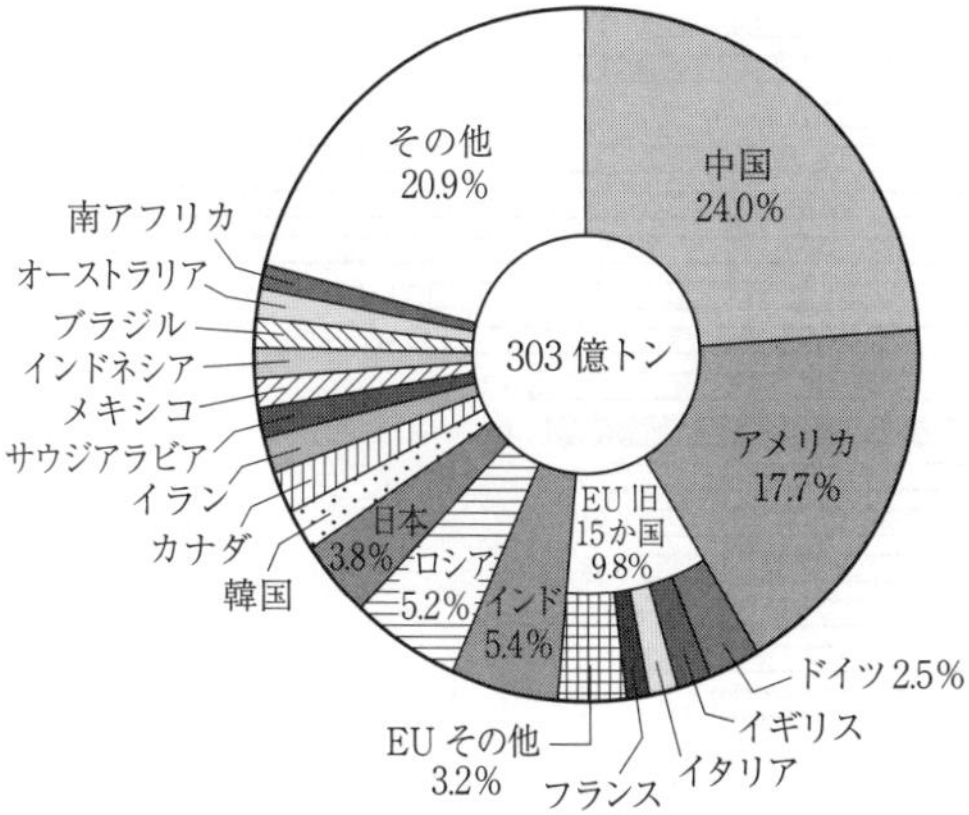

図 8-3　世界主要国の CO_2 排出量(2010 年)

出典：International Energy Agency (IEA) データより環境省が作成．全国地球温暖化防止活動推進センター の HP http://www.jccca.org/global_warming/knowledge/kno03.html より．

ただし、人口一人当たりにしてみれば、アメリカは一人当たり年一七トン、ロシアは一一トン、ドイツ、日本は約九トンを排出している(二〇一〇年)が、途上国平均は約三トン、中国は五・四トン、ブラジル二トン、インドは一・四トン程度で、途上国はアメリカの六分の一、先進国平均の三分の一程度の排出にとどまる(図8—4)。

大気中のCO_2の増大は、主に化石燃料を使用する工業活動に由来する。だが他方で、この半世紀間に地球上の熱帯林が急減

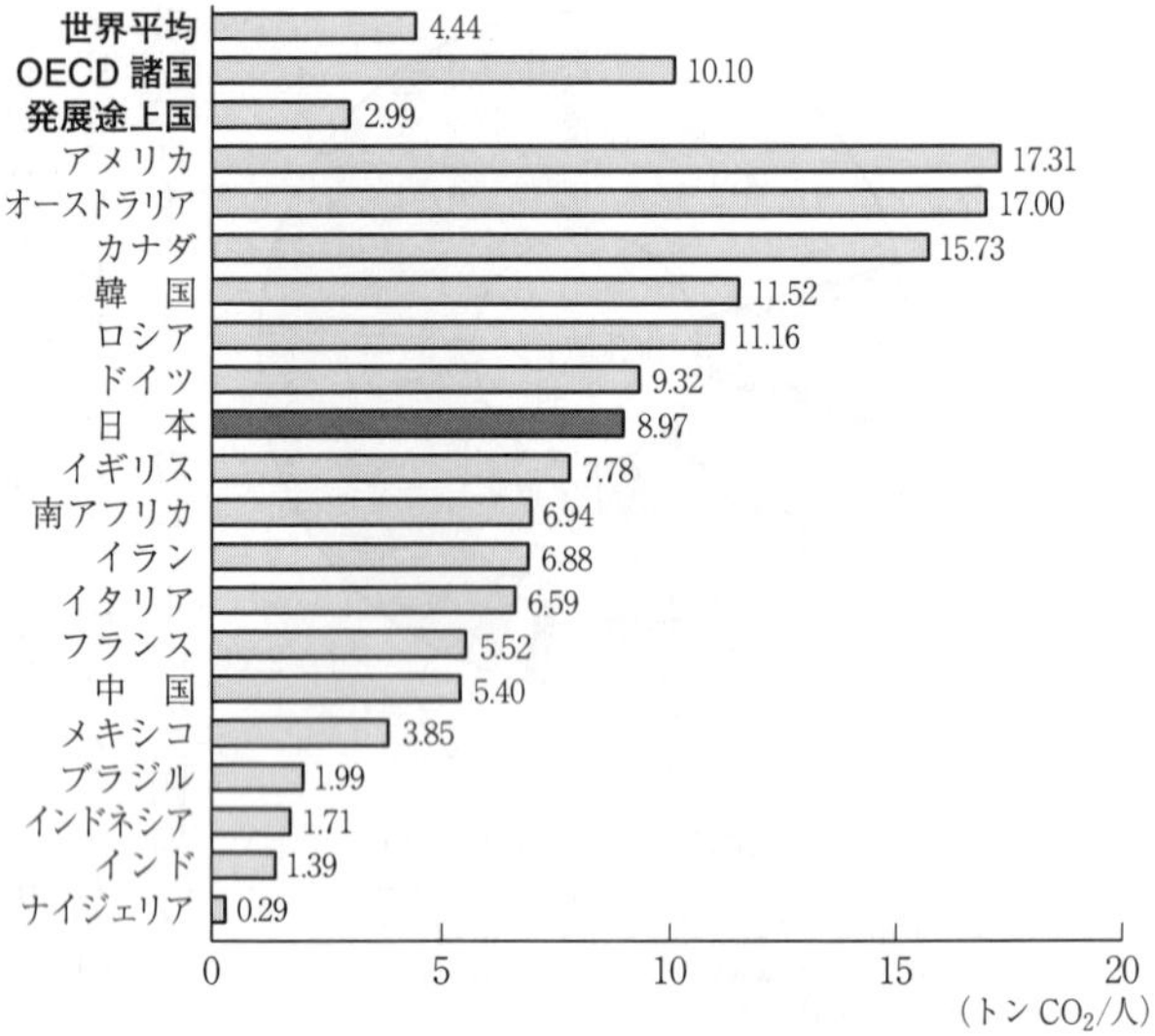

図 8-4 主な国別の 1 人当たりエネルギー起源の CO_2 排出量(2010年)

出典:International Energy Agency (IEA), "CO_2 Emissions from Fuel Combustion" 2013. 資源エネルギー庁 HP「地球温暖化を巡る動向について」より作成.

したことから、森林の光合成活動が低下したことがCO_2の増加を促進していることも十分考えられる。そしてCO_2の増加が酸性雨をまねき、温帯工業地帯でも森林の三〇〜六〇%が被害を受け、アメリカの五大湖や中国のように、湖沼で生物が被害を受ける例が起こっている。

それゆえ、一九九二年五月の国連総会で気候変動に関する枠組み条約が採択され、九四年に発効した。その締約国会議が九七年の京都で開かれた第三回会議で、先進国の温室効果ガス排出量について数値約束を定めた京都議定書が採択された。現在は、二〇一五年以降のポスト京都議定書の枠組みづくりの議論が、アメリカ、新興国も含めて進行している。

キーワード　京都議定書

CO_2など六種類のガスを対象として、二〇〇八〜一二年の五年間に、一九九〇年を基準として、先進国全体で最低五％の削減をめざす条約。日本は六％、アメリカは七％、EUは八％減を取り決めた。しかし、アメリカはブッシュ政権時に、途上国に削減目標がないこと、またアメリカ経済に悪影響をおよぼすという理由で、京都議定書を支持しないことを表明した。この議定書で取り決められた「京都メカニズム」は、CO_2削減の国際取引を認めた点でユニークであり、二〇一三年に開催された国連の気候変動に関する枠組み条約の第一九回締約国会議（COP19）での発表によれば、二〇〇九〜一二年間の加盟国（排出量の約六割）の削減目標は、ほぼ達成されたとする。だが、アメリカおよび大手のCO_2排出途上国の参加がない京都議定書では実効が薄いことから、COP19では、アメリカ、中国、インドなど新興国も含めて、二〇二〇年以降の新体制（ポスト京都議定書を二〇一五年までに作成する）の枠組みについて議論している。

新体制では、すべての国の参加を保障するために、各国が自主的に削減目標を設定し、これを締約国が二年ごとにチェックする方向で調整が進んでいる。ただし、国際社会では、二〇五〇年までに地球の平均気温上昇を二度内に抑えるためには、CO_2排出量を四五〇ppm以内で食い止める必要がある（そのためには現在のCO_2排出量を二〇五〇年までに半減させなければならない）

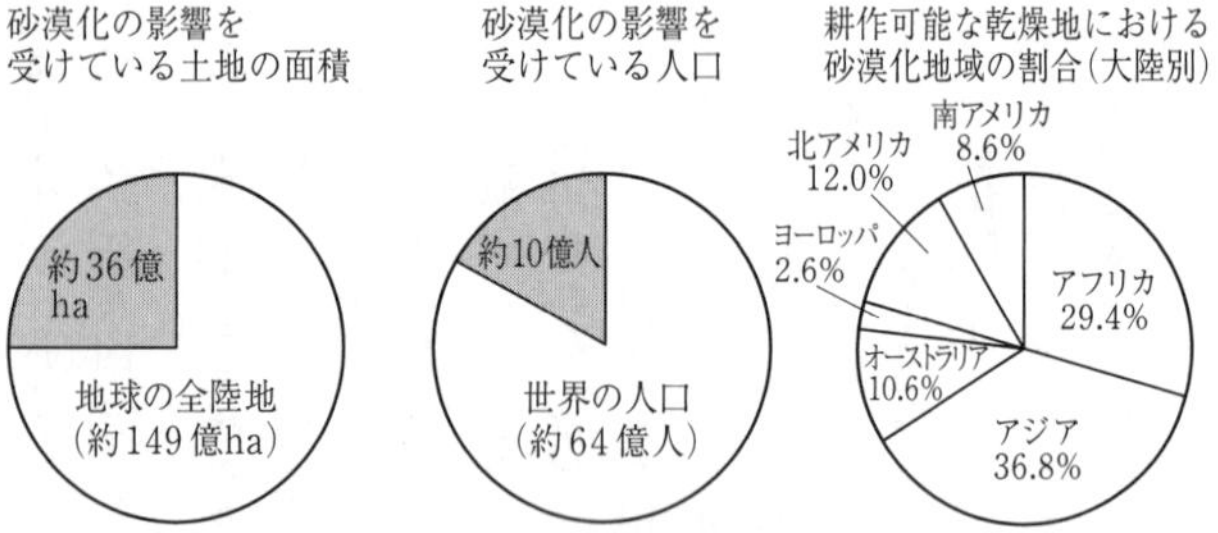

図8-5　砂漠化の現状

出典：United Nations Convention to Combat Desertification, *The Ten Year Strategic Plan and Framework to Enhance the Implementation of the Convention*(*2008-2018*).

という議論も強いため、途上国は削減目標の積み上げ、途上国での削減努力への資金・技術援助の拡充などを主張している。日本は削減目標を二〇年時三・八%とする「自主目標」を提示したが、対九〇年比では実質三%増となるため、各国から批判を受けた。

砂漠化

砂漠化は、森林や植生の破壊に発して、土地のもつ生産力が劣化していく現象を指す。砂漠化が進展すると、水分の保持力が失われ、土壌が流失し、生産力が衰退する。

砂漠化にはいろいろな程度があるが、砂漠化の影響を受けている土地面積は、地球の全陸地の四分の一におよんでいると見られる。耕作可能な乾燥地における砂漠化地域の四分の三がアジア、アフリカ、ラテンアメリカの南の世界に位置する(図8—5)。とりわけ、アジアとアフリカでは、耕作可能な乾燥地の七割強が砂漠化の影響下にあり、これらの地域に住む人びとの生活を脅かしている。

砂漠化は、地球温暖化などの気候変動によって、乾燥地域が移動・拡大するケースと家畜の放牧や開墾、薪炭材の過剰な採取などの人間活動によるケースとが、からみ合って進行している。

第1章では、グローバル化にもとづく森林伐採による砂漠化の進展について述べたが、同時に、人口過剰や貧困化により、過度の放牧や無理な耕作がおこなわれることに発する場合も広汎にある。こうして、土地の劣化から、干ばつ、水不足が常態となり、災害が頻発して、いままでの土地で暮らしていけなくなった人たちが、難民化する。アフリカでのこれら環境難民は年によってちがうが、二〇〇〇年代に数千万人にのぼると見られている。

ひとたび、砂漠化が始まると、それは急速に進行し、元の状態に戻すには膨大な費用と労力が必要になる。いや、膨大な努力をしても、完全な復元はなかなかむずかしく、それゆえ、砂漠化の初期の段階で適切な対策をとることが重要になる。国連は一九九四年に砂漠化対処条約を採択し、アフリカなど砂漠化の影響が深刻な国々で行動計画を策定し、住民参加のもとで緑化をすすめることをとり決めている。先進国はこれを支援する約束をしているが、先進国側で大事なことは、これら資金・技術協力とともに、むやみな資源輸入を抑え、省エネルギー的な生活様式を採択し、廃棄物を減らして、地球温暖化を抑えることである。

キーワード　中国の黄砂、PM2・5と緑化政策

中国での砂漠化の進展により、近年では春になると、ゴビ砂漠や黄土高原の黄塵《こうじん》が韓国や日本の上空にまで飛んできて、空を曇らせる現象が目立ってきた。中国政府は、一九九八年の揚子江大氾濫で数百万人の被災者を出した災害以来、砂漠化防止政策に真剣に乗り出した。つまり、勾配二五度以上の山地では、耕作を禁止し、植林して、土壌の流失、洪水、砂漠化を抑制する「退耕還林」と呼ばれる緑化政策である。揚子江、黄河の上流地域では、この大々的な退耕還林政策により、全山緑となっているところもずいぶん出てきた。日本からも多くのボランティアが内モンゴルなど、砂漠化のひどいところで植林事業に協力している。だが、最近では、黄砂に加え、工業化の煤煙や自動車の急増、建設・土木工事の粉塵、石炭の粉塵などがあいまって、大気中のPM2・5(粒子直径二・五マイクロメートル以下の微小粒子状物質)やPM10(同一〇マイクロメートル以下の浮遊粒子状物質)が激増し、年間を通じて、一〇メートル先は視界が利かないようなスモッグに覆われる日が増えてきた。

日本でも大都市でPM2・5は発生し、環境省は一日平均値三五マイクログラム/立方メートル以下を環境基準として、大気汚染物質広域監視システム「そらまめくん」を運用し、基準を超える場合、各都道府県が注意喚起情報を公表する。火山噴煙や自動車渋滞もPM2・5を警戒領域に引き上げるが、大陸からの越境PM2・5も報告されている。微小粒子状物質は、呼吸器や肺などに入り、人間の健康や生命に悪影響をおよぼす。免疫系統や生殖機能を損なう例も報告さ

れている。二〇一三年秋から一四年の旧正月にかけて、北京市の大気汚染はPM２・５が基準値（七〇マイクログラム／立方メートル）の十数倍に達し、一部の学校が休校の事態となる事例も生じた。

環境破壊がもたらしたこと

地球温暖化、森林消失、砂漠化、水不足が、みなひとつながりの現象であることがわかったが、ここで、近年の災害増大や新感染症の流行を見ておきたい。

災害とは、人が予期しないような苦難が個人または社会集団に降りかかってくる現象をいい、自然災害もあれば、人為的な災害もある。前者には、地震、干ばつ、飢饉《ききん》、洪水、津波、台風、地滑り、火山噴火などがある。後者には、原発や化学工場などの事故・技術関連事故、火災、圧政・迫害・事故などによる難民化、紛争、テロなどがある。しかし、グローバル化の今日、両者の区別が困難な災害が増えてきた。干ばつや熱波、砂漠化も純粋な自然現象か、人間の開発行為の結果なのか、にわかに判断することはむずかしい。たしかなことは、災害の被災者数が増えてきたことである。

国際赤十字・赤新月社連盟は、毎年『世界災害報告』を出しているが、この報告が採用しているベルギーのルーヴァン・カトリック大学災害現象研究センターの統計によれば、災害件数は、

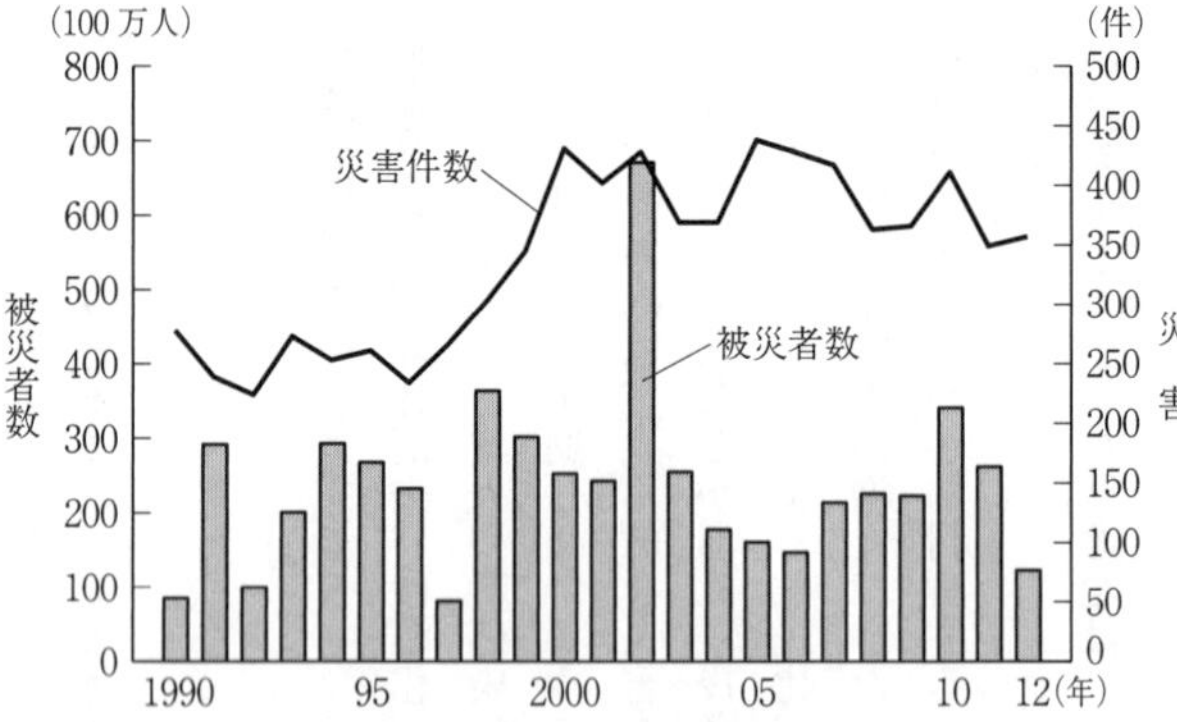

図 8-6　世界の災害*の件数および被災者数** (1990-2012 年)

出典：Université Catholique de Louvain, Centre for Research on the Epidemiology of Disasters (CRED), *Annual Disaster Statisitical Review 2012*, Figure 1.

注：* 災害とは，次の 4 つの基準のどれかを満たしている場合をデータベースに入れている．①10 人以上の死者が出た場合，②100 人以上の人が被災した場合，③非常事態が宣言された場合，④国際救援が求められた場合．

** 死者を含む．

一九九〇～九五年に年平均二五五件、被災者は二億人、二〇〇〇～〇五年には年平均四〇六件、三・二億人、二〇一〇～一二年には年平均三七二件、二・四億人と、一九九〇年代に比べると、二〇〇〇年代では件数も被災者数も顕著に増えている（図8―6）。

　災害および被災者の地理的分布を見ると（表8―1）、二〇一二年には災害件数の五七％、被災者数の九五％がアジアとアフリカに集中している。一九九〇年以降をとってみても同じことが言える。災害は低所得国、南の諸国に多い。なお、ここで気候変動とは、干ばつ、熱波、森林火災などを指し、地球物理とは、地震、津波、地滑り・土砂流、火山噴火などを指す。水害は洪水、

表 8-1　災害および被災者の地理的分布(2012 年)

A 災害件数
B 被災者数(100 万人)

		アフリカ	南北米	アジア	ヨーロッパ	大洋州	世界
気候変動	A	16	12	12	45	0	85
	B	28.0	1.8	6.4	0.5	0	36.7
地球物理	A	0	6	23	3	0	32
	B	0	1.4	1.5	—	0	2.9
水　害	A	30	26	71	16	7	150
	B	9.3	1.5	53.5	0.1	0.2	64.7
気　象	A	11	35	39	1	4	90
	B	0.5	0.8	18.9	—	—	20.2
計	A	57	79	145	65	11	357
	B	37.8	5.6	80.3	0.6	0.3	124.5

出典：図 8-6 に同じ. Table 5.

高波など、気象は、台風・強暴風、竜巻、スモッグなどを、それぞれ指す。

被災の多くが低所得国、南の世界に集中しているのにはいくつかの理由がある。第一は、世界的に貧困人口が増え、これらの人口の大部分は南の世界に居住するが、かれらは災害に対して、備えも薄く、脆弱《ぜいじゃく》な社会層である。第二は、先に見たように、とりわけ南の世界では開発進展とともに生態系の悪化が急速に進行している。第三に、低所得国では防災インフラや医療設備が不十分で、災害を悪化させている面がある。これらの原因があいまって、貧しい人口は災害と隣り合わせに暮らし、そして、災害がかれらを直撃する。政府の保護も、必ずしも十分ではない。

この表からは、アフリカが気候変動の影響に最もさらされていること、また、アジアでの災害がどの項目においても高いことがわかる。アジアの高成長がメディアでは伝えられるが、アジアは今日の世界で災害と日常的に隣り合わせで暮らしている地域であることも、念頭においてほしい。

災害との関連で、すでに述べた新感染症の流行がある。

たとえば二〇一二年末に世界のHIV感染者／AIDS患者は三四〇〇万人にのぼり、毎年一五〇万人以上がAIDSで死亡し、二五〇万人以上が新たに感染している。AIDS／HIV感染者の七割はアフリカでの感染者である。先進国ではAIDS患者の発生数は減少しているが、途上国、とくに中東、北アフリカ、東欧、中央アジアでは感染者が増加している。アフリカでは、国や地域によっては、人口の二割前後がAIDS患者／HIV感染者というところもある（国連エイズ合同計画［UNAIDS］二〇一三年次報告）。

先進国では、異性間性的接触、同性／両性間性的接触、静脈注射薬物濫用が、AIDS患者の感染理由としては同じ位の数であるが、アメリカではとくに初期の段階では、白人、中産階級の男性同性愛者の比率が高く、次いで麻薬常用者男性が多かった。しかし途上国では、低所得者の女性の異性間性的接触による感染が半分を占める。二〇一〇年現在、AIDS患者／HIV感染者の性比は男性三対女性二となっている。途上国での女性の地位が低いことが、AIDS／HIV感染に影響していると考えられる。

OECDの調査では、環境関連の疾病が途上国では三〇〜四〇％（下痢、マラリア、呼吸器疾患など)におよぶ(OECD『世界環境白書―二〇二〇年の展望』第21章、中央経済社)。環境の改善が、人間の健康や生命と直接的に関連している。

循環型経済社会へ

世界的な環境破壊の趨勢《すうせい》に対して、一九七〇～八〇年代を通じて、この趨勢をどう食い止めるかについての関心が高まり、一九八七年には、国連の場に設けられた「環境と開発に関する独立委員会」が前に述べた「持続可能な開発」の概念を打ち出した。

一九九二年にはブラジルのリオデジャネイロで、国連の環境開発会議(地球サミット)が開かれ、政府代表のみならず、NGOら市民社会の代表者も参加して、「環境と開発に関するリオ宣言」と「アジェンダ21」を採択した。

リオ宣言は、持続可能な開発・発展を中心に据え、人類の環境権と、それを実現するためのグローバル・パートナーシップ(南北間、および政府と民間セクター間の)を強調した。アジェンダ21は、これを具体化した行動計画で、これにもとづいて、さらに各国別、そして各地方でも、地方自治体、民間企業、市民団体などが参加して行動計画(ローカル・アジェンダ)を策定することになっている。

日本では、地球サミットを受けて、一九九三年に環境基本法が制定され、これにもとづいて環境基本計画が実施されている。これは、それまでの公害防止を目的とした公害対策基本法に代わるもので、地球環境保全をも視野に入れた総合的な環境政策となっている。

日本は二〇〇七年に、約八億トンの資源を輸入し、国内資源を合わせると一六億トンの資源を生産過程に投入している。循環利用されている資源は二億トンで、あわせて一八億トンの資源から、エネルギーとして五・一億トン、食料として〇・九億トン、計六億トンが消費されている。輸出で一・八億トンが出て行く。廃棄物として六億トンが発生し、そのうち二・四億トンが循環して再利用されている。そうすると、残りの約七億トンが毎年、製品などとして国内に蓄積されていくことになる(環境省『環境白書・循環型社会白書・生物多様性白書』平成二二年版)。

それほど広くない国土で、七億トンの物資と四億トンの廃棄物が毎年積み重なっているのである。これは国内のエントロピーがますます高まっていき、環境に負担をかけることを意味している。一般廃棄物および産業廃棄物を処理する能力は、都道府県により差異はあるが、狭い国土で余裕があるわけではない(通産省環境立地局「循環経済ビジョン」)。

廃棄物を減らし、資源の再利用を進め、環境を保全する観点に立って、二〇〇〇~〇三年に循環型社会形成推進基本法および基本計画(第二次は二〇〇八年制定)が実施された。

環境破壊の根本的な原因が、保全を考えない開発の推進にあることを考えると、開発の過程で廃熱と廃物を減らし(Reduce)、使ったものを再使用し(Reuse)、そして、廃熱や廃物をリサイクル(Recycle)することがだいじになる。日本の循環型経済社会のビジョンはこの3Rの推進にあり、そのため、廃棄物の処理は排出者が責任を負うという「排出者責任」および「拡大生産者責任」(Extended Producer Responsibility　EPR)の原則を採用している。EPRは、今日の先進国共通の考え方で、生産者が、その生産した製品が使用され、廃棄された後においても、当該製品の再使用、リサイクルや処分に責任をもつという考え方である。

今日、豊かな国では使い捨ての消費文明が形成され、年々莫大な量の消費財が捨てられている。日本では大多数の家電製品は平均六～八年で廃棄されている。テレビ、エアコン、冷蔵庫、洗濯機の四大製品は、毎年一七〇〇～二〇〇〇万台が棄てられ、二軒に一軒が電気器具を捨てていることになる。

二〇〇一年には家電リサイクル法が定められ、生産者、消費者、小売業者がそれぞれ回収、リサイクルに持つ責任が明確となり、現在では毎年一〇〇〇万台以上がリサイクルされている。自動車は毎年、一〇〇〇万台が生産され、五〇〇万台が廃棄されている(うち九五%が回収、しかし、毎年不法投棄の廃車がある)。パソコンはデスクトップ、ディスプレイでは七五%を回収している。携帯電話は現在世界で毎年四億台(うち中国一億台)が廃棄されており、日本では年六五〇万台が回収されているが(契約数一億台、二〇一二年の携帯電話・スマートフォン生産二二〇〇万台)、回収率は二五%にとどまり、今後はレアメタルや有毒物質を含む携帯など情報端末の回収が課題だろう

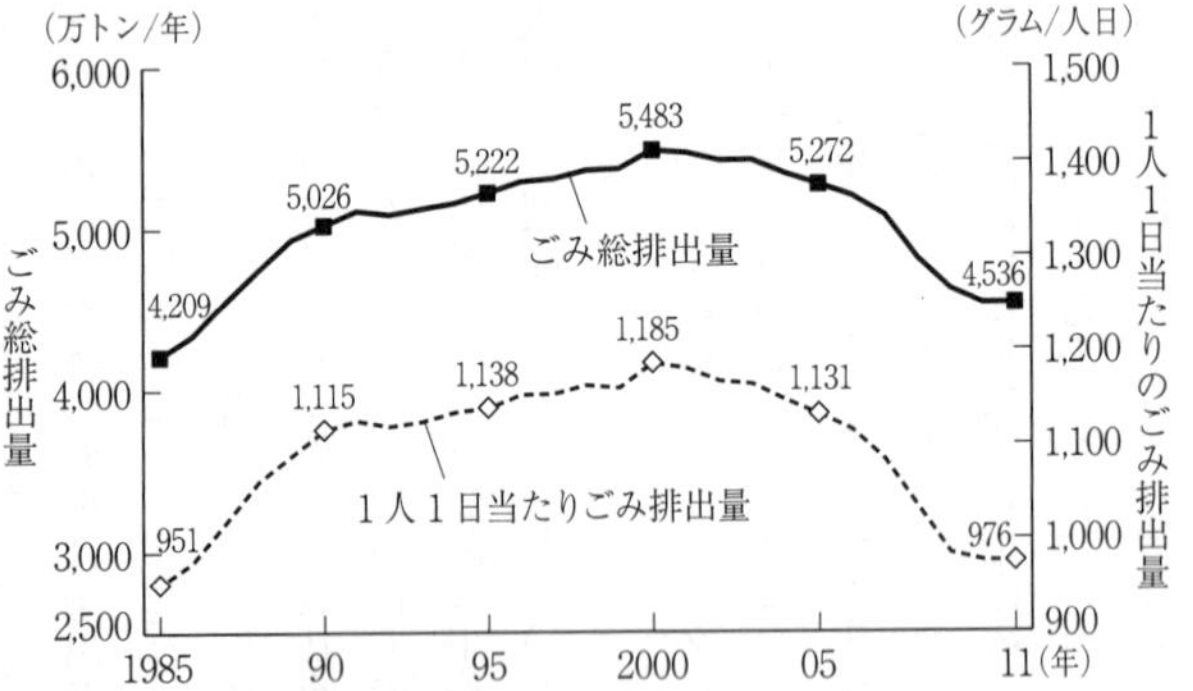

図 8-7　日本のごみ排出量の推移(1985-2011 年度)

出典：環境省大臣官房廃棄物・リサイクル対策部廃棄物対策課『日本の廃棄物処理』平成 22 年版に加筆.

（環境省『環境白書・循環型社会白書・生物多様性白書』平成二五年版、第2部第3章）。

　OECD諸国を見ると、GDPの増加とともに、一般廃棄物は人口増加をはるかに上まわって増えている。日本でもごみの排出量は一九八五年の四二〇九万トンから二〇〇〇年には五四八三万トンに増え、国民一人当たりの廃棄するごみの量は、毎日一一八五グラムにおよんだ。しかし、循環型社会形成の努力により、近年ではごみの排出量は四五〇〇万トン、一人当たりのごみ排出量は、一日九七六グラムへと顕著に下がった（図8―7）。資源としての平均回収率は二割程度だが、家電、自動車、パソコンなどの回収率は、ずいぶん高い。

　一方、産業廃棄物は一九九〇年代以降、年二億トンから四億トンへと倍増し（図8―7の出典と同じ、二〇一〇年の排出量は三・八六億トン）、不法投棄もしばしば指摘されている。高度成長期に乱造されたハコものが今後、老朽化するにつれて、「産廃」問題はさらに取り組まなければならない課題だろう。また、一九七〇年代、八〇年代に活発に全国の過疎地に建設された原子炉が、原子力規制委員会の定めた四〇年の稼働年数を終えて、次々と廃炉の時期を迎えることも考慮されなければならない。

キーワード　原発廃炉の遅れ

国内最初の商業用原発である東海原発1号機は、二〇〇一年に廃止措置を始め、一一年度から解体過程に入る(一七年度完了)予定だったが、「準備の遅れ」から解体作業は一四年度に先送りされた。これは解体工事で出る二万七〇〇〇トンにのぼる放射性廃棄物の処分先が決まらないため、と伝えられる(『茨城新聞』二〇一三年五月二七日)。福島第一原発1〜4号機の廃炉に向けても、東京電力は中長期のロードマップを公表しているが、汚染水の処理もはかどらず、除染物質の保管先も決まらない現状で、膨大な放射性廃棄物をどこに捨てるのだろうか? 使用済み核燃料も「満杯状態」(朝日デジタル、二〇一三年一一月一八日)というが、この先、浜岡原発1、2号機など三〇年以上経過の古い原発が目白押しに寿命を迎える。政府は原発の再稼働を決めたが、行き場のない放射性廃棄物のことを考えると、背筋の寒くなる話である。もともと、原子炉での使用済み燃料は、ウランやプルトニウムを抽出して再利用することが考えられていたが、国費一〇兆円以上を投じて建設された青森県六ヶ所村の再処理施設や福井県敦賀市の高速増殖炉もんじゅは、度重なる事故や機器の不具合で稼働できていない。

日本の一人当たりCO_2排出量も二〇一一年には一〇トンと、一九九〇年比で、京都議定書にもかかわらず同じレベルなので、３Ｒの推進にはさらに政府、地方自治体、民間企業、そして一人一人の市民の努力が必要になろう。

III

南北問題の動向，
グローバル軍事化，日本の選択

第9章　南北問題、ODAと地域秩序

南北問題の本質

南北問題の本質は、一九世紀以来、不平等な国際分業体制の下で、原燃料供給地として発達した南の熱帯・亜熱帯の国々が、先進工業国と対等の地位につくことをめざして、北の先進国との経済関係の調整に乗り出したことにある。この調整の手段としては、いままで北に輸出していた天然資源に対する自国主権の確立、この資源を自国で利用する工業化、工業化のための設備財輸入をまかなう一次産品輸出所得の安定化、などがある。

南の国のほとんどが、一九世紀来、先進国の植民地・従属国状態にあったが、第二次大戦後の独立を経て、この半世紀、これらの国々の多くが多国籍企業を積極的に誘致し、工業化を大きくすすめ、グローバリゼーションを利用して、経済成長を実現した。だが、その反面、南の世界の内部でも経済成長はあまり進まず、南内部の格差が増大して、貧困や環境悪化など災害、そして紛争に悩まされる国や地域も依然として存在する。

南の国々は、国連貿易開発会議（UNCTAD）の場に結集して、七七か国グループ（G77）をつくり、北の先進国との国際分業関係の是正に取り組んだ。これが新国際経済秩序（NIEO）だが、NIEOが進めば進むほど、石油や資源を持っている国、これら資源を持たない国、また、歴史的・地理的条件に恵まれて繁栄する国、そうでない国、内陸に位置したり、小さい島嶼《とうしょ》国で、世界市場へのアクセスや国内市場の発展がむずかしい国など、南の世界の多様化が進んだ。

発展途上国の平均一人当たり所得（GDP）は、四二二二ドルで（二〇一一年、表9―1）、OECD諸国平均の三万五七〇〇ドルの八分の一、日本三万八四〇〇ドル（表9―4）の九分の一の水準だ。しかし、途上国のなかでも所得の格差は大きい。

途上国内部では、①若干の産油国、②製造品の世界市場輸出で高成長を遂げた国（香港、シンガポール、台湾、韓国、メキシコなど）、③人口大国で、資源も豊富であり、低賃金を利用した輸出も活発におこなったいわゆる新興国（ブラジル、ロシア、インド、中国、南アフリカ共和国のBRICS）などは、一人当たりGDPもずいぶん高くなっている（図9―1）。

①のグループでは、カタール（九万二七八九ドル）、クウェート（五万九二〇三ドル）、アラブ首長国連邦（四万五四三二ドル）、ブルネイ（四万一五六八ドル）、サウジアラビア（二万二七一ドル）などが突出して高い。

②のグループはOECD並みの高いGDPを実現していて、韓国（二万三〇五五ドル）はメキシコ

(二万一八ドル)とともに、先進国グループとしてのOECDに加入している。なお、香港は三万四二五〇ドル、台湾は二万七二〇〇ドル(中国本土の四倍)、シンガポールは四万九〇五六ドルである。

他のASEAN諸国でもマレーシアは九六一二ドルと中程度だが、東ティモール、カンボジアは九〇〇ドル前後、ミャンマー、ラオス、ベトナムは一一〇〇～一三〇〇ドル台と格差は大きい。

③のグループでは、ブラジル一万二二七六ドル、インド一五六六ドル、ロシア一万二八九〇ドル、中国五二四一ドル、南アフリカ共和国八〇九四ドルなど、ばらつきが大きいが、これらの大国では貧富の格差、都市—農村の格差が目立つ。実際、これらの国は国内の格差により生じた多くの低賃金労働力を利用して成長したと言える。

一般に途上国のなかでも、高所得国(一万五一八六ドル)と低所得国(一四三〇ドル)との間には一一対一の格差がある。低所得国のなかでも、最も開発の遅れた国(LDC、八二九ドル)、重債務貧困国(HIP

GDP シェア (%)	1人当たり GDP(ドル)
100	4,222
12	6,679
46	6,636
8	1,793
	1,480
24	9,473
68	4,080
29	15,186
45	5,674
18	1,430
3	829
2	756
3	1,575
29	11,962

ール，台湾，タイ．
同 1,000–4,500ドル未満，低

ア，韓国，シンガポール，

表 9-1　発展途上国の経済格差（2011 年）

	人口（100 万人）	人口シェア（%）	GDP（10 億ドル）
発展途上国全体	5,640	100	23,812
主要産油国	405	7	2,705
主要製造品輸出国＊	1,645	29	10,917
アフリカ	1,045	18	1,874
サハラ以南アフリカ	878		1,300
中央・南アメリカ	592	11	5,608
アジア	3,994	71	16,294
高所得国＊＊	457	8	6,944
中所得国	2,228	40	12,641
低所得国	2,954	52	4,227
最も開発の遅れた国（LDC）＊＊＊	851	15	698
重債務貧困国（HIPC）＊＊＊	645	12	491
内陸国＊＊＊	419	7	616
新興国＊＊＊＊	574	10	6,866

出典：UNCTAD, *Handbook of Statistics 2013*: Table 8-1-2, 8-4-2.
注：四捨五入，誤差脱漏により，各欄の合計に不整合がある．
＊ 主要製造品輸出国：メキシコ，中国，香港，マレーシア，韓国，シンガポ
＊＊ 高所得国：2004-06 年平均で 1 人当たり GDP 4,500 ドル以上，中所得国：
所得国：同 1,000 ドル未満．
＊＊＊ LDC，HIPC，内陸国には重複がある．
＊＊＊＊ 新興国：アルゼンチン，ブラジル，チリ，メキシコ，ペルー，マレーシ
台湾，タイ．

C、七五六ドル）、内陸国（一五七五ドル）、そしてサハラ以南アフリカ（一四八〇ドル）などは、途上国平均の六分の一から三分の一程度でしかない。

キーワード
最も開発の遅れた国（The Least Developed Countries　LDC）
最貧国ともいう。国連は四九か国（二〇一三年現在）をLDCリストに掲載し、援助や貿易の場で特恵措置を与えるよう関係国に要請している。LDCの条件は、①低所得国であること。一人当たりGN

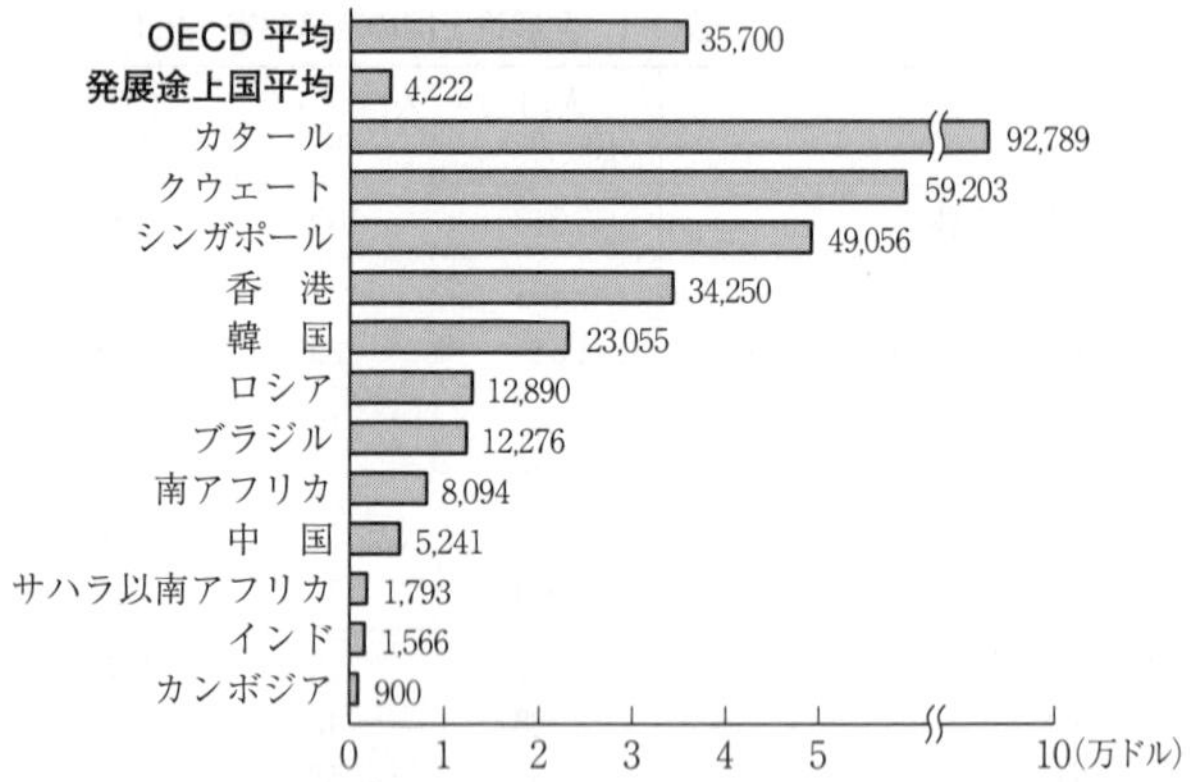

図 9-1　南の諸国間の 1 人当たり所得（GDP）のばらつき（2011 年）
出典：表 9-1 に同じ.

Ｉ（国民総所得、ＧＤＰに海外からの純受け取りを加えたもの）が九九二ドル未満、②保健、栄養、教育面での社会開発が遅れていること、③経済の脆弱《ぜいじゃく》性が高いこと、の三点を基準としている。経済の脆弱性が高いとは、一次産品や農産物の生産・輸出に依存して、経済が不安定だったり、また、国の地理的位置が内陸部にあり、貿易が困難だったり、人口が少なく、国内市場に限界があって、経済開発が困難であること、などが国連によって認められていることを意味する。

①はＬＤＣの前提だが、②の例としてはバングラデシュ、カンボジア、ハイチなどがある。③の内陸国で発展が遅れている例としては、ネパール、ラオス、エチオピア、中央アフリカ、ルワンダ、ブルンジなどがある。また、同じく③の島嶼《とうしょ》国で、人口が少なく、発展が困難な例として、キリバス、ツバルなど太平洋の小国（人口一万人台）がある。

ＬＤＣの総人口は八億五一〇〇万人（二〇一一年）で、途上国人口の一五％を占める。

キーワード　重債務貧困国（Heavily Indebted Poor Countries　HIPC）

世界銀行とＩＭＦは、一人当たりのＧＤＰが七四五ドル未満、債務残高の対ＧＤＰ比率が八〇％以上などの基準により、ＨＩＰＣを認定し、債務返済が困難になったときに優先的に、くりのべ対象としている。二〇一三年に三九か国（うち三三か国がサハラ以南アフリカの国）がＨＩＰＣとしてリストアップされた。これらＨＩＰＣは、債務救済の対象となるが、世界銀行などの定める貧困削減戦略に沿った経済運営を義務づけられる。

南北問題に関連して問題になっているのは、一次産品の市況が不安定であること、最貧国にとって債務問題が厳しいこと、貧困層が増え、環境悪化が進み、災害も頻発していることである。これらの点を次に見よう。

厳しい債務問題

経常収支が赤字の国は、外国から資金を借り入れて赤字分を埋め、支払いに回さなければならない。いま、世界で二大赤字地域があり、それはアメリカと大部分の途上国である。アメリカの場合は、世界中で「強いアメリカ」に資金を置くことが安全または有利だと考える国々がドル債券を買って、資金を還流させたり、また、他の国がドルを受け取ってくれたりするので、ようやくドルの価値が保たれている。

しかし、途上国の場合はそのような基軸通貨の優位性(第4章参照)をもたないので、貿易相手国や国際銀行から資金を借り入れなければならない。短期の資金融通はＩＭＦや商業銀行がこれをおこなうが、経済建設のために資本財や機械設備を買い入れる際には、ふつう中長期の借款《しゃっかん》を得て、これをまかなう。しかし、一次産品や原料輸出が主の途上国の多くは、これらの輸出が不安定であるために、輸入代金をまかなうに十分な輸出代金が得られるとは限らない。

一次産品の価格は供給が需要に対して遅れるために、絶えず上下しがちである(「くもの巣」の定理)。このため、一九七三年と七九〜八一年の二回の石油ショックで、産油国はカルテルを組み、石油輸出収入を大幅に引き上げることができたが、大部分の非産油途上国は、一方では先進国製品が労賃の値上がりとともに値上がりし、他方ではエネルギー価格も上がったために、石油ショック以降、貿易赤字を大幅に高めることになった。

ただ、一九九〇年代以降は、商品の総合先物価格指数はかなり激しく乱高下している。これは一方では、世界経済でマネーがだぶつき(アメリカからの過剰流動性[資金]が多国籍企業の手により出まわった)、これを利用したヘッジ・ファンドなどの投機資金が為替・金融相場をあやつったことがあるが、他方では、アジア、ＢＲＩＣＳなど新興国の急速な工業化と資源需要により、一次産品市場が高含みで推移したことによる。また、そのことにより、原料輸出国が一息ついた気配もある。しかし、このような不安定さから抜け出すために、途上国が工業化に突き進んでいる事情も理解できるだろう。

キーワード　「くもの巣」の定理

一次産品価格の上下を説明する経済学の理論で、根本の考え方は、供給が需要に対して遅れることから、価格がふれるとする。左上の図では、タテ軸に価格を、横軸に数量をとっている。白菜の例をとると、白菜の値段が高いとき(P_1)には、農家はみな白菜を植えようとするだろう。しかし、白菜が市場に出るのは半年後であり、その時点で白菜の供給はQ_1からQ_2に増大する。だが、白菜の供給がこの時点では需要を大きく上まわるために、Q_2の時点では価格が下落し、P_1からP_2へと下がる。この上がり下がりを図示すると、くもの巣のように見えることから、この名前がつけられた。

参入が自由で競争的な市場では、価格管理ができないために、需給のタイムラグからこのような価格のブレが生じるのである。同じことは鉱産物についてもいえるが、鉱物の場合はタイムラグのスパンが数年と長い。農産物については先進国では食料の安全保障の見地から、この乱高下を防ぐために政府が買い上げ

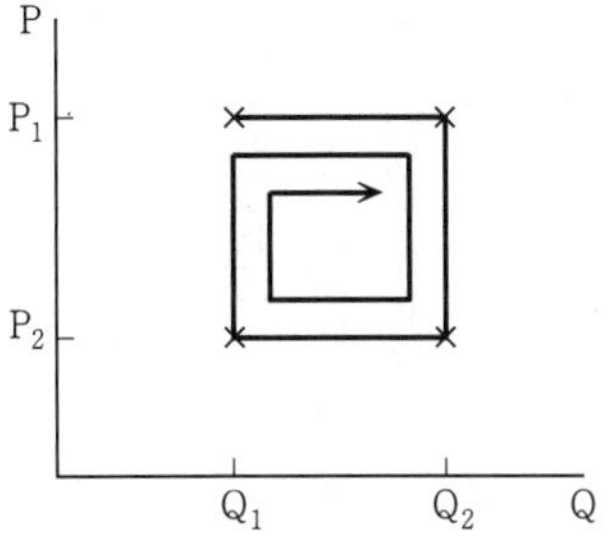

「くもの巣」の定理

したり、補助金を支出するなど保護措置をとっているのだが、国際的にはこのような仕組みは存在しない。

途上国の財政状況

このような、輸出収入の不安定性と工業化にともなう輸入の増大、そして人口増加と社会サービス供給の増加の必要性(これは冒頭に述べた人権意識の高まりから、どこの国でも教育や保健などBHN[Basic Human Needs 人間の基本的必要]支出を増やすようになっている)、また、時には武器購入など軍事支出の増大などから、大部分の途上国の財政、経常収支は、アメリカと同様に「双子の赤字」の状態となっている。

一九八〇年に総額約七〇〇億ドルだった途上国の対外公的債務(借り入れ国政府が保証する一年超の長期債務残高)は、九〇年末には約一・四兆ドルと一〇年間に二〇倍に増え、そして二〇一一年末には、約一・五兆ドルとなっている。ただし、九〇年代以降、債務残高の伸びは下がっていることがわかる。後に図9―9(二五一ページ)で見るように、二一世紀に入って途上国への民間資金(大部分は民間投資と出稼ぎ労働者からの送金。NGO資金が一割)は大きく伸び、二〇一〇年前後には七〇〇〇億ドルと、ODA(政府開発援助)流入額の五倍にもおよんでいることを示している。同時に途上国からの世界市場への輸出も増え、途上国の外貨準備(政府・中央銀行が対外決済や為替レート変動に備えて保有する外貨量）を潤沢《じゅんたく》にしている。

この債務の大部分は中所得国のもので、これらの国は債務で工業化を遂行《すいこう》し、しばしば多国籍企業を誘致し、製品を輸出して債務を返済することができる。図9―2は、対外債務残高の地理的分布を示しているが、低所得国の多いサハラ以南アフリカ、南アジアは全体の一六％を占めるのみで、債務の大部分が中所得国に帰属することがわかる。

だが、問題なのは、ＨＩＰＣで、これらは大幅に最貧国と重なっており、それゆえに、民間投資もあまり向かわない。だから、債務返済の見通しも立たない。そのため、先進国のＮＧＯから、

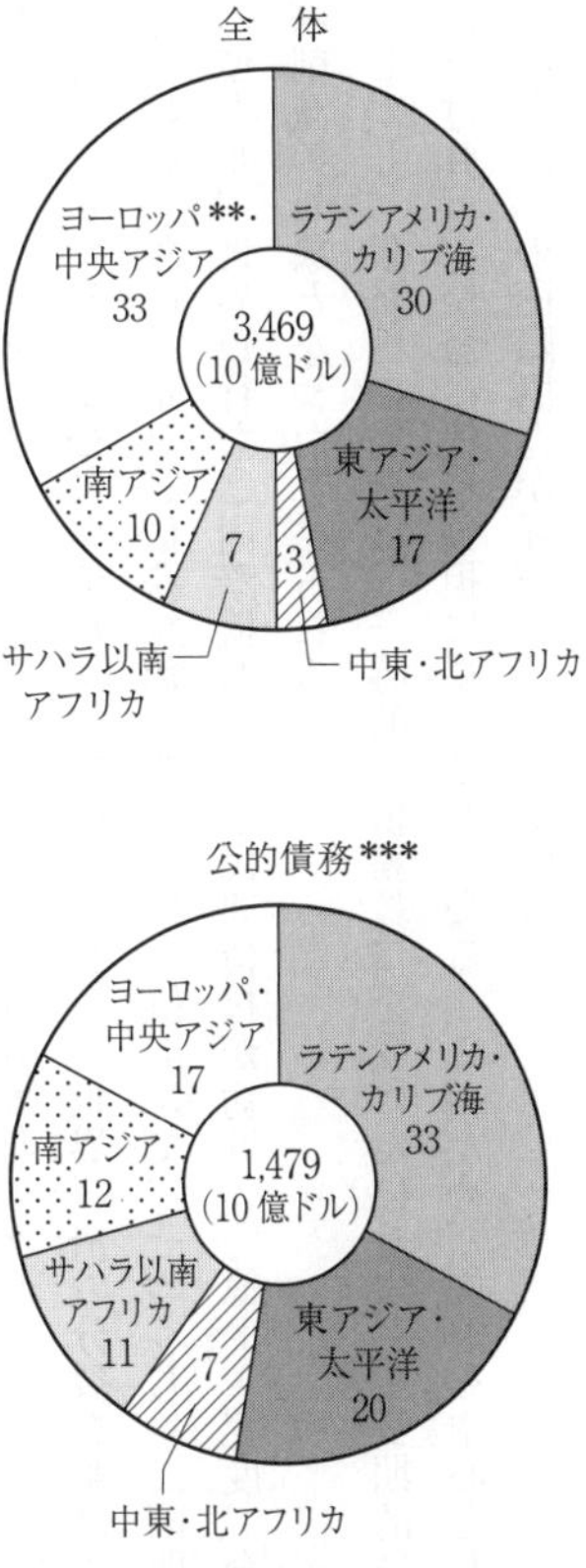

図9-2　途上国の長期対外債務*の地域的な構成（2011年．単位：％）
出典：World Bank, *International Debt Statistics*. http://devdata.worldbank.org/gdf/LMY.pdf.
注：* 対外債務は公私の長期（1年超）債務．
** ヨーロッパは非OECD諸国で，中東欧が主．
*** 政府または政府保証の債務．

債務をキャンセルせよとする運動が起こり、一九九九年のケルン・サミットでG7首脳は、これらHIPCに対する公私の債務を大幅に削減して、世界経済の分裂を避ける方針を打ち出した。二〇〇一年のHIPC債務総額は約一八〇〇億ドルで、そのうち、二国間のODA債権約一五〇億ドル、世界銀行など国際機関および民間債権が約五〇〇億ドル程度、合計三分の一程度が債務削減の対象となったと見られる。

しかし、最貧国の場合は、一時的に債務救済を受けたにせよ、中長期的に経済発展の展望をもたなければ、つねに債務負担に喘《あえ》ぐことになる。このため、国連を中心として、最貧国やHIPCの発展への国際協力が呼びかけられている。

ひとつ、注意しなければならないのは、先にアメリカ、途上国が世界経済の二大赤字地域で、世界経済の不安定要因となっていることを述べたが、同時に世界経済で巨額の黒字を累積している国・地域があることだ。それは、中国、日本、韓国、台湾、香港の東アジア五か国・地域である。これらの国の外貨準備は、二〇一三年三月の時点で、中国が三・三兆ドル、日本が一・三兆ドル、残りの三か国・地域で一兆ドルを上まわって計五・六兆ドルにのぼり、東アジア諸国だけで世界の外貨準備の三分の二を占めている(これに比べると、産油国の黒字は「可愛く」見える)。このような黒字の一方的な累積は世界経済の不均衡を加速化するもので、これら黒字を国内の福祉の充実や途上国からの財・サービス購入など有効に使うことが求められる。

なお、アメリカの公的債務に立ち入って見ると、二〇一〇年時に一四兆ドルにのぼり、途上国全体の公的債務残高約一・五兆ドルの九倍強に達する(以下データの出典は図9―3に同じ)。対GDP比で見ると(図9―3)、ほとんど一〇〇%で、途上国平均の二八%の三・五倍におよぶ。

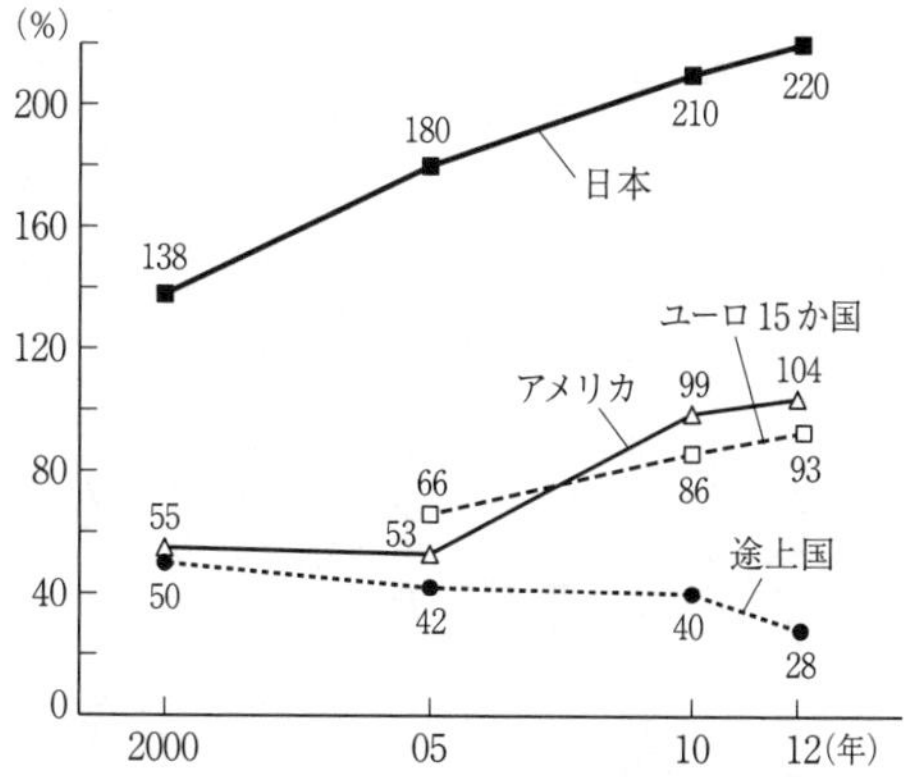

図 9-3　先進国，途上国の公的債務の推移
(対 GDP 比，2000-2012 年)
出典：OECD StatExtracts: Government Debt. http://stats.oecd.org/Index.aspx?　QueryId=48250.;　The White House, *2013 Economic Report of the President.*

公的債務の一つの原因は経済情勢が望ましくない(成長率が下がる、公的支出が増加するなど)とき、政府が赤字財政(国債増発など)をとることから生まれる。一時赤字でも、景気がよくなれば税収が増え、赤字は解消される。だが、それがたび重なっていくと、国債償還がむずかしくなり、国債の信用が落ち、金利が上がる。政府の利払いが増え、債務不履行(デフォルト)が現実のものとなる。国債を保持する金融機関も莫大な評価損をかかえる。いったんデフォルトが発生すると、緊縮財政、通貨価値下落、株・債券売りなどの市場パニックが生まれる。EUはユーロ加盟国の財政規律の目安を、対GDP比で、財政赤字では三％以下、公的債務残高では六〇％以下と決めたが、リーマン・ショック、ソブリン危機を経て、多くの国の財政がこの目安以上の警戒域にある。なお、日本では対GDP比が、二〇一三年に財政赤字は九％、公的債務残高は二二四％である。

アメリカ連邦政府の財政収支は一九六〇年代初めまでは戦後の重化学革命の成果、内需の増大を反映して、ほぼバランスがとれており、ケネディ大統領はそれを背景として、宇宙開発（アポロ計画）、ベトナムへの軍事介入、ソ連との対決政策を打ち出した。「豊かなアメリカ」の黄金時代である。だが、六〇年代を通じて、ベトナム戦費、日本やヨーロッパ諸国の追い上げで国際収支の赤字が拡大し、これを埋める財政収支の赤字もしたがって拡大して、ジョンソン大統領の時期（六〇年代後半）には公約した「偉大な社会」（貧困ぼく滅）も公民権を除いてはもはや実現できなくなった。こうして七〇年代初めのニクソン大統領期には金ドル交換の停止（第4章）に至るのだが、この時期に連邦財政収支赤字の対GDP比は二～三％、公的債務残高は三八％となる。石油ショックを経て、八〇～九〇年代前半には日米貿易摩擦など、貿易赤字が拡大し、財政赤字の対GDP比は五％程度、債務残高は六〇％台へと高まり、「双子の赤字」（第4章）が問題となり始めた。九〇年代のアメリカ多国籍企業の世界進出、アメリカの高原景気はこの財政赤字拡大に支えられていた。二〇〇〇年代に入り、ブッシュ（子）政権のイラク、アフガニスタン戦争で財政赤字は三〇〇〇～四〇〇〇億ドルにはねあがった（二〇〇四年で連邦予算二・四兆ドルの約一八％、対GD

P比四%)。オバマ大統領期にはリーマン・ショックの後始末で、年一兆ドル以上の財政赤字(対GDP比九~一〇%)を計上し、先に述べた水準へといたったわけである。

財政赤字の拡大過程でのドルの世界へのばら撒きが、九〇年代から頻発している金融・通貨危機の主因となっていることを忘れてはならない。財政赤字の拡大の理由は、いくつかある。第一は、アメリカが「自由世界の指導者」という固定的な使命感にとらわれ、戦争に乗り出したこと、第二は、日本やヨーロッパなど後発国、そして最近では新興国に追い上げられて貿易赤字が常態となったこと、第三は、アメリカ国民が消費主義に踊らされた面があり、貯蓄率が低い(近年は五%)ために、景気維持に必要な投資で政府の比重が大きいことである。OECD(*Economic Outlook 2014*)によれば、二〇一三年で政府支出の対GDP比は四〇%程度。なお、日本もアメリカの後追いをして、近年では家計貯蓄率が二%程度までに減り、それだけ政府支出が増えて、アメリカ並みになっている。日米双方とも新自由主義とは反対の方向であり、その両国が「自由貿易」を熱心に議論しているのは奇妙な話である。

こうして、二〇一一年八月には国債格付け機関スタンダード・アンド・プアーズ(S&P)により、米国債格付けがAAAからAA+に引き下げられ、国債デフォルト(償還不可能)の危機が現実にせまった。政府資金は窮迫し、一三年一〇月には政府機関が一時閉鎖された。この事態は議会での債務上限引き上げ承認により、ようやく打開されたが、一時しのぎの策であって、根本的な解決ではない。米国債デフォルトは、米国債を多く保有している日本、アジア諸国を始め、世界経済に深刻な影響をおよぼすだろう。世界経済の不安定化の張本人はアメリカであり、先進国である。今後は、日本をも含めた先進国の債務累増に対して、どう財政規律をつけて、後の世代に責任を持つ形で、安定した経済運営に戻せるかを考えなければならないだろう。

南の貧困と死亡率

南の世界の貧困の問題を考える際に、まず、今日の南北格差の拡大のなかで、南の世界がどのような位置に置かれているかを見よう。

世界各地域の平均寿命を図9―4で見てみると、ＯＥＣＤ諸国では男性七二歳、女性七七歳(日本は男性八〇歳、女性八六歳)、途上国平均は男性六五歳、女性六九歳と先進国より七〜八歳短い。そのなかでも、サハラ以南アフリカをとれば、男性五一歳、女性五四歳と、日本人の寿命の六割強しか人びとは生きることができない。

乳幼児(五歳未満)死亡率を見ると(図9―5)、この二〇年間に途上国の保健衛生の状態は大きく改善し、一九九〇年の一〇〇〇人当たり九七から、二〇一一年には五七に下がった。だが、それでも先進国の水準は一〇〇〇人当たり七であるのに対し、途上国平均ではその八倍、サハラ以南アフリカをとると一〇九と北の世界の一六倍におよぶ。

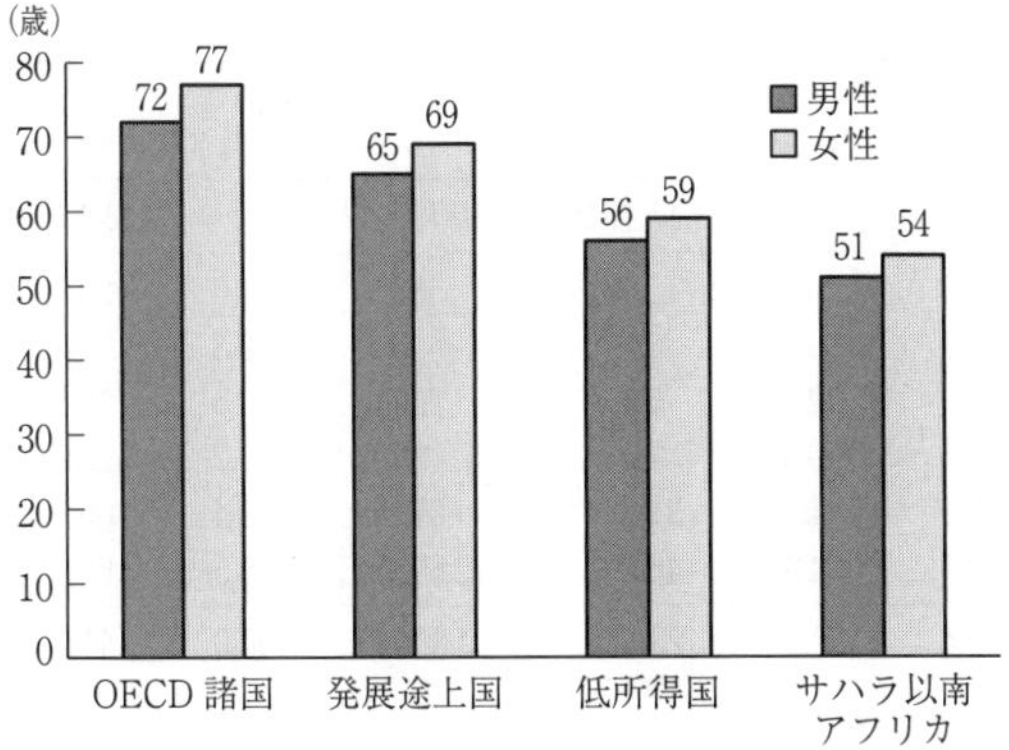

図 9-4　世界の平均寿命＊(2010 年)
出典：World Bank, *World Development Report 2013.* Selected Indicators: Table A2.
注：＊ 出生時の期待寿命.

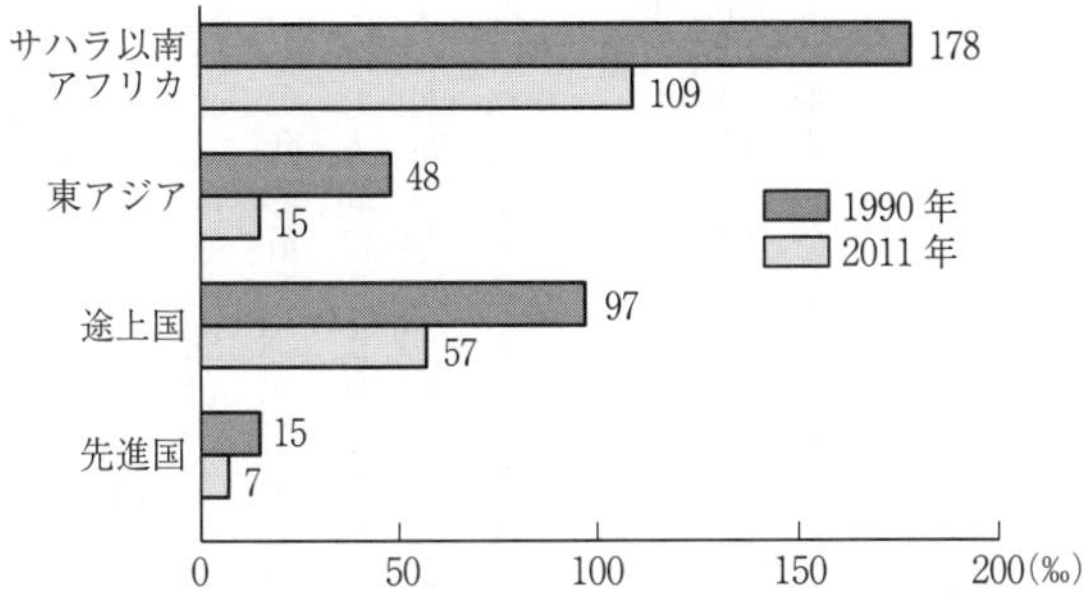

図 9-5　乳幼児＊死亡率(1990, 2011 年)
出典：United Nations, *MDGs 2013 Report.*
注：＊ 5 歳未満.

(1990, 2010 年)

2010 年 1 日 1.25 ドル以下の所得			2010 年 1 日 2 ドル以下の所得		
(100 万人)	%	対総人口比*	(100 万人)	%	対総人口比*
245.5	20.4	12.5	583.3	24.6	28.7
1.9	0.2	0.7	6.4	0.3	2.4
31.3	2.6	5.5	59.1	2.5	10.4
7.9	0.6	2.4	39.4	1.7	12.0
498.2	41.4	31.0	1,072.8	45.4	66.7
418.6	34.8	48.5	603.3	25.5	69.9
1,203.4	**100.0**	**22.0**	**2,364.3**	**100.0**	**41.2**

data?qterm=poverty.

妊産婦死亡率はやはり全般に改善が著しいが、途上国平均で同じ期間に出生一〇万当たり四四〇から二四〇に下がっているものの、サハラ以南アフリカでは、八五〇から五〇〇へと、改善の度合いも遅れている。なお、先進国の二〇一〇年の妊産婦死亡率は出生一〇万当たり一五である。同じ人間に生まれながら、生を承けた場所によってこうも人間の生死のあり方が違うのはなぜなのだろうか、ということを考えさせられざるを得ない。

貧困の増大

南の世界での妊産婦や乳幼児の高い死亡率の背景として、グローバル化のなかで進展している貧困の増大がある。

貧困問題は、今日の国際機関の開発課題でも最重要視されており、後に見る国連のミレニアム開発目標(MDGs)の第一に置かれている。

表 9-2　発展途上国の貧困人口

	1990 年 1 日 1 ドル以下の所得		
	（100 万人）	%	対総人口比*
東アジア・太平洋	452	35	28
ヨーロッパ・中央アジア	7	0.5	2
ラテンアメリカ・カリブ海	74	5.8	17
中東・北アフリカ	6	0.5	2.4
南アジア	495	39	45
サハラ以南アフリカ	242	19	48
発展途上国計	**1,276**	**100**	**33**

出典：World Bank Search database. http://search.worldbank.org/
＊ 対総人口比は途上国総人口に対する貧困人口の比率.

世界銀行は、世界の貧困問題を重視しており、二〇一〇年のデータでは（表9—2）、個人所得が一日一・二五ドル以下の「極度の貧困」人口は一二億三四〇万人、南の総人口の二二％におよぶと推計している。一日二ドル以下の所得人口を見ると、二三億六四三〇万人で、南の総人口の四一％である。

一・二五ドル以下（年収四五七ドル、四人家族として、一八二五ドル、日本円で約一八万円）の所得しかなければ、一家は栄養、保健、教育などの人間らしい生活に基本的な条件（BHN）を維持することがむずかしいと考えている。先進国では当然のことながら所得がこれより高くても生活への援助を受ける人びとは多い（日本では二〇一三年一一月に二一六万人［一六〇万世帯］が生活保護を受けており、東京都の場合、単身者への支給月額一三万七四〇〇円、四人家族の生活扶助二六万二六九〇円で、途上国貧困世帯の年収の一・四倍の水準を毎月の生活に要している）。また、市場経済が浸透していないところでは、現金所得が少なくても、家族が困窮しているわけではない場合も存在するので、所得だけで豊かさ、貧しさを測れるか、という問題がある。

しかし、一次的なアプローチとして、所得水準から考える。これは貧困を所得によって測る「所得貧困」アプローチだ。ただ、あまり所得貧困を万能視する必要はなく、むしろ栄養不足者、失業者、難民、ホームレス生活者(スラム住まいを含む)など、個別的に人間のBHNを満たしていない人びとに注目することのほうが、貧困の現実をよく理解することになろう。

世界銀行の貧困基準も、一九九〇年代から二〇〇〇年代にかけて変わった。世界銀行が貧困問題についてまとまった報告を作成した『世界開発報告 二〇〇〇年版』では、貧困人口は、「一日一ドル」の所得を基準として、一九九八年に一二億人と計算された(『世界経済入門』第三版、表9—2)。その後、インフレなどを勘案して、貧困基準がやや拡げられた(二〇〇八年に一日一ドルから一・二五ドルへ)が、新しい基準でも「極度の貧困」人口は先に述べたように一二億人とされる。ただし、この間、世界の人口は増えているので、貧困人口の比率は三三%から二二%へと減少した。

なお、一九八〇年代半ばの時点で世界銀行は、二〇〇〇年には貧困人口は七~八億人に減ると見込んでいたが、現実にはそのような予測は明白に裏切られた。国連もMDGs報告で、「貧困人口の半減」という目標は実現したとしている。しかしこれは一日一・二五ドルとする新しい基準をとれば、一九九〇年の貧困人口は四四％だったので、二〇一〇年の二二％の貧困人口は「半減した」（その間貧困基準を変えた）とする、かなり政策的意図の強い発表である。一九九〇年に南の人口の半分近くが「貧困人口」だったとする発表は、にわかに信じがたいが、貧困人口の計算にはこのような恣意性《しい》（援助機関が援助を正当化するための統計操作）がつきまとうことを知っておくべきだろう。いずれにしても今日、南の人口の約四人から五人に一人が飢えているという厳しい現実には、変わりがない。

表9―2をくわしく見てみると、一九九〇年代以降、東アジア、ラテンアメリカでは、貧困人口が大きく減少した。東アジア・太平洋では、四・五億人から二・五億人へとほとんど半減したが、これは中国などの高成長による。

ラテンアメリカ・カリブ海では、七四〇〇万人から三一三〇万人へと、やはり半減している。これは、ラテンアメリカ諸国がとった輸入代替工業化政策（輸入品を国内工業を興して国内製品で代替する）の成果が出てきたこと、中南米の地域統合が市場を拡げたこと、また、中米・アンデス諸国では、近年の社会下層（混血・インディオ層）の政権へのアクセス、およびそれと並行するナショナリズムの高まりにより、国内市場が広がったこと、などによると考えられる。

だが、サハラ以南アフリカではこの間、貧困人口は二・四億人から約四・二億人へと二倍近く増えた。また、南アジアの貧困人口は約五億人で変わっていない（比率では四五％から三一％へ減少）。

表9―2では示さなかったが、同じ資料によれば、中東欧・中央アジアの移行経済国では、九〇年代半ばに貧困人口は二四〇〇万人と急増していたが、その後の、EUやロシアとの交流により、所得水準が上がり、貧困人口は二〇〇万前後に低下した。

国際機関の公式見解は、貧困人口は人口増加のなかで、比率としては半減したが、絶対数としては依然として五~二四億人が政策対象となる、というものである。ここでは、一ドル、一・二五ドル、二ドル云々といった基準の妥当性の問題には立ち入らないが、世界の貧困問題が解決からは依然として遠く、そこから前に述べたような南北間のギャップが意識され、格差や民族の利害対立に根ざす紛争が絶え間ない。だから、貧困問題は依然として、国際援助の主要な課題なのである。

南の世界内部での都市と農村の所得格差も大きいが、そこから農村人口が絶えず大都市に流入し、スラムを拡大させる現象が起こっている。

ラテンアメリカではブエノスアイレス(一三〇〇万人)、サンパウロ(一一一五万人)、アジアの北京(一一五〇万人)、ムンバイ(一二〇〇万人)、バンコク(七四〇万人)、マニラ(一〇〇〇万人)、ジャカルタ(九六〇万人)など(いずれも二〇一〇年)、首座都市(primate city)と呼ばれる大都市は、人口が膨れ上がっている。これは南の世界で多かれ少なかれ共通しており、先進国での都市化が比較的、全国的に広がっているのと対照的である。

表9-3　途上国の都市人口，スラム人口(2010年)

地　域	総人口(100万人)	都市人口(%)	都市のスラム人口(%)	都市のスラム人口(100万人)
発展途上国計	5,675.2	45	33	827.7
北アフリカ	199.6	52	13	11.8
サハラ以南アフリカ	831.5	40	62	199.5
ラテンアメリカ・カリブ海	596.2	80	24	110.8
東アジア	1,593.6	50	28	189.6
南・中央アジア	1,743.1	32	35	190.7
東南アジア	597.1	42	31	889.1
西アジア	231,6	67	25	35.7

出典：UN HABITAT, Database. 総人口は United Nations, *World Population Prospects 2012* より.

表9―3では途上国の人口、都市人口、スラム人口を見ているが、途上国の都市人口比率は四五％で、その三人に一人がスラム住まいである。スラムとは、安全な水や衛生設備へのアクセスを欠き、不十分な住居に過密状態で人びとが住み、居住権も保障されていない人びとの居住地域をいう(国連ハビタット)。

ここでも、サハラ以南アフリカ(六二％)、南・中央アジア(三五％)などでスラム人口の比率は高い。東アジア、東南アジアでも都市人口の二八～三一％がスラム住まいであることがわかる。

スラムの人びとの生活は、まず第一に不安定である。定職を持たず、オート三輪の運転、夜店、土木建設工事の労働者、屑拾《くず》いから靴磨き、花売りの子どもたちにいたるまで、ありとあらゆるその日暮らしの職業がある。毎日毎日が生活との闘いである。第二に、あらゆる災害に出合いやすい。市当局や地上げ集団による立退きから、しょっちゅう起こる火事、大雨の際の洪水まで、生活基盤が脆《もろ》い人たちに、日常的に災害がのしかかる。貧困な人びとは、同時に人権が保障されていない人たちである。

災害に干ばつ、地震、洪水、熱波、森林火災、雪崩や地滑り、暴風雨などの自然災害、戦争や紛争、交通事故や技術災害などの人災の両面があるが(第8章)、いずれの場合にも生活の脆弱性の高い人びとが増えていることが、被災人口の増加と関連している。

不平等な配分

ここで貧困の根源となっている、所得・権力の不平等な配分について見ておこう。

途上国間で所得格差が著しいことはすでに述べたが、途上国内でも所得格差はきわめて大きい。それは先進国内の所得格差と比べると、すぐわかる。図9―6は、所得最上位の一〇%が国民総所得または総消費に占める比率と、最下位の二〇%が同じく総所得または総消費に占める比率を、先進国と途上国で比べている。所得最上位層一〇%がスウェーデンと日本では二二%を占めており、所得最下位層二〇%は同じく九～一一%を占めている。

しかし、中南米のメキシコ、チリ、ブラジルでは所得最上位層は三八～四三%、マレーシア、タイ、フィリピンなどで三一～三五%を得ているのに対し、最下層二〇%の所得や消費はわずか三～七%の間でしかない。注目すべきことは、ロシア、中国のような移行経済国でも、国内の所

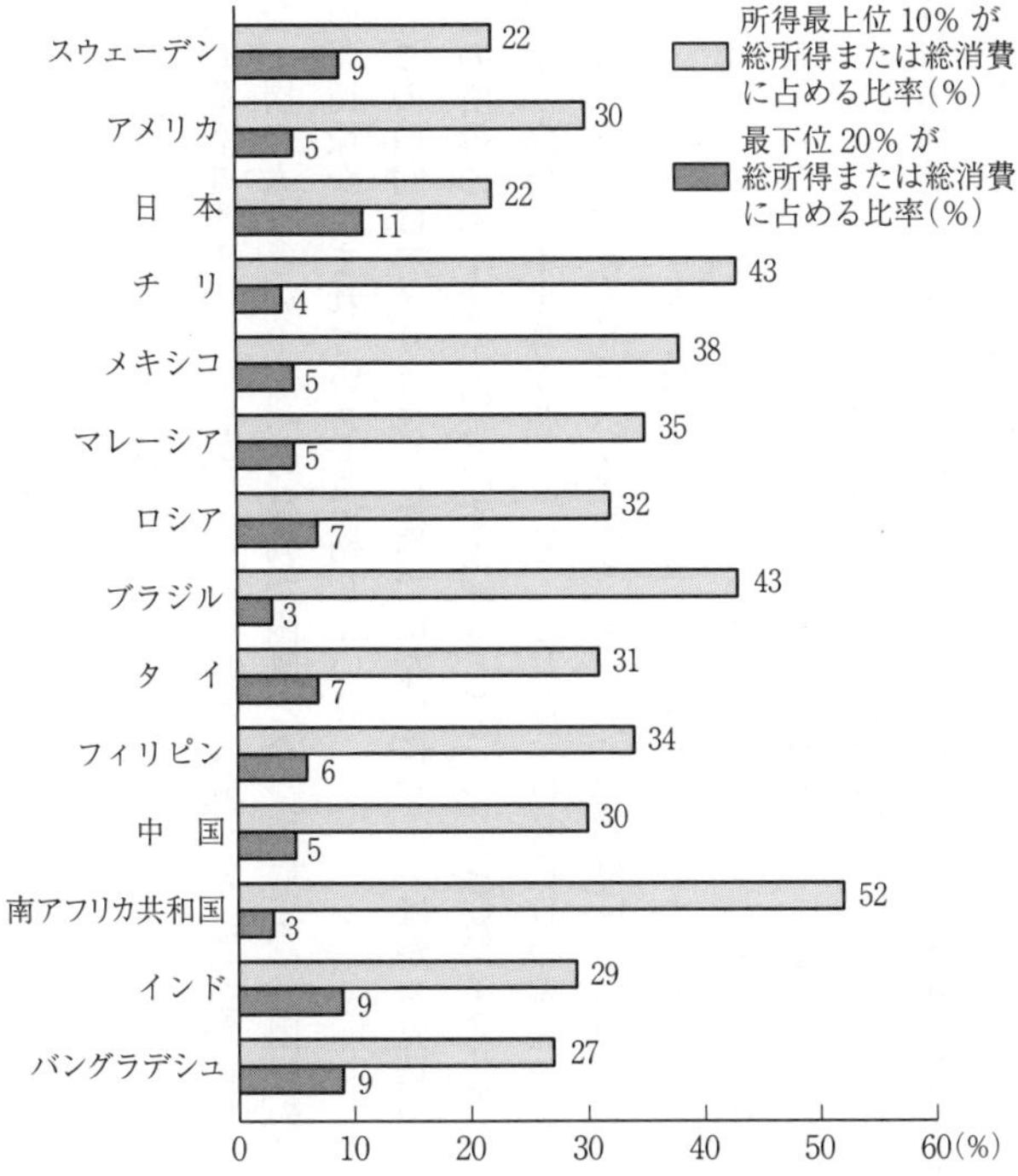

図 9-6　主要国(北，南)における所得格差(2010 年前後)

出典：World Bank, Development Indicators: Income Distribution. http://search.worldbank.org.data?qterm=inequality.

得格差は先進国よりもずっと大きいことである。かつて平等主義を謳《うた》った社会主義国の面影は、もう見られなくなっている。

　このような不平等は、途上国では国内の権力構造により、富の分配が先進国よりもはるかに不平等で、それが所得、消費の著しい不平等に結果していることを示している。これらは、しばしば汚職腐敗の源泉ともなっている。

ただ、注意しておきたいことは、近年のグローバリゼーションの浸透により、先進国でも社会的な不平等は強まってきていることである。

アメリカのオバマ大統領が、二〇一二年の経済報告で、アメリカ経済における所得不平等の拡大に警告を発したことについては、序章で述べた。この報告では、貧富の格差拡大によって、社会下層の人びとの上層への移動が困難となっていて、貧困層の子女は社会下層にとどまり、貧困の悪循環が生まれていると指摘している。

この傾向はアメリカほど極端ではないにせよ、ほかの先進国や新興国にも共通している。社会層の所得の不平等をあらわす指標として、ジニ係数(イタリアの統計学者の名前をとった)があり、数字が高いと不平等が強いと考えられる。OECDの調査では、加盟各国ともこの三〇年間に不平等は概して拡大している(図9—7)。ジニ係数は途上国(とくに中南米や中東)では高く、ブラジル、アルゼンチンでは、〇・四五~〇・五六にもおよんでおり、それが近年これらの国における政治変動(ナショナリズム、下層階層の権力アクセス)としてあらわれている。だが、日本もだんだんインド(〇・三三)、フィリピン(〇・四四)同様の不平等に近づいているようである。

このように見ると、南北問題、南南問題の根元には、世界経済のシステムを貫く富者支配という権力構造が存在し、この権力構造を修正しないかぎり、北でも南でも経済社会の発展は、なかなかむずかしいことがわかる。

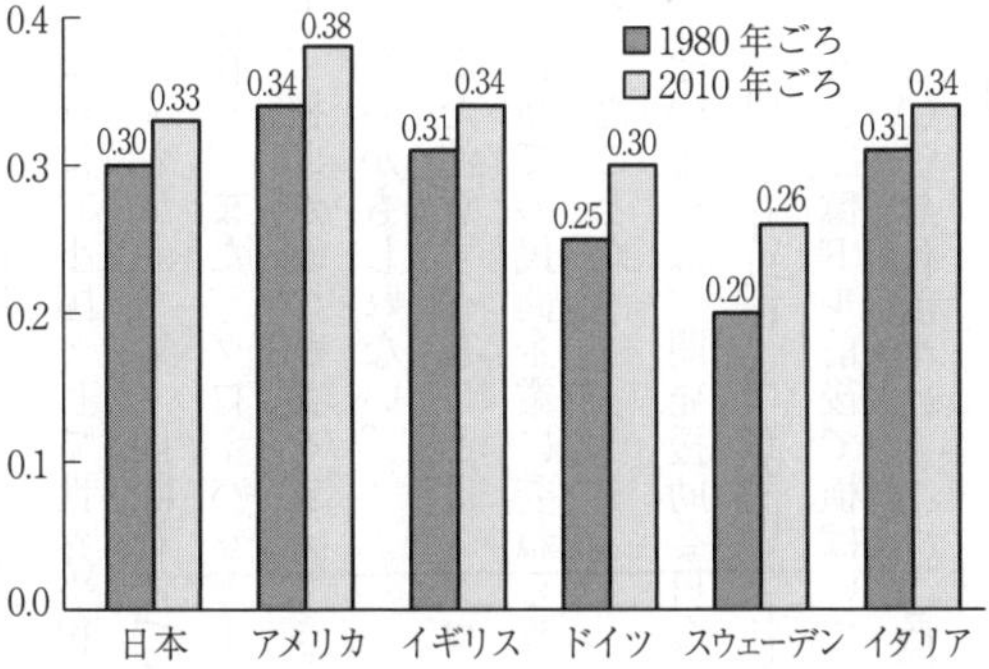

図9-7　OECD加盟国のジニ係数（1980年ごろ-2010年ごろ）

出典：OECD Database: Income Distribution-Inequality. http://www.oecd.org/social/inequality.htm

グローバリゼーションもこのような権力の不平等な構造を利用しながら、低賃金の労働力を世界中で使う形で進展していると言えるが、それが、多国籍企業のお膝元の先進国では、労働力の使い捨て（若者および中高年）としてあらわれてきているのである。

援助を考える

南北問題の解決に、援助はどのような役割を果たすかをここで見ておこう。

経済援助とは、先進国が途上国に移転する公私の資金の流れを指す。もともと国連の場では、南北格差を縮小させるための資金移転（政府開発援助「ＯＤＡ」や民間投資）を指していた。しかし先進国はしばしば、あるいは政治的、戦略的な関心を優先させたり（アメリカのイスラエル、パキスタンなどに対する戦略援助や、ＥＵの対アフリカ、中東、移行経済国援助）、経済的な関心にもとづいたり（日本の資源開発輸入援助や、インフラ輸出の際に円借款を供与し、日本企業進出の地ならしをする〝ハコ物〟援助など）するのが、むしろ常だった。だが、北欧諸国やオランダのように、小国として世界平和を重視する見地からおこなう人道的援助もある。

いずれにしても、国際経済で援助が制度化されてから半世紀間、南北格差、南南格差は厳然と存在し、また、グローバリゼーション以降は貧富の格差が世界規模で拡大してきたことを考えると、援助が北の利益を支えてきたとする南の世界の知識人たちの批判も、あながち的外れとは言えないかもしれない。

ただ注意すべきことは、グローバリゼーションの時代に、北から南への資金移動はますます営利目当ての民間企業に委ねられるようになり、ODAについては新たな特徴が見出されるようになったことだ。

その第一は、開発援助委員会（DAC　OECD内に設けられた途上国への援助を調整する組織で、二〇一四年一月現在、二八か国とEUが参加している）諸国のODAは、一九九〇年代を通じて、だいたい五〇〇億ドル前後で横ばいであった（支出純額ベース）。二〇〇〇年には五三〇億ドルだったが、二〇〇〇年代前半に一〇〇〇億ドル台に急上昇し、一一年には一三四〇億ドルに達している（図9―8）。

二〇〇〇年代に入ってODAがはねあがった主要な理由は、二〇〇一年の9・11同時多発テロ

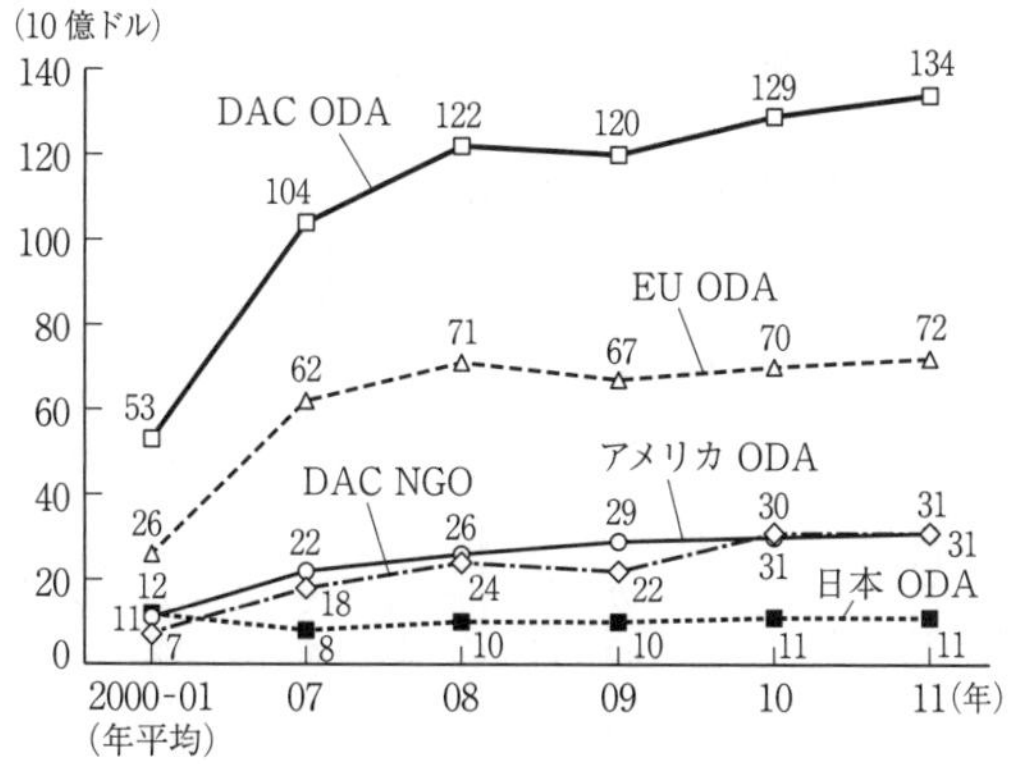

図 9-8　DAC 諸国からの ODA，NGO 資金の途上国への流れ(2000-01 年から 2011 年．支出純額ベース)

出典：OECD-DAC, Aid Statistics. http://www.oecd.org/dac/stats/statisticsonresourceflowstodevelopingcountries.htm.

で、それがアメリカおよびDAC諸国に与えたインパクトは大きかった。

まず第一に、アメリカのブッシュ政権は対テロ戦争を始め、その関連で援助が大幅に増えた。軍事援助はODAにはカウントされないが、敵対政権を倒した後の「復興援助」に莫大な費用がかかる。近隣諸国の協力をとりつけるためにも援助が用いられる。アメリカの戦争地域（アフガニスタンでは二〇〇一年以降、イラクでは二〇〇三年以降）、周辺協力地域（パキスタン）への援助が急増した。アメリカの対外援助は、二〇〇〇〜〇一年の一一〇億ドルから二〇〇七年には二二〇億ドル、一一年には三一〇億ドルへと、二〇〇〇年代を通じて三倍に増えている。

そして第二に、9・11により、貧困がテロの温床との認識が広まり、EU主要国も二〇〇〇年代前半にそれまでの各五〇億ドル前後の援助を大幅に増やした。ＥＵ諸国の対外援助は、二〇〇〇〜〇一年平均の二六〇億ドルから二〇〇〇年代後半に七〇〇億ドル台へと、三倍に増えた。

こうして、二一世紀に入って、ＤＡＣ諸国の援助は明白に四つの特徴を備えることとなった。

第一は、国連のミレニアム開発目標（ＭＤＧｓ）に集約されるような貧困の削減、保健・教育など社会開発の重視である。これは、ＤＡＣ諸国からの資金移転がグローバリゼーションの今日では、すぐ後に見るように、民間投資主体となっているので、そこから起こる社会問題への対処策でもある。つまり、ＯＤＡが民間投資から起こる「市場の失敗」を補う色彩が強くなっている。今日の国際機関、ＤＡＣ援助の主要な目的は、こうしてＭＤＧｓ、ポストＭＤＧｓとなっている。

第二は、アメリカ、世界銀行が支持する良い統治（法の支配、市民的自由、汚職防止など）である。一九九〇年代以降、アフリカ諸国で軍事政権が倒れ、文民政権への移行が進んだので、ＥＵ諸国もこの方向での援助には力を入れている。

第三は、アメリカ、世界銀行グループ（世界銀行、国際金融公社など五つの国際機関の総称）などは、政府規制や貿易規制の自由化、起業支援、土地所有権の確立など、途上国の市場経済化に力を入れている。これは、多国籍企業の進出の地ならし援助と言えるだろう。

第四は、経済がグローバル化している今日、世界的に資源獲得などをめぐる紛争、貧富や民族格差から起こる社会紛争、災害や感染症などの問題（第8章）がむしろ拡大している。難民も国内難民が加わり、依然として深刻である。こうした紛争、災害などの頻発に際して、国連の独立委員会は「人間の安全保障」に関する報告書を二〇〇三年に提出し、日本、カナダ、ノルウェーなどは、これら地球規模の緊急課題に対する援助に力を入れている。

キーワード　人間の安全保障援助

国連が設置した「人間の安全保障委員会」(緒方貞子前国連難民高等弁務官、アマルティア・セン・ケンブリッジ大学教授が共同議長)は二〇〇三年に報告書を発表して、国際協力の主眼の一つとして「人間の安全保障」を据《す》えることを強調した。

この報告書では、グローバル化が進む現在の世界において、国家が必ずしも人びとの安全を十分に担保できない現実が存在するとして、国際社会が紛争と開発に際して人間一人ひとりの保護とエンパワメントに取り組む必要を指摘し、次のような提言をおこなっている。①人びとに最低限の生活水準を保障し、保健や教育をゆきわたらせること、②紛争や武器拡散の危険から人びとを保護すること、③戦争から平和への移行期(平和構築)のための基金を創設すること、④貧しい人びとにも利益がおよぶような公正な貿易・市場の発展、⑤グローバル意識を普及し、人道精神、隣人愛、文化など、人類共通のアイデンティティを強めることなど。いずれも従来のインフラ主体の援助からの転換を示している。

日本の対外援助は、二〇〇〇〜〇一年平均の一二〇億ドルをピークとして、世界的に援助が増えている二一世紀に入っても、ほぼ一〇〇〜一一〇億ドル台で横ばいである。日本のODAの半分は日本の輸出と関連した円借款や日本企業への海外投資金融、残りの半分がＭＤＧｓ、経済インフラ、環境や人間の安全保障関連の緊急援助で、南北の構造問題（日本市場の開放など）に十分取り組んでいないとの批判がある。

日本のＯＤＡは国連の場での申し合わせのＧＤＰの〇・七％からはるかに遠く、ＤＡＣ平均の〇・二九％を大きく下まわる〇・一八％でしかない（ＤＡＣ二四か国中二〇位。二〇一三年の値）。返済を要する借款が多く、贈与要素が少ないとの批判も出ている。先進大国としてはグローバル世界との向き合い方が問われる、恥ずかしい水準と言えよう。

ＤＡＣのＭＤＧｓ関連援助の伸びと比例して、近年ではＮＧＯによる援助が大きく伸びている。ＮＧＯの対外援助は、二〇〇〇〜〇一年には七〇億ドル前後だったが、同じ図9—8によれば、二〇〇七年には一八〇億ドル、二〇一一年には三一〇億ドルに増え、いまではアメリカの対外援助と肩を並べている。開発の趨勢がＭＤＧｓ関連にシフトするとともに、ソフト型援助を得意とするＮＧＯ援助の役割が高まっていると考えられる。

民間資金の流れ

グローバリゼーションの時代に、先進国から途上国への資金移転は、ますます民間資金に依存するようになっている。ＤＡＣ諸国から途上国への民間資金（直接投資、債券投資、輸出信用）の流

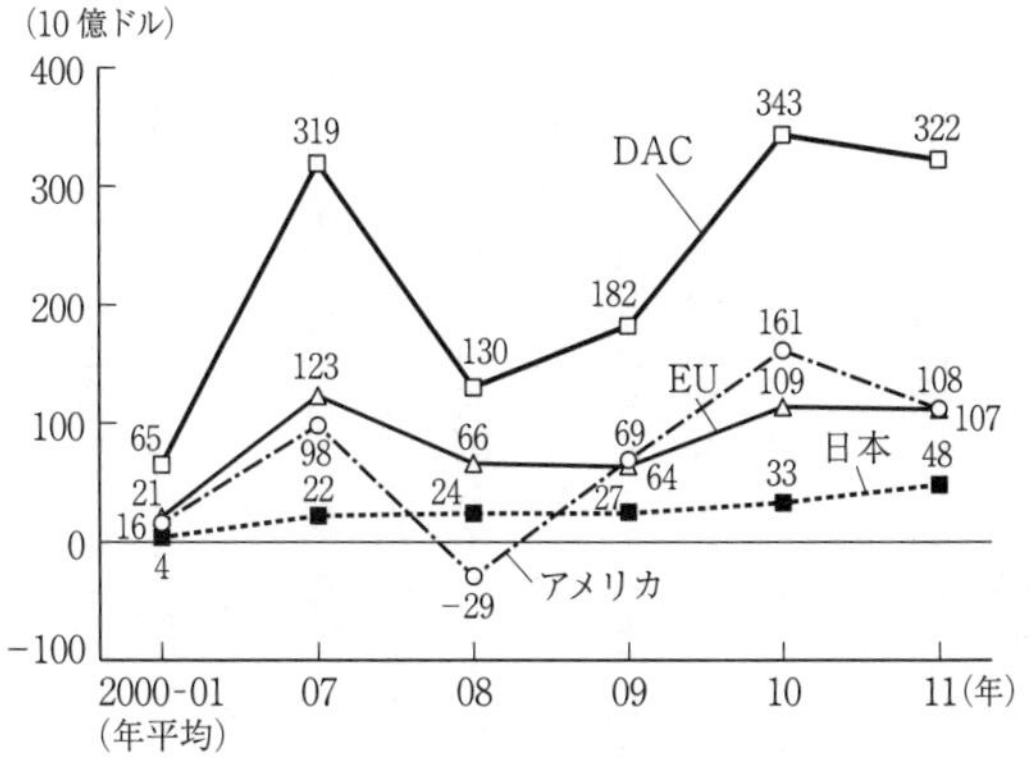

図 9-9 DAC 諸国からの民間資金の対途上国への流れ
(2000-01 年から 2011 年)

出典：図 9-8 に同じ.
注：民間資金は直接投資，債券投資，輸出信用の合計.

れを図9―9に示した。二〇一一年の移転額は三二二〇億ドルで、ODAの三倍以上におよぶ。なお、このほか、先進国から南の国への海外送金(多くは出稼ぎ労働者の送金)が三〇〇〇億ドルにもおよび、ODAは今では、先進国から途上国への資金の流れの一部(二割弱)でしかない。

しかし、この民間資金の移転(とくに民間投資)は、けっして安定したものではない。資本主義の本質からして、企業は利潤が上がるとみるや積極的に投資するが、先行きの収益見通しが暗いと判断した場合には投資を止めたり、引き揚げたりする。あるいは、他国に投資先を転換する。それはこれまでの投資受け入れ国には不況、失業をもたらす。

図9―9では、二〇〇〇～〇一年から二〇一一年にかけてのDAC諸国およびEU、アメリ

カ、日本からの民間資金純移転(民間資金の移転総額から利潤や元利返済の還流分を差し引いた額)の動きを示している。二〇〇〇~〇一年の六五〇億ドルから〇七年には三一九〇億ドル、一一年には三二二〇億ドルと資金移転が大きく増えている。ただし、〇八年には一三〇〇億ドルと前年の四割程度に落ち込んでおり(アメリカの資金収支はマイナス二九〇億ドルで引き揚げ超、これはリーマン・ショックのため)、民間資金の流れは、きわめて不安定なことがわかる。

民間投融資は慈善事業でない以上、グローバリゼーションの推進者たちの言うように開放体制、資本自由化、市場経済化がそのまま経済発展に結びつくものではないことが、ここからも見て取れる。ただし、新興国もインフラ整備、多国籍企業の受け入れなど、かなりの程度、先進国からの資金、それを支えているアメリカの金融緩和に依拠している面があり、そういう意味では、世界経済の一体化が進んでいるといえる。

だが、南の経済成長がこのような北からの民間資金に依存している面が強いがために、いま述べたような社会開発問題、人間の安全保障がさし迫った開発課題として提起されてきていると言えよう。国連が、二〇〇〇年のミレニアム総会時に採択した二〇一五年までのMDGsは、とくに貧困など社会開発に援助の焦点をしぼったものであった。二〇一四年の国連総会では二〇一五年以降のポストMDGsが議論されることになるが、この間明らかになった先進国の雇用や幸福感(豊かさ)の問題などをも含めて、よりグローバルな形での開発目標が採択されることになろう。

キーワード 国連のミレニアム開発目標(Millennium Development Goals　MDGs)

二一世紀を迎えるにあたって開かれた国連ミレニアム・サミットでは、グローバリゼーションと最大限に共存するためのグローバル・ガバナンス(世界的な統治システム)の設立を課題として、恐怖や欠乏からの自由、持続可能な未来などの行動目標を示した。また開発目標として、栄養、保健、教育などの人間開発(国連の援助機関である国連開発計画［UNDP］は一九九〇年来、単なる経済開発にとどまらず、①雇用や一人当たり所得の上昇、②教育、③保健衛生を、国際社会の援助目標として示し、これを人間開発［Human Development］と呼んだ)を推進すること、また開発過程から篩《ふるい》にかけられがちな貧しい人びとに対して優先的に開発目標を設定することを定めた。これがMDGsで、二〇一五年までに、①貧困と飢餓を半減させる、②初中等教育で男女の格差をなくす、③幼児死亡率を三分の二減らす、④妊産婦の死亡率を四分の三減らす、⑤HIV／AIDSなど感染症の蔓延を減らす、⑥持続可能な環境の確保、などの具体的な目標を掲げている。

二〇一三年のMDGs報告では、貧困、安全な水へのアクセス、マラリア・結核対策、スラム居住環境の整備、債務減少などの項目で改善が見られるが、環境保全、栄養不足者、乳幼児死亡率、HIVと感染防止、初等教育や衛生施設の普及、女性の立場改善と社会進出、および都市・農村格差などの面では引き続き努力が必要であると述べている。とくに最も開発の遅れた国(LDC)での普及が南の世界のなかでも遅れている。

二〇一四年度の国連総会で、MDGsに続くポストMDGsが審議されることになるが、新しい国際開発目標では次の諸点が重視されることになろう。(1)開発と環境目標の統合(持続可能な開発)、(2)社会的・経済的格差問題の重視(LDCおよび社会底辺層へのMDGsの普及)、(3)南北を問わない開発目標の導入(相対的貧困、ジェンダー差別の解消、および都市・農村の格差縮小への取り組み)、雇用、社会内部での格差拡大に伴う社会諸階層の対立、すなわち社会分裂問題への対策など、(4)所得貧困の改善にとどまらない人間と社会にとっての良い生き方(well-being)。要約すると、人間のBHNがある程度満たされた段階で、次の貧困解消のステップとして、良い生き方、所得分配、民主的ガバナンスなどを考慮した人間環境の改善(GDP成長にとどまらない豊かさの探求)を開発日程にのせる、ということである。これら人間・社会開発目標の実現のために、政府と民間(ビジネス、市民社会)の協力が呼びかけられている。

EUの展開

経済のグローバル化に対して、いくつかの対応が世界的に出てきていることは第1章で見た。ここでは、地域(region)の形成によって、グローバル化に対応する方向を、ヨーロッパ連合(EU)、東アジア経済圏、また移行経済圏の例について検討しよう。

まず、EUの展開をながめたい。一九五七年のローマ条約によって、ヨーロッパ経済共同体(EEC)が発足した背景には二つの要因があった。

第一には、二つの大戦の戦場となったヨーロッパで恒久的な平和を確立するためには、主権国家の垣根をとり払い、一つの連邦を形成するしかない、とするヨーロッパ統合の生みの親と言われるジャン・モネ（一八八八〜一九七九年。フランスの政治家。ヨーロッパ石炭鉄鋼共同体総裁）やロベール・シューマン（一八八六〜一九六三年。フランスの首相、外相を務め、最初のヨーロッパ議会議長）らの理想主義がある。その当時は夢でしかなかったこのような理想がわずか半世紀という期間内に、二八の国家が参加し、共通の旗、共通の通貨、共通の旅券の下に多文化・多言語を標榜《ひょうぼう》する政治的・経済的・社会的な統合体を「大西洋からウラルまで」（ドゴール将軍）の広大な地域に形成し得たことは、まったく驚きに値する。

このような統合体が成立し得た要因の第二に、第二次大戦後のアメリカとソ連（当時）の冷戦体制のはざ間にあって、アメリカの覇権主義にも、またソ連の共産主義にも併呑《へいどん》されず、ヨーロッパ独自のアイデンティティを打ち立て、そこに冷戦からの活路を見出していこうとする思考、運動があった。このようなヨーロッパの個性の確立は、米ソと比肩《ひけん》する広大なヨーロッパ市場を統合し、そこで域内分業をすすめ、大企業を育成して、効率化・近代化を推進することにより達成されると考えられた。ヨーロッパ統合は、米ソに対抗する経済力をこの地域にもたらすであろう。

二〇一二年の時点で、ＥＵは人口五・五億人、ＧＤＰは一七・八兆ドル（一人当たりＧＤＰは三万二〇〇〇ドル）である。アメリカの約三・一億人、ＧＤＰ一五・七兆ドル（一人当たりＧＤＰは五万ド

表 9-4　EU，NAFTA，東アジア経済圏の基礎データ比較(2012 年)

	面　積 (100 万 km²)	人　口 (億人)	GDP (兆ドル)
EU	4.3	5.5	17.8
NAFTA	21.6	4.63	19.8
アメリカ	9.4	3.14	15.7
東アジア経済圏	16.3	22.4	18.2
日　本	0.378	1.25	4.8
ASEAN	4.48	6.2	2.4
東アジア５か国*	11.4	14.5	11.0

出典：国連統計年鑑，世界銀行データベース，EU 統計局，日本アセアンセンター．
注：* 東アジア５か国とは，中国，台湾，韓国，朝鮮民主主義人民共和国，モンゴルを指す．

ル)とＧＤＰ総額でほぼ肩を並べている(表9—4)。参考のために日本と比べると、人口は一・二五億人、ＧＤＰは四・八兆ドル(一人当たりＧＤＰは三万八四〇〇ドル)で、人口では米欧の三分の一〜五分の一程度、ＧＤＰでは三分の一(一人当たりＧＤＰは、ほぼ並んでいる)となる。もし、東南アジアのＡＳＥＡＮ一〇か国と東アジア五か国・地域(中国、台湾、韓国、朝鮮民主主義人民共和国、モンゴル)、そして日本の東アジア経済圏で考えるならば、人口は二二億人余、ＧＤＰは一八・二兆ドルで、米欧の大経済圏と匹敵することになる。

　後で見るように東アジア経済圏では各国の経済発展度が大きく異なるために、このような経済統合はさしあたってはむずかしいと考えられるが、東アジアの場合は一〇年前にはＧＤＰは米欧の半分程度だったので、この一〇年間に、米欧と肩を並べるまでに成長したことがわかる。

　ＥＵの今日までの歩みは、五つの段階に区分することができる(表9—5)。

第一の段階は一九五七年のローマ条約から六〇年代末に共同市場が成立するまでである。この共同市場は域内関税を廃止し、対外共通関税を設定し、資本と労働力の自由移動を認めることによって実現された。また、農産物についても共通価格を定め、共通市場が形成された。この一二年間に、域内貿易額は名目値で四倍に伸び、共同市場化は大きな成功を収めた。六七年にEECはヨーロッパ原子力共同体(EURATOM)、ヨーロッパ石炭鉄鋼共同体(ECSC)と執行機関を統合して、ヨーロッパ共同体(EC)を発足させ、共通の意思決定機関としてEC委員会を設けた。EC委員会の政策はヨーロッパ議会で討議される。この時期に今日のEUの超国家機関としての骨格が、共同市場のうえに成立した。

第二の時期は、一九七〇年から八五年の時期である。この時期は、スミソニアン会議による変動相場制への移行(第4章)にともない、EC六か国は通貨の共同フロート(スネーク)制を採用し、さらに進んで経済通貨同盟の実現をめざした。そのためまず、ヨーロッパ通貨協力基金(EMCF)が設置され、次いで七九年にヨーロッパ通貨制度(EMS)が発足した。今日のユーロの原型である。EMSは、ヨーロッパ通貨単位(ECU)を参加国通貨の加重平均により定め、ECにおける計算単位、準備通貨、決済手段の役割を果たさせた。加盟各国はスネーク、EMSを通じて経済政策の協調を学んだといえる。

この時期にはまた、まず七三年にイギリス、デンマーク、アイルランドが、次いで八一年にギ

第5の時期(2007年-)金融・財政危機，それに続くソブリン危機に対応しつつ，EU統合を再編成する時期	
2007-09	サブプライム・ローン危機からリーマン・ショックへ．ヨーロッパ諸銀行も大きな痛手をこうむり，政府が財政赤字を拡大させて金融危機に対処する
2009-11	政府の債務危機．ヨーロッパのPIIGSと呼ばれるその多くが南に位置する国(ポルトガル，アイルランド，イタリア，ギリシャ，スペイン)，また，キプロスなどの金融・財政困難(主権国家＝ソブリン＝危機)に対し，EUが欧州中央銀行(ECB)，IMFと協調し，8000億ユーロ規模(オランダとベルギーのGDP合計に等しい)のヨーロッパ金融安定化基金(EFSF)を設置し，救済に乗り出す
2012-14	安定成長協定，銀行同盟，財政協定など，金融・財政危機，ソブリン危機の後始末から，ゆるやかな統合への道を模索

出典：European Union Websiteをもとに筆者作成．

リシャ、八六年にスペイン、ポルトガルが加盟し、一二か国から成る拡大ECが発足した。

第三の時期は、一九八六年の「単一ヨーロッパ議定書」(Single European Act)、九二年のマーストリヒト条約と、拡大ECを「ヨーロッパ連合」(European Union)へと跳躍させる重要な政治的、経済的協定が締結された時期で、これが二〇〇一年から現在に至るEUの全ヨーロッパへの拡大、ユーロ発足による統合の質的な深化の時期の基礎をつくることになる。

単一ヨーロッパ議定書は、九二年末までに、モノ・サービスの両面で域内取引の障壁を撤廃して、九三年一月よりヨーロッパ統合市場を発足させることになった。マーストリヒト条約は、新たに外交・安全保障、経済・通貨、社会の三分野での統合を進めることを決めた。ECは九三年一一月、マーストリヒト条約の発効とともに、EUと名称を変更したのである。

表 9-5　EU 統合の歩み

第 1 の時期(1957-69 年)発足期

1957　ローマ条約　ベルギー，フランス，ドイツ，イタリア，オランダ，ルクセンブルクにより調印

1958　ヨーロッパ経済共同体(EEC)発足

1967　ヨーロッパ共同体(EC)発足(EEC，EURATOM，ECSC の統合体)

第 2 の時期(1970-85 年)統合準備期

1973　ヨーロッパ通貨協力基金(EMCF)設置

イギリス，デンマーク，アイルランド加入

1979　ヨーロッパ通貨制度(EMS)発足

1981　ギリシャ加入

1985　グリーンランド(デンマーク自治領) EC より離脱

シェンゲン協定

第 3 の時期(1986-98 年)統合進展期

1986　スペイン，ポルトガル加入

単一ヨーロッパ議定書

1993　マーストリヒト条約発効，EC は EU に改称

ヨーロッパ統合市場(モノ・サービスの自由化)発足

1995　スウェーデン，フィンランド，オーストリア加入

1997　アムステルダム条約(EU の意思決定方式を定める)

第 4 の時期(1999-2007 年)全ヨーロッパへの統合拡大

1999　ユーロ決済通貨として発足

2000　EU，西欧同盟(WEU)を吸収統合

ニース条約(東方拡大に際して，アムステルダム条約の意思決定方式を機能的に修正)

2001　ユーロ一般通貨として流通開始

2004　EU の東方への拡大．ポーランド，チェコ，ハンガリー，スロベニア，スロバキアの中東欧 5 国，バルト 3 国(リトアニア，エストニア，ラトビア)，地中海のマルタ，キプロス，計 10 か国加入

ヨーロッパ憲法条約草案，フランス，オランダの国民投票で否決

2007　ブルガリア，ルーマニア加入(13 年にクロアチアが加入して，EU 28 か国へ)

憲法条約に代わるリスボン条約調印(2009 年発効)

九七年に採択されたアムステルダム条約は、EU首脳会議の決定について、全会一致を原則としながらも反対者は「建設的棄権」を選ぶことの条項を入れた。ただし、棄権が三分の一を超えれば、決定にはいたらない。この条約に、八五年に結ばれたシェンゲン協定(加盟国市民の域内自由通行を定めた)も組み入れられた。第四期の東方拡大を前にして、EUはアムステルダム条約の意思決定方式をニース条約で修正した。つまり、ニース条約では、多数決で決める議題の範囲を拡大したのである。これらの条約ではともに「先行統合」の考えを取り入れ、首脳会議の場で意見がわかれたとき、八か国の参加があれば、共通政策を発足するとした。これらの条約はいずれも、効率的な統合の促進をはかっている。経済的には石油ショックと八〇年代前半の世界不況のなかで行き詰っていたEC統合を、強力な政治的イニシアチブによって再始動させ、EUとして、より高次な段階へと進めたことが、これらの条約から見てとれる。

二〇〇一年一月から通貨として流通を始めたユーロは、EU諸国間の一体感を飛躍的に高めたといえる。ここに、第四期、すなわち、EUの全ヨーロッパ拡大の時期が始まる。

二〇〇四年からは新たに中東欧など一〇か国が参加し、二五か国による拡大EUの時代がはじまる。この時期にはさらにブルガリア、ルーマニア(ともに二〇〇七年)、クロアチア(二〇一三年)が加盟した。現在(二〇一四年初頭)は、トルコ、セルビアなどの加盟が交渉されている。

EU加盟の基準は九三年の「コペンハーゲン基準」によるもので、①民主主義、法の支配、人権と少数民族の尊重、②市場経済国、③ＥＵのマーストリヒト条約による三面統合（政治外交、経済通貨、社会）を受け入れる、の三点を条件としている。トルコの加盟交渉は、この①に抵触するとして、交渉が長引いている。いずれにしてもＥＵは、全ヨーロッパをまとめるような大きな政治的、経済的機関に成長した。それと並行して、西欧同盟（Western Union 西欧諸国の軍事安全保障同盟）を二〇〇〇年に吸収し、アメリカが影響力を持つ北大西洋条約機構（ＮＡＴＯ）とは別個のＥＵ独自の軍事安全保障体制をも整備した。

また、第四期にはリスボン条約（二〇〇七年調印、〇九年発効）で、大統領制を導入し、外交政策を一元化するなど、機構改革を進めるとともに、各国議会や市民が立法過程に介入し得る仕組みをも定めた。

しかし、二〇〇七年以降の世界経済・金融危機では、グローバリゼーションのなかで、アメリカ金融機関との相互乗り入れの進んだヨーロッパの金融機関の痛手も大きく、各国政府がその救済に乗り出した結果、今度はとくに経済の弱体な（生産性が低く、貿易赤字が大きく、それを埋めるために財政赤字が増える）南部諸国の国家債務が膨張し、国家主権（ソブリン）危機の状況が生まれた。北部諸国でも国家の財政赤字が増え、ユーロ価値の維持が憂慮された（序章）。これが、現在の第五期の問題として出てきている。

課題に直面するEU

EUの現在の課題としては、いくつかある。第一は、EU内の南北問題といえるものだ。先に述べた南部諸国の経済脆弱性に加えて、新規加盟国の大部分は移行経済国やヨーロッパのなかでは低所得国であるので、EU(北部諸国)の財政負担はそれだけ大きくなった。EUは、ソブリン危機を通じて、欧州中央銀行とともに南部諸国に多額の支援を約束しており、財政問題がEUの政策展開を制約している。

第二に、EUはこれまでドイツとフランスの枢軸《すうじく》により推進されてきたが、ユーロの価値の基礎となる財政の健全性の面で、フランス、イタリアをはじめ、多くの国の財政赤字幅がGDPの三%を超え、政府の債務残高も多くの国が規定の六〇%を上まわっている。EUは財政協定などにより、財政規律の回復をめざしているが、ドイツを除き、他国の経済回復の展望ははかばかしくない。フランスも経済危機、失業増大を通じてナショナリズムが高まり、二〇一二年に発足したオランド社会党政権は、サルコジ大統領時代の独仏連携を解消し、EU委員会の緊縮財政方針にもかかわらず、金融緩和、経済成長政策を主導している。加盟各国で「反EU」政党も勢いを増している。各国が経済成長との兼ね合いで、財政再建をどう進めるか、「ブリュッセル」(EU本部の代名詞)との距離をどうとっていくかは、EU内部でジレンマを生み出す問題である。

第三は、EU統合が進むにつれて、周辺諸国から新規加盟国などを経てEUに流れ込む移民、出稼ぎ労働者も増え、これに対してEU各国の内部では排他主義、人種差別主義が再燃する徴候も、すでにフランス、ドイツなどであらわれていることだ。

第四は、エネルギー政策である。ヨーロッパは、北海油田を持つノルウェー(非EU国)、イギリス(産油量が減少し、原油輸入国となっている)を除き、石油資源には恵まれていない。そのため、早くからヨーロッパ諸国は原発導入を進めてきた。チェルノブイリ事故以来、脱原発の世論が強まり、現在ではEU二八か国中、原発保有国と非保有国は半々である。EUは一九八〇年代以降、再生エネルギーの導入では先進地域となっている。だが、二〇一三年現在で輸入石油・ガスの三分の一がロシアからで、ロシアのクリミア自治共和国編入にともなう経済制裁のいかんで、エネルギー危機に直面しかねない。東欧諸国は、ロシアからの天然ガス供給を減らすため、原発導入の方針を持っている。

福島第一原発事故以来、ヨーロッパでは、脱原発の時期を遅らしていたドイツが予定通り二〇二二年までに一七基の原発全廃、スイス、イタリア、ベルギーも原発凍結、廃止の方向を打ち出している。フランスのオランド社会党政権は、二〇二五年までに現在の原発による電力供給八〇%を五〇%に減らす政策を公約している。イギリス、フィンランドは原発増設の方針を変えていないが、原発の建設費が膨張しコスト高となり、増設計画の大幅な遅れが予想される。

このように、EU諸国の原発政策はそれぞれわかれており、将来、電力単一市場が計画される時点になれば、原子力政策の統合（もともと欧州原子力共同体で、原子力導入の協力経験を持つ）の問題が出てくるだろう。だが、現在、ＥＵでは地域主権政策の進展とともに、電力の国境を越えた配送電が進んでおり、スコットランドのように自然エネルギーの輸出産業育成をはかる国・地域もある。ＥＵの原子炉は償却期限間近の古い設備が多いので、まずは廃炉、廃棄物の共同処理などから原子力政策が進められることになろう。

これらの課題はいずれも、ＥＵ自身が経済のグローバル化にコミットしているために、対応がひと筋縄ではいかない問題と言える（たとえば減原発のフランスは、原発輸出政策を掲げている）。

ＥＵは独自の社会民主主義の伝統を持ち、自由市場経済万能主義とも、また統制的な中央計画経済とも異なる独自の発展の道（「第三の道」と呼ばれる）を模索してきた。ポスト経済危機のＥＵはしたがって、ヨーロッパ統合という目的は堅持しながらも、すでにユーロについて採用しているような二段階統合（統合の可能な国から統合を進める。ユーロは二〇一四年現在、一八か国が採用）など、プラグマティックな対応をとり、地域分権および諸地域間の相互交流、官民協力（「新しい公共」）、市場経済（効率）と公共政策（公正）の調和、市民社会のイニシアチブによる持続可能な発展など、多様なガバナンス形態を進めていくことになろう。

東アジアの経済圏

ＥＵの進展に直面して、アジアでも独自の地域協力体制が必要であるとの議論はすでに一九八〇年代からあった。ここから八九年にはオーストラリアの提唱により、アジア太平洋経済協力（ＡＰＥＣ）が発足した。これはアメリカ、カナダ、オーストラリア、ニュージーランド、日本、韓国とＡＳＥＡＮ六か国（当時）の一二か国により発足したが、その後、中国、台湾、香港、メキシコ、チリ、パプアニューギニア、ベトナム、ペルー、ロシアが加わり、二〇一四年一月現在で二一か国・地域が参加している。

ＡＰＥＣはアジア太平洋地域の経済協力・技術を目的としたゆるい政府間協議体で毎年首脳会議を開催している。しかし近年ではＡＳＥＡＮ諸国の側から、ＡＰＥＣの場ではなく、アジア・プロパーの地域協力のための対話が必要であるとの声が高まってきた。それには、事情がある。

第一には、ＡＳＥＡＮ諸国は一九九七〜九八年のアジア通貨・金融危機で、グローバリゼーションに振り回される危険性を痛感した。他方でこの時期に、日本が新宮沢構想（当時の宮沢外相の名前をとった外貨融資政策）により、七〇〇億ドルにのぼる資金を提供したことは、ＡＳＥＡＮおよび韓国の経済立ち直りに大きく貢献した。このような通貨協力の実績のうえに、東アジアとの接近の声が高まってきたのである。

第二にはＡＰＥＣの場で、しだいにアメリカからグローバリゼーションを支える経済自由化への要求が目立ってきたことから、ＡＳＥＡＮ諸国はＡＰＥＣに距離を置き始めた。ここから、二〇〇三年にはアジア債券基金のように、域内諸国がドル建て、または各国通貨建ての国債を購入する基金を設置する地域協力構想も具体化するようになった。一九九八年の時点で、日本がアジア通貨基金の設置を提案した際には、アメリカと中国がともに反対してつぶれた経緯がある。アメリカはこのような地域通貨金融機関が発足すれば、IMFの権威が弱体化することを懸念したし、中国は日本のアジアに対する影響力が増大することを好ましいとは思わなかったのである。

しかし、二一世紀に入ると、東南アジアと東アジアの協力が必要であるとの認識が強まってきた。すでに一九九〇年、APECが発足した時点でマレーシアの当時の首相マハティールは「東アジア協力会議」(East Asian Caucus)として、このような東アジア諸国との協議体設置を提唱したが、その時点では日本をも含めて東アジア側で、これに応える声は出なかった。しかし、東アジア側も、第1章で指摘したようなグローバリゼーションの進展へと対応する必要から、地域協力協議へと踏み切ることになり、二〇〇三年一二月に東京で開かれた日本ASEAN特別首脳会議で、日本・ASEAN間の包括的EPA交渉の開始とともに、「東アジア・コミュニティづくりの推進」が謳われたのである。

東アジア共同体構想は、しかし、その当初から日本と中国の東アジアでの主導権争いにより、振り回されることになった。ASEANはもともと先に述べた事情から、ASEAN+3を地域協力のスキーム(枠組み)として考えていたのだが、日本は、東アジア地域協力が、アメリカの不興を買うことを恐れて、二〇〇五年に発足した東アジア・サミット(East Asia Summit　EAS)に、オーストラリア、ニュージーランド、インドの三国を招き、ASEAN+3+大洋州二か国とインドの計一六か国で首脳会議を開くイニシアチブをとったことについては、第1章で述べた。その後、二〇一一年にはEASにアメリカ、ロシアを加えることになり、EASは地域主義的な色彩をすっかり弱めることになったのである。

二〇一四年現在、東アジア協力としてはASEAN+3、EASの二つの形態が併存し、それぞれの場で、また前者と後者(アメリカ、ロシアを除く一六か国)の間で、FTAが交渉されている(第2章)。ところが、ポスト経済危機の時代に、アジアではナショナリズムが強まり、日中の対立が深まった。ここから日本は、野田民主党内閣の時代にアメリカ主導で太平洋の場で自由貿易交渉をすすめるTPPのほうに向き直り、TPP重視の方向に舵《かじ》を切り替えた。アメリカは、WTOなど、グローバリゼーション推進の仕組みが困難におちいったことから、TPPに力を入れているのだが、TPP重視に関係国の力点がいくと、当初ASEANがめざしたような東アジアの地域協力により、グローバリゼーションのわな(大都市や巨大企業の繁栄の反面、貧富格差や失業問題の激化)への回答を準備しようとする構想は、当面はタナ上げとなるだろう。

キーワード　環太平洋パートナーシップ(Trans-Pacific Partnership　TPP)協定

この経済協力協定は、もともとシンガポール、ニュージーランド、チリ、ブルネイの四か国の間で発足していたＥＰＡに、二〇一〇年、アメリカ、オーストラリア、ペルー、ベトナムが参加し、次いで、マレーシア、メキシコ、カナダおよび日本が参加し、一二か国での交渉となった。ＴＰＰは、単なる貿易自由化ではなく、知的財産、競争政策、政府調達（政府の購入）、サービス貿易など、アメリカとしては日本との間で膠着《こうちゃく》している構造改革協議を太平洋の場で一気に進めて新たなグローバル・スタンダードとする狙いがある。ＡＳＥＡＮ自由貿易地域（一九九三年発足）の場合には域内の後発地域に自由化段階を設ける配慮があるが、ＴＰＰでは競争力の弱い部門や産業への配慮がなく、一率自由化を建前としている。そのため、ミニグローバリゼーションの地域的な仕組みとして警戒する声もある。

移行経済圏

地域主義についての議論で、最後に移行経済圏について簡単に触れておきたい。

かつての中央集権的な社会主義国はいずれも、東西冷戦終結、ソ連・コメコン（ソ連時代にソ連と東欧諸国が作っていた経済協力機構）崩壊後、急速に市場経済への移行を進めており、そのため移行経済（Transition economies）圏と呼ばれる。ロシアをはじめとする旧ソ連諸国、東欧諸国、中国・ベトナム・モンゴルなどのアジア社会主義国がそれである。だが、コメコンのような一つの社会主義経済圏はもはや存在しない。これらの諸国はいずれもマクロ財政・金融政策の採用、税制整備、国営企業の民営化、個人・組合・中小企業の育成などにより、市場経済化を図っている。

中国、ベトナムなどのアジア諸国は、外国投資により市場経済化を進め、著しい経済成長を示している。中国がグローバリゼーションの混迷のなかで、ASEANとの接近をはかり、日本との摩擦を生んでいる現状については前に述べた。中東欧諸国の多くはEU加盟の道を選び、EUからの投資やEU貿易による成長をめざしている。旧ソ連諸国の場合には、ロシアが資源大国として再び地域への影響力を強めるなかで、ウクライナやグルジアのように、西欧化に活路を求めるか、あるいはロシアと再び結ぶか、のむずかしい選択を迫られている。かつての官僚統制風土が色濃く残っている移行経済国では、市場経済化、ビジネスチャンスの拡大とともに、汚職腐敗の蔓延《まんえん》も問題になっている。

旧ソ連圏では、(1)ロシアを軸とした独立国家共同体(CIS、一九九一年、バルト諸国を除く旧ソ連諸国が外交問題の調整などをおこなうため設立。二〇〇九年にグルジアが脱退)、(2)中国、ロシア、カザフスタン、キルギス、タジキスタン、ウズベキスタンの上海協力機構(これら六か国にモンゴル、インド、イラン、パキスタン、アフガニスタンがオブザーバー参加している。アメリカはオブザーバー参加を申請して断られた)、の二つの地域組織が、旧社会主義体制を引き継ぐ協力体として成立している。だがCISは、ロシアとの関係をめぐる利害対立により、活発とは言えない。

上海協力機構は中央アジアをめぐる安全保障、エネルギー協力の組織だが、これは二つの発展の可能性を持つ。一つは、ロシアと中国を結ぶ枢軸体制。中国にしてみれば、第1章に述べたG2戦略の後方を固める性質のものだが、両大国の中間に中央アジアという絶妙の緩衝地帯を持っている。そして、この「緩衝」地帯は、ロシア側にとっても、中国側にとっても、イスラム民族主義台頭をコントロールする場でもある。中国とロシアはこの場で軍事演習をもおこなっている。

第二は、近年カザフスタンなど中央アジア・カスピ海沿岸地域で発見され、生産が急速に伸びている石油、天然ガスをめぐる天然資源の開発協力の場である。ロシアを含むユーラシア地域は、世界石油確認埋蔵量の八％を占め（二〇一三年）、石油の大輸入国中国にとっては、貴重な近隣の資源確保先である。二〇〇一年に成立した上海協力機構は、いままでのところ、治安・安全保障協力の色彩が強いが、将来的には前に述べたＣＥＬＡＣやＡＳＥＡＮと並んで、南アジアやイスラム圏の大国を含む有力な非欧米協力体として発展する可能性を持つ。これは欧米発のグローバリゼーションに対抗するユーラシア、アジア地域での対応と言ってよいだろう。

第10章　進行する軍事化、根づく市民社会

二一世紀に入り、進む軍事化

グローバリゼーションの下で、軍事化は現在進行中である。

東西冷戦体制時代、一九九〇年には世界の軍事支出は八〇〇〇億ドルにまで到達し、その半分がアメリカ、四分の一がワルシャワ条約機構（当時のソ連と中東欧同盟諸国）の支出であった。当時は、米ソの核兵器とその運搬手段（ミサイル）の開発競争による「恐怖の均衡」の絶えざる拡大が、軍事化の主要なテーマとなっていた。

その後、一九九〇年前後の冷戦体制の崩壊とともに、軍事化の様相も大きく変わってきた。以前は国家間の緊張、紛争が軍事化の主要な局面を占めていたが、近年では、国家と非国家アクター（行動体）、また非国家アクター間の紛争が、軍事化をエスカレートさせている面が出てきた。安全保障の問題も、以前は安全保障というと自動的に国家の安全保障（national security）を指していたが、いまでは諸国家の連携による集団的安全保障（collective security）、さらには人間の

表 10-1　世界の軍事支出

（10 億ドル，2011 年固定価格）

	1993 年	2000	2005	2012	2012/1993
世　界	1168	1120	1420	1733	1.48
北　米	482	410	598	691	1.43
アフリカ	17	19	24	38	2.23
ラテンアメリカ	37	48	54	75	2.02
アジア	170	202	260	382	2.24
中　東	67	80	98	128	1.91
ヨーロッパ	396	360	387	419	1.06
西欧	309	303	308	296	0.95
東欧*	86	57	79	122	1.42

出典：*SIPRI Yearbook: Armaments, Disarmament and International Security 2013*: Table 3.1 および SIPRI database http://milexdata.sipri.org/files/?file=SIPRI+milex+data+1988-2012+v2.xlsx.
注：* 東欧にはロシアを含む.

安全保障（第9章）など、著しく多元化してきた。

冷戦体制解体後、一～一・一兆ドルを維持してきた世界の軍事支出は、二〇〇〇年代前半に一・四兆ドル、二〇一〇年代に入り、一・七兆ドル台へとはねあがった。一九九三～二〇一二年の二〇年間に一・五倍の増加であり、明確に新たな軍拡時代へと入っている。その四割は北米（とくにアメリカ）である。冷戦後も、アメリカが主要な軍拡国である事実には変わりはない。

表10―1は、世界の軍事支出状況を示しているが、この表からもうひとつ、興味深い事実が読みとれる。それは、いま述べた二〇年間に、アフリカ、アジア、ラテンアメリカ、中東の南の世界の軍拡が、世界平均の一・五倍を大きく上まわっていることだ。

二一世紀に入ってからソ連という仮想敵が解体したにもかかわらず、アメリカの軍事支出が伸びたのには二つの理由がある。

第一は、グローバリゼーションの進展、多国籍企業の世界進出とともに、アメリカの世界の警察官としての任務に対する認識が強まってきたことである。だが、アメリカはもはや独自で、世界平和を監視あるいは管理する力は持たなくなっており、そのため、同盟国を巻き込んで、「集団的自衛」の形で戦争準備体制を構築することに努めている。

第二は、二〇〇一年の9・11同時多発テロにより、対テロ戦争が主要な課題として認識されるようになった。アメリカのアフガニスタン戦争(二〇〇一年～)、イラク戦争(二〇〇三年、事実上、二〇一一年まで継続)は、タリバン政権、フセイン政権の崩壊を目的としながら、実際は対テロ戦争の一環として遂行された。これらの戦争と関連した経済・財政援助により、アメリカの軍事費も、また、財政赤字も膨張したのである。アメリカでは、劣化ウラン弾、対空パトリオット・ミサイル、アース・ペネトレーター(地中貫通弾)、GPS(Global Positioning System)と呼ばれる人工衛星網を用いた電子測位システム、これを利用した無人攻撃機などが開発・実用化にうつされた。

これら新時代の兵器開発は、一方では軍産複合体の利益に根ざしているし、他方では、戦争でアメリカ軍兵士が死傷することは莫大な経費と世論の離反を招くために、無人機などのロボット、IT兵器を用いた「戦争の無人化」への努力、そして軍事業務の一部(要人警護、捕虜尋問、物資運送、無人システムの運用、正規軍のカバーなど)などの民間軍事会社へのアウトソーシング(P・W・シンガー、山崎淳訳『戦争請負会社』日本放送出版協会)などと結びついている。これが、「対テロ戦争」を大義名分として進められているわけである。兵器開発の「現代化」努力は、ロシア、中国でも同様であり、世界の武器市場を視野に入れた無人機開発、旧型兵器の革新が進んでいる。

キーワード 軍産複合体(Military Industry Complex)

一九六一年、軍人出身のアイゼンハワー米大統領が退任演説で、次のように指摘した。「わが国は、巨大な規模の恒久的軍事産業をつくらざるを得なかった。この膨大な軍事施設と巨大な兵器産業の連結は、アメリカの経験では新しいものである。その経済的、政治的、軍事的な影響全体は、あらゆる都市、州議会、政府官庁で感じられる。われわれは(中略)軍産複合体が不当な影響力を獲得していくことを制止しなければならない」。それまで、戦争準備、軍事努力は、他国の敵視化から生まれると考えられていた。しかし、軍産複合体の問題提起により、軍事努力が国内の経済社会構造に根ざすことがあり得るということが広く知られ、戦争と平和に関する思考に新しい次元を開くことになった。

無人機は、無人水上・潜水艇や無人車両とともに実用化されている。電子誘導装置や電子機器の発達が実用化をたすけた。本文で述べた戦争の無人化、ロボット化、ビジネス化は軍産複合体の現代的展開の一端を示すものといえる。民生用では農薬散布や災害対応、宇宙・深海・資源探査(軍事用と区別しがたい)などに用いられている。軍事用には、一九七〇年代以来、他国の航空写真を撮影する偵察・査察用に利用されてきたが、イラク、アフガニスタンの戦争以来、攻撃用に使用されるようになった。無人攻撃には、ロボット型の自動操縦(プログラムにしたがう)と遠隔電子操作の二種類があり、有人の場合と比べて、コスト安で効率的に所定の攻撃を実行できるが、他方で、誤爆や過剰攻撃(目的以外の殺傷)の例も、しばしば報告されている。

戦争のロボット化は、二つの大きな問題を生み出す。一つは、人間殺戮《さつりく》のハードルが低くなるのではないか、という国際人道法上の問題で、私たち人類の倫理観が問われている。戦争を起こしやすくなるのではないか、という懸念もある。国際社会の危機感も高まり、二〇一三年一一月にはジュネーブで、国連の特定通常兵器使用禁止制限条約(CCW)締約国会議がロボット兵器規制を視野に入れて、開催された。

なお、電子戦争システムと結びついた世界的な監視システムの拡充は、国内での監視・盗聴の日常化と結びついている。このような監視・盗聴システムの一環をオーストラリアのジャーナリスト、ジュリアン・アサンジ氏が創設したウィキリークスや、アメリカＣＩＡの元職員エドワード・スノーデン氏が明らかにし、これに対抗してアメリカ政府は同盟国に対する秘密保護の強化を申し入れた。それが日本では二〇一三年一二月、国会で急きょ採決された特定秘密保護法となってあらわれたわけである。

世界の主要軍事支出国一五か国のリストを表10—2に掲げたが、アメリカが六八五〇億ドルで、

表 10-2　世界の主要軍事支出国（2013 年）

	（10 億ドル*）	（%）
1 アメリカ	685	39
2 中　国	［166］	9.5
3 ロシア	［91］	5.2
4 イギリス	61	3.5
5 日　本	59	3.4
5 フランス	59	3.4
7 サウジアラビア	57	3.2
8 インド	46	2.6
8 ドイツ	46	2.6
10 イタリア	34	1.9
11 ブラジル	33	1.9
12 韓　国	32	1.8
13 オーストラリア	26	1.5
14 カナダ	23	1.3
15 イスラエル	15	0.9
計	1,436	82
全世界	1,756	100

出典：*SIPRI Yearbook: Armaments, Disarmament and International Security 2013*: Table 3.3
注：* 経常ドル．
［　］は推定．
イランの軍事支出は 2002 年時に 180 億ドルで，その後の核開発によりさらに膨張している可能性があるが，データが得られていない．

飛び抜けており、世界の警察官としての位置を守っていることがわかる。近年、中国が毎年二けたにのぼる軍事費の伸びを計上し、軍備の現代化をすすめ（その過程で、先進軍事国へのサイバー戦争による軍事機密の奪取《だっしゅ》がおこなわれている）、二〇一三年の時点でロシアを抜き、一六六〇億ドルの世界第二位の軍事大国となっている。平和憲法を持つ日本はしかし、核保有国のインドを抜いて、フランスと並び五九〇億ドル、世界五位の軍事大国である。これは日本がアメリカから絶えず一時代前の兵器を購入し、軍備を更新していること、また、自衛隊の維持コストが高いことの二つの理由による。

　この一五か国中、イスラエルも加えた六か国が南の国だが、南の国の軍事化は今後とも進んでいく可能性が高い。それは先進国が絶えず新しい先進兵器を開発していく過程で、陳腐化した武器を南の国に売りつけていること、また、南の国のキャッチアップ過程で、領土・領海など、資源紛争も含めた紛争が多発していることの双方の理由による。こうした紛争の多発を一国で抑えることは困難であり、そのため、国連の平和維持軍を始め、戦争に際して結成される多国籍軍、あるいはアフリカ連合(AU)のような地域機構の軍隊による集団的安全保障策がとられている。二〇〇三年の時点で、世界に展開する多国籍軍は一〇万程度だったが、二〇一〇〜一一年に、その数は二五万人と二・五倍に増えている(*SIPRI Yearbook 2013*)。

　世界の軍事状況、紛争をモニタリングしているストックホルム平和研究所(SIPRI)は、世界の軍事紛争を①国家ベース紛争、②非国家紛争、③一方的暴力、に分類している。

　この三種のわけ方については、やや説明が必要である。①国家ベース紛争とは、政府間紛争を意味するが、同時に、政府と民族主義グループやアルカイダなどの政治集団と軍事衝突を起こす場合をも含む。アルジェリアやモーリタニア政府とアルカイダ、エチオピア政府とオガデン民族解放戦線などの民族独立運動、フィリピン政府とモロ民族解放戦線、イギリス政府と北アイルランド独立軍、NATOとリビア政府、ミャンマー政府と地方少数民族などの戦闘の例が、それに

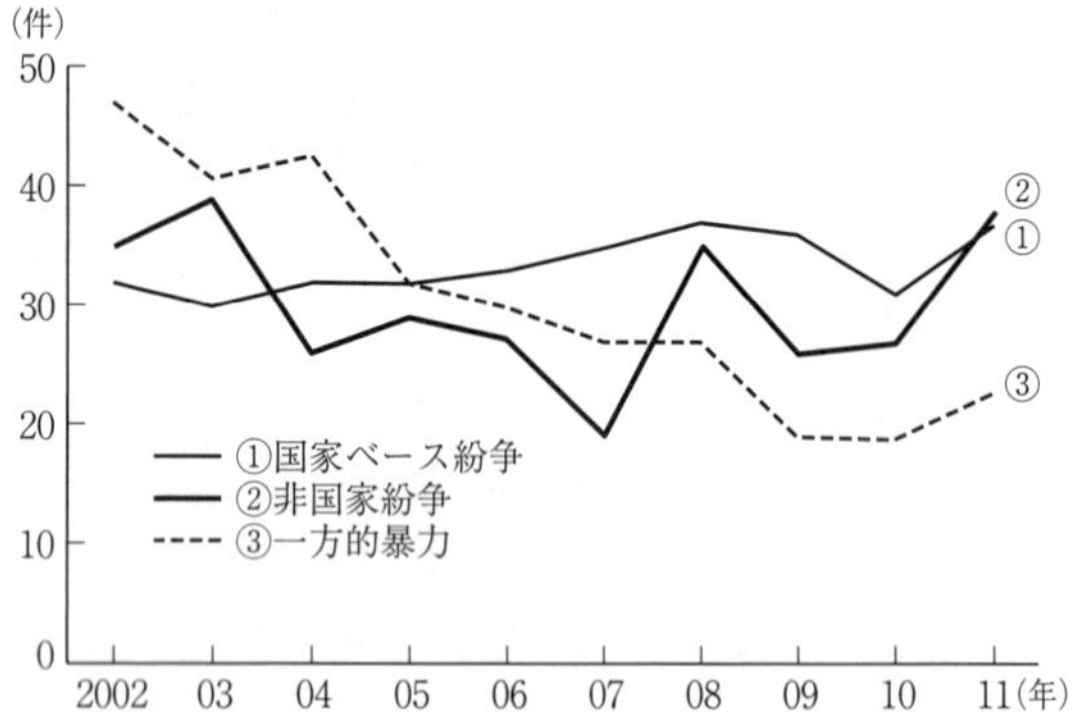

図 10-1　世界の軍事紛争発生件数の推移(2002-11 年)
出典：表 10-1 に同じ. Figure 1.3.

あたる。リビアでのように、当初カダフィ政権が民主化運動ベースの国民評議会を弾圧したが、後者が権力を掌握した後は、後者が国家を代弁し、カダフィ支持派の諸部族と戦闘した例もある。

②の非国家紛争は、ナイジェリア、スーダンなどでの諸部族間の衝突、メキシコでの麻薬マフィア間の武力対立、南アジアでの諸民族間抗争、中東での宗教ベース（エジプトではコプト教徒とイスラム教信者集団、レバノンやイラクではスンニー派とシーア派、シリアではスンニー派とアサド大統領を支持するアラウィ派）の武力対立、などの例がある。

③の一方的暴力は、政府や非政府集団が、一方的に住民や住民集団に対して軍事的暴力を行使する例で、アフリカでの政権争いや資源権益をめぐる軍事闘争の過程で、住民への暴力としてあらわれる例が頻発している。ミャンマーやアフガニスタン、シリア、イエメ

ンなどでも、政府や軍事・宗教派閥の少数民族・反対派弾圧の過程で難民が発生している。アフガニスタンやパキスタンのタリバン集団のように、女性の社会的発言を暴力的に弾圧する例もある。

ＳＩＰＲＩの年次報告によれば、二一世紀に入って、これらの軍事紛争は毎年各分類ごとに三〇〜四〇件程度発生しており（図10―1）、③の一方的暴力の場合のみ、二〇〇二年の四七件から二〇一一年の二三件へと半減している。その犠牲者は、各件ごとに数十から数千の規模で発生し、また関連した難民は、その数倍から数十倍にのぼる。③の一方的暴力の減少は、前に述べた国際社会の介入が作用していると考えられるが、言い換えれば、政府の関与した軍事紛争には国際社会は介入しにくいと見ることができるかもしれない。

これらの軍事紛争、とりわけそこへの外部介入に際して「テロリズム防止」（米ブッシュ政権のアフガニスタン、イラク介入の例）という言葉がよく用いられるので、ここで、テロリズムとは何か、について見ておこう。

テロリズムとは何か？

いま世界の軍事化の大義名分となっているテロリズムとは、何だろうか。第1章で、グローバリゼーションのなかでのテロリズムの広がりについて述べたが、ここで、テロリズムの背景、内容について立ち入って考えてみたい。

日常的に使われるテロリズムという用語について、国際的に一致した定義を見出すことは、じつはむずかしいのである。

テロの語源は、フランス大革命の際に、権力を掌握したジャコバン派が反対諸派を弾圧し、対立する指導者たちを次々とギロチンに送り、恐怖政治を施《し》いたことに始まる。ラテン語のter-reō(恐れおののく)が語源である。テロリズムという言葉が国際政治に入ってきたのは一九九〇年代で、グローバリゼーションと関連している。

一九九四年に国連は、八〇年代以来頻発する飛行機ハイジャックや人質事件、街頭での無差別爆発事件などへの対策を議論するなかで、「国際テロリズム排除に関する宣言」を採択した。それ以来、国連の場ではテロリズムを非難する決議が何度かおこなわれたが、これらの決議では、テロリズムとは「政治的目的を持って、公衆、人びとの集団、または個人に対し、恐怖の状態をひき起こすことを意図した犯罪行為。こうした行為は、いかなる政治的、哲学的、思想的、人種的、民族的、あるいは宗教的などの理由が引き合いに出されようとも、どのような場合にも正当化されるものではない」(国連第四九回総会決議 A/Res/49/60)と述べている。

アメリカの合衆国法典では、テロリズムが次のように規定されている。「ある社会〔国内・国際〕集団や非合法活動家により、政治的な動機をもって準備され、通常世論に影響を与えることを目的として非戦闘員に対しておこなわれる暴力」(第22編2656 f条(d))。アメリカ国務省は毎年、この法律にしたがって、国際テロに関する報告書を出しているが、ここでは、「政府、市民などを対象として、かれらを脅迫または強制することによって、政治的・社会的目的を達成するために、人間または財産に対しておよぼされる非合法な実力行使、または暴力」と定義している。この報告の二〇一二年版では、テロリストの攻撃を受けた国として、パキスタン、イラク、アフガニスタン、インド、ナイジェリアなどを挙げ、これらの国では、二〇一一年に各数千名の死傷者が出ていると報告している(US, Department of States, *Country Reports on Terrorism 2012*, Table 2)。

日本の特定秘密保護法(第一二条二項)では、テロリズムとは「政治上その他の主義主張に基づき、国家若しくは他人にこれを強要し、又は社会に不安若しくは恐怖を与える目的で人を殺傷し、又は重要な施設その他の物を破壊するための活動をいう」と、アメリカの文言を踏襲している。

これらのテロリズム定義を読み合わせると、テロとは、ある社会集団が、「特定の政治的目的を持って、世論に影響力をおよぼすべく、無差別的におこなう暴力行為」と考えていいだろう。ただ、この定義を踏まえたうえで、すぐわかることは、アメリカや日本のテロリズム定義には、国連がかねてから注意しているような「国家テロ」の要素が欠けていることである。国連は一九八七年に採決した「ジュネーブ宣言」で、レバノンやクルド民族地域での少数派弾圧を「国家のテロリズム」として非難している。ジュネーブ宣言はまた、南アフリカや北アイルランドなどでの民族解放運動はテロリズムではないと、明言している(国連第四二回総会決議A/42/307)。「国家テロ」の例としては、かつてスペインやドイツでファシスト勢力が共和派を弾圧するために、組織的な暴力を行使し、言論弾圧をおこなったことが挙げられる。第二次大戦時の日本による重慶爆撃や三光作戦、連合軍による広島、長崎への原爆投下や東京のじゅうたん爆撃は、いずれも非戦闘員の大量殺戮による敵国の戦意喪失を目的に加えたテロリズムの代表的な例である。

第二次大戦後でも、南アフリカ政府の人種差別にもとづく強権的弾圧、イスラエル政府のパレスチナ人民からの土地収奪、アメリカ軍の南ベトナムにおける無差別住民殺戮などは、その例である。図10―1での国家ベースの紛争には、このような国家テロの要素がからんでいるケースが多い。今日の中国における地方政府が、農民から「開発」名目で土地を強権的に収用している事例も国家テロに入るだろう。二〇一三年になってシリアでの内戦で、政府軍や民兵が自由シリア軍の支配地域で化学兵器の使用や無差別爆撃をおこなっている報道に接すると、現代戦争にテロリズムが内在化されていることがよくわかる。

こうして、グローバリゼーション、軍事紛争の頻発、国際テロの台頭が相互に関連していることが知られている。それだけに私たち市民としては、一方ではジェノサイド(集団殺戮)条約(日本は未加入)などの、国連の場での人権関連条約、核廃絶条約の実行と政府監視、他方では、テロリズムの「温床」たる貧困や差別、偏見、暴力文化などをなくすため、身の回りから取り組む努力が必要となると言える。テロリズムは、私たちの日常生活のあり方に根ざして生まれると言っても過言ではないだろう。

市民社会とは

この本の序章では、グローバル・レベルで市場の失敗、そして政府の失敗が拡がっている状況を見たが、近年注目されているのが、新しい世界秩序の形成における市民社会の役割である。

市民社会とは何だろうか。資本主義や民主主義と同じく、市民社会も多様な意味を持つ。第一にそれは、歴史的に見れば、都市に住む人びとの集まりである。ギリシャ、ローマの昔に始まり、市民(citizen)とは、都市の住民を指していた。今日、世界的に都市化が進行するにつれて、市民の数は著しく増え、いまでは一大政治勢力をなしている。日本の場合も、第二次大戦後の時点で、都市人口は総人口の半分程度だったが、それから半世紀の間に八割へと増えた。全国的には多数派を占めていた保守政党は、まず大都市で少数派となり、やがて一九九〇年代には連合政権の時代へと移行するが、これは都市生活者の価値観の多様化を反映していると考えられる。

第二に、市民とは文民(civilians)を指している。文民とは、軍人(military)の対称語として使われ、紛争を武力や暴力によって解決するのではなく、共通のルールや法の下に話し合いで解決しようと考える人びとである。第二次大戦後、国際機関や国際条約の数が飛躍的に増えた背景には、

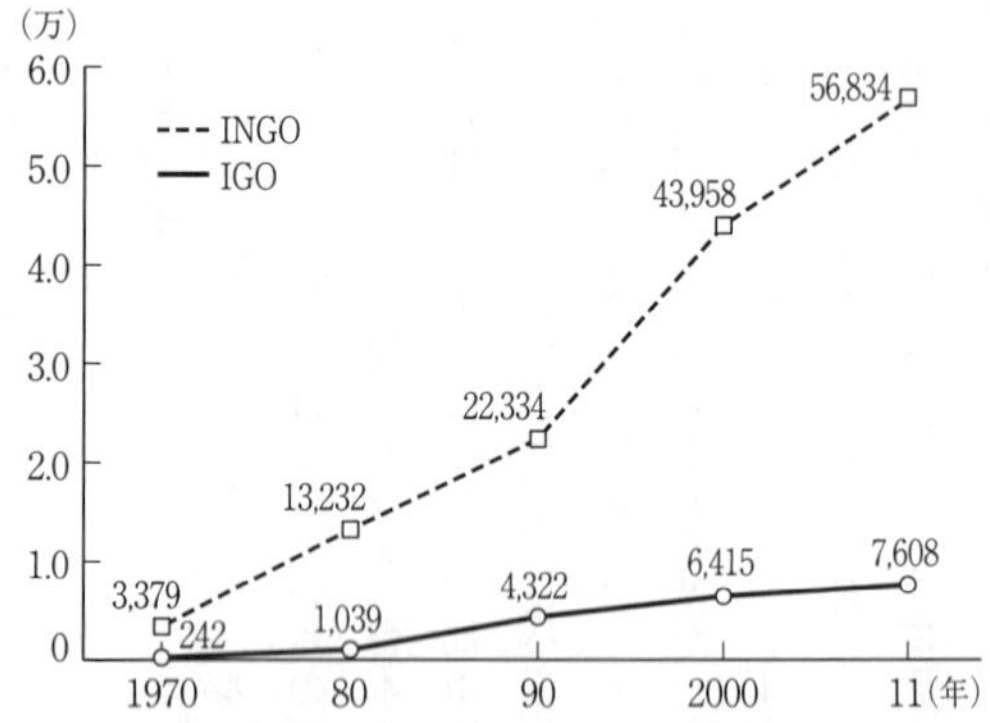

図 10-2　国際政府機関(IGO)，国際非政府機関(INGO)の推移
(1970-2011 年)

出典：Union of International Associations, *Yearbook of International Organizations, Ed. 2003; 2012-13*, Vol. 5, Figure 2.1, 2.9 より作成.

このような文民勢力の増大がある。

図10―2は、一九七〇年から二〇一一年に至る国際政府機関（IGO）と国際非政府機関（INGO）の数の推移を示している。IGOは、この四一年間に二四二から七六〇八へと三〇倍強に増え、INGOは、三三七九から五万六八三四へと約一七倍に増えた。IGOに加盟する国、INGOに加盟する各国NGOの数もそれに従い、大きく増えている。国際問題を、対話や協調により解決することをめざす機関が増えていることがわかる。

　文民とは、文明的な行動をとる人びとである。文明(civilization)の進展とは、物事を武力ではなく、法や民主主義、また対話にもとづいて解決しようとする考え方や行動様式が一般化していくことでもある。その意味で市民社会とは、民主主義と法の支配、そして市民間の対話を重視する社会である。

第三に、マルクス主義では、市民とはブルジョワ（都市の城郭の中に住み、領主権力に保護されつつ、営利活動に励む人びと）を意味している。ブルジョワジーによる資本蓄積活動の推進が、市民革命と資本主義社会の到来を導いたのである。市民社会とは、このようなブルジョワジーによる自由な営利活動、市場経済の展開の母体でもあり得る。

第四に、市民とは、社会の主権者にほかならない。フランス革命直後に採択されたフランス人権宣言は「人と市民の権利に関する宣言」と題されているが、ここでの市民とは新しく形成される政治社会の主権者であり、社会契約によって、自らの主権を為政者に委ねる主体でもある。したがって、為政者が、市民の意思にそむいて、恣意《しい》的な統治をする場合には、市民はこのような為政者を免職する権利をもつ。

近年、国際社会でひんぱんに言われるようになった市民社会とは、政府、市場（企業）と並んで、経済社会発展の第三の動因として立ちあらわれてきている主体である。しかし、政府は権力および保護・サービス動因によって、また、企業は営利動機によって行動するのに対し、市民社会は、非営利・社会連帯動機によって行動するところに特徴がある。

市民社会は、この第四の定義のように、社会の主権者として行動する人びとの集団を指して使われることが多いが、そこには先に述べた第一から第三の要素も多かれ少なかれ含まれている。

それゆえに市民社会は自分が万能ではなく、「市民社会の失敗」をも常に内包し得る主体であることを念頭に置く必要がある。市民社会を非政府アクター(主体)として考えると、そのなかには、国家に必ずしも包摂されない地下経済、マフィア、やくざなども含まれることになる。

だが、いま述べたような市民社会はまさしく、社会は営利原理や権力志向ばかりでなく、人びとのつながりや協力によって形成され得ると考えるところから、政府の失敗、企業の失敗を是正する主体となり得る。

まず、市民社会は、政府や政府間機関が、法や民主主義の原点を忘れて特定利害のために行動するとき、これをチェックし、言論やデモを通じて、問題の所在を世論の前に明らかにすることができる。WTOが、貿易自由化の推進しか視野に入れず、そこから起こる南北問題や、債務、また環境破壊等の問題を無視するような場合には、世界中から集まった市民団体がデモを通じて、このような国際機関の行動に反省をうながした。

国際NGOのジュビリー二〇〇〇が、債務キャンセルや国際投機に課税する国際連帯税の必要性をうったえ、G8の場で、途上国に対する債務の一部キャンセルを実現し、同時に、国際連帯税(第3章)を採用する国々、地域が増えるきっかけをつくった例もある。

市民社会は、軍縮や環境保全の面でもめざましい活動を示している。一九五三年、ビキニ環礁での水爆実験に抗議して日本で始まった原水爆禁止の署名運動は、世界の世論を動かし、一〇年後の六三年に部分的核実験禁止条約が結ばれるという成果をもたらして、地表、大気、宇宙、水中での核実験を禁止する原動力になった。また、八〇年代半ばに、アメリカがヨーロッパに中距離核戦力(INF)を配備しようとした際には、ヨーロッパで女性を主体とする広汎な反対運動が起こり、この運動は一九八七年、米ソが中距離核戦力全廃条約を結んで、中距離(射程五〇〇~五五〇〇キロ)弾道ミサイル、巡航ミサイルを撤去するきっかけとなった。

また、一九九〇年代から二〇〇〇年代にかけて国連の場で発効した三つの重要な軍縮条約、化学兵器禁止条約(一九九三年)、対人地雷禁止条約(九七年)、クラスター弾に関する条約(二〇一〇年発効)の成立にもNGOが大きな役割を果たした。二〇〇一年のノーベル平和賞は、対人地雷廃絶条約の成立に力を発揮したNGOの地雷禁止国際キャンペーン(ICBL)およびその代表者ジョディ・ウィリアムズに授与された。

環境分野でも、一九七二年にストックホルムで開かれた国連人間環境会議以来、国連の場での環境に関する会議ではNGOが並行してフォーラムを開き、政府に対して提言をおこなうのが通常となってきた。八六年、横浜に日本ではじめての国際商品協定機関である国際熱帯木材機関(ITTO)が設置された背景には、熱帯林行動ネットワークなど、日本やアジアの熱帯林保全のための熱心な市民運動があった。九二年リオデジャネイロで開かれた地球サミット、二〇〇二年にヨハネスブルグで開かれた持続可能な発展に関する世界サミットでのNGOの活動はめざましいものがあった。

その実績のうえに、二〇〇三年には京都、滋賀、大阪で第三回世界水フォーラムが、また、二〇一〇年の国際生物多様性年には、名古屋で生物多様性条約第一〇回締約国会議（COP10）が開催され、名古屋議定書（生物多様性の保全、回復、利用、アクセス、利益配分などの国際的枠組み）と愛知ターゲット（二〇五〇年目標の次期行動計画）が採択されることになった（第7章）。

国連の場では、市民社会は、政府・民間企業とともに、MDGs、ポストMDGsなど世界的な社会問題解決と持続可能な発展を実現するための政策環境形成に不可欠な主体だと、とらえられている（一九九五年の世界社会開発サミット宣言）。

民間企業と協働

これらはいずれも、市民社会が政府との関連で、国際・グローバル問題に積極的な発言をおこなっている例だが、市民社会は他方で、民間企業との関連でも大きな役割を果たしている。

その第一は、民間企業で必ずしも雇用が十分に保障されない今日、地方自治体やNPOが組んで、あるいはNPOが資金を集めたり、国からの委託を受けたりして、事業を起こしていることだ。これは、コミュニティ・ビジネス、社会的企業などと呼ばれ、いろいろな形をとりながら、欧米でも発展途上にある。日本にも、多様なコミュニティ・ビジネスがあるが、一例を挙げると、大分県由布院町の映画祭、群馬県JAあがつまによる薬草、ハーブ、漢方薬生産のテーマパーク「薬王園」などがある。

東日本大震災後、被災各地でつくられた仮設商店街はこのようなコミュニティ・ビジネスの例である。また、岩手県の重茂《おもえ》漁協のように、八〇〇隻あった漁船のほとんどを津波で失った漁民たちが共同で漁船を購入してシェア利用し、水産物を加工、流通網に乗せる「六次産業」のビジネスを進めた例がある。海藻養殖・加工を組合で運営しているケースも各地でみられる。主婦たちは各地で海産物加工や手芸、給食のグループ・ビジネスを立ち上げている。NPOがこれらの社会的ビジネスを支援している。都市部では、横浜の生活クラブ生協の主婦たちが、高齢者世帯向けに介護グループを作ったり、給食ビジネスをおこなっている例がある。生活クラブ生協は、グリーンコープやホームレス支援ネットワークと組んで、被災地のコミュニティ事業支援をおこなう共生地域創造財団を発足させた。

また町ぐるみの社会的企業の例として、一九八〇年代以来、各地で一村一品運動が展開している。この運動が近年では中国、タイ、ラオスなどにも波及していることにも注目しておきたい。

第二は、市民社会が環境、人権問題などの世論を喚起することから、民間企業がしだいに環境や人権問題に配慮するようになってきたことである。これは、企業の社会的責任（CSR、第3章）の問題である。CSRの例としては、東日本大震災に際して、IT企業がNPOと組んで、被災地の中小企業の出品を集め、ネット上での「復興デパートメント」のオープンを支援したケースもある。

先進国では、社会的責任投資(SRI)を格付けするファンドもすっかり定着している。これら投資ファンドに格付けされる企業はおおむね成長企業であり、世論の支持を受けていることを示している。また、環境マネジメントの整備基準として国際的に認められているISO14001の資格を取得し、環境レポートを発行して「環境にやさしい企業」「グリーン企業」であることをアピールする企業も増えた。ジェンダー問題に配慮し、社内に託児所を設けたり、男性の産休を奨励するなど「ファミリー・フレンドリー」企業の取り組みも始まっている。

こうした企業の環境、人権問題への協力を国際的に明文化したのが、一九九九年に国連のアナン事務総長(当時)がよびかけた「グローバル・コンパクト」だ。これは、世界の多国籍企業が、環境、人権、労働などの問題で国際基準を守ることを約束する協約であり、二〇〇〇年からの一五年間に、七〇〇〇以上の民間企業と三〇〇〇以上の公私の団体が加入している。グローバル・レベルのCSRとも言える。

NPO、NGO

市民社会はグローバリゼーションから絶えず起こる不均衡を是正するため、草の根、現場での活動を踏まえ、一方では政府や国際機関に対し、また他方では民間企業に対して提言をおこなっている。こうした国際社会の場での市民社会の発言力増大を踏まえて、最近では国連改革の一環として、民間企業、市民社会、メディア、各国議会代表が集まる「第二国連」を設けて、国連などIGOに世界世論を提案していこうという考え方も出ている（図10―3および解説）。

市民社会の実体は何だろうか。それは、一つには、先に述べたNPO、NGOなどを指している。経済団体、労働組合、協同組合、共済組合、住民団体、職業団体などはいずれも直接営利活動をおこなわないという意味で市民社会の大きな流れを形づくっている。また言論機関、メディア、大学・研究機関、あるいは市民活動を助成する財団なども、重要な市民社会の一翼である。

一九九八年に日本では特定非営利活動促進法（NPO法）が発足して、それから一五年間にこの法律により登録（認証・認定）されたNPOは約五万におよぶ（二〇一三年末で四万八六一一、うち五六九が税制の優遇措置を受ける認定法人）。なおNPOとは、この法律で示された福祉、文化・教育、まちづくり、環境などの分野で活動する非営利団体を指し、NGOは一般名称として国際協力に携わる団体を指すが、国ごとに呼び方や定義は異なり、先に見たINGO加盟のNGOの多くは住民団体と考えられる。日本ではこのほか、財務省が所管し、免税対象とする「特定公益増進法人」が約二万七〇〇〇（二〇一三年四月）ある。アメリカのNPO、CBO（Community based Organizations）の数は、二〇〇〇年前後に一三〇万を超えると報告されているが（Johns Hopkins

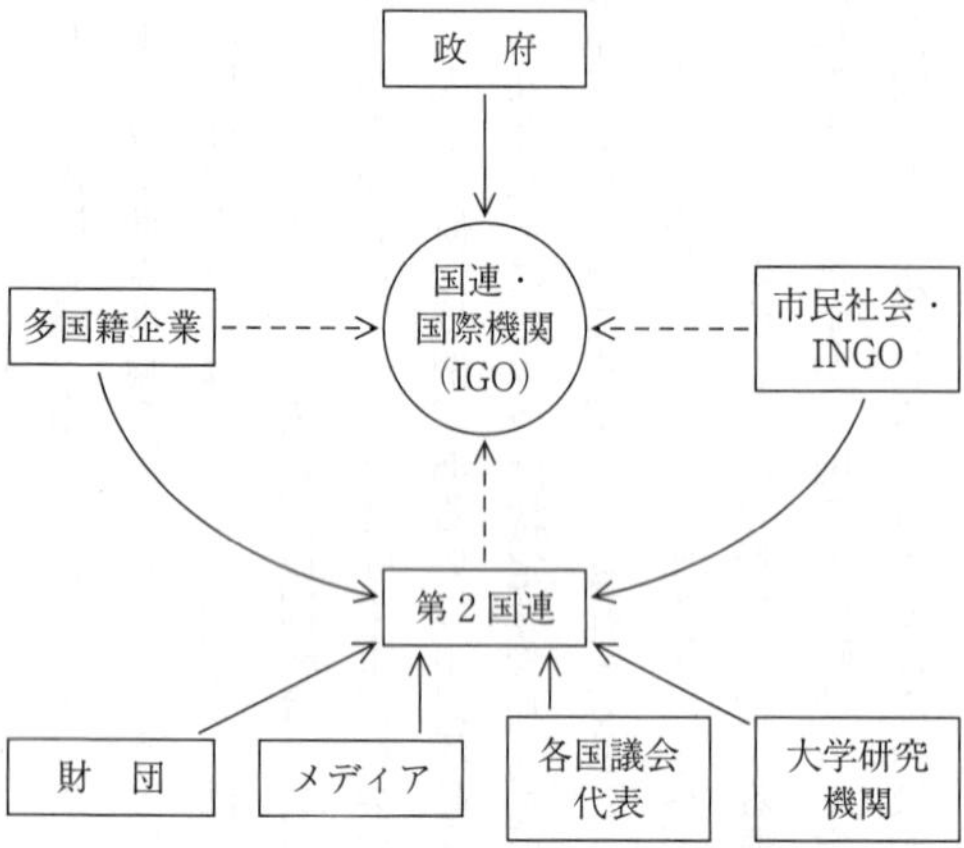

図 10-3　グローバリゼーション下の国際機関，政府，多国籍企業，市民社会の関係(概念図)

国連・国際機関は各国政府から成り立っている．しかし，グローバリゼーションの下で，市民社会は，さまざまな提言を国連・IGO に対して始めている．多国籍企業も，国連とグローバル・コンパクトを結び始めた．毎年 1 月には政府，多国籍企業，国連や IGO 代表がスイスのダボスに集まって「ダボス会議」を開いて意見交換をおこなっている．2001 年からは世界の市民社会の代表たちがこれに対抗して，ブラジルやインドで「世界社会フォーラム」を開催し，グローバリゼーションに対する市民社会の側からの見方を提起している．これらを合体させて，「第 2 国連」を常設化し，メディア，各国議会や財団，大学研究機関などの代表も参加して世界世論を国連・IGO に提案することにより，国連を活性化しようとする案もある．

Comparative Nonprofit Sector Project, April 2003）、日本でも市民社会が急速に広がっていることがわかる。十数年前までは大学を出て就職する際に、公務員か民間企業しか選択肢はなかったが、今ではＮＧＯ、ＮＰＯへの就職を考える若者たちもずいぶん出てきた。市民社会部門はアメリカでは労働力のほぼ一割を雇用すると報告されているが（『海外労働情報』二〇〇四年八月号）、日本では七～八％と推計される（西川『人間のための経済学』岩波書店、第11章）。政府部門の雇用は日米とも約一割（日本では民間企業が七割、個人企業が一六％程度）なので、市民社会が、アメリカ並みに政府と肩を並べる雇用先となるのもそう遠い先ではないだろう。

また、市民社会の実力は単に生産や雇用ばかりでは推し量れない。各ＮＰＯはボランティア、会員・支持者を擁するのが通例である。ボランティアは日本の場合には一団体平均十数名、また、会員は数百名という報告もある（藤井辰紀「ＮＰＯ法人の存在意義と経営課題」『日本政策金融公庫論集』二〇一二年八月号）。しかも、市民社会は、政府の政策や企業戦略に提言を通じて働きかけるので、実際にはその発言力は、人口の数割に容易に達することに注意しておこう。国内での政府、企業、市民社会の関係を図示すると、図10―4のようになる。

市民社会の社会、環境、福祉、軍縮などでの役割が注目されるようになったのには、次のような背景がある。第一には、市民社会は自由な市民の集まりとして、既得権益にしたがって行動しがちな政府に対し、より開かれた眼でグローバルな問題の行く手を見ることができる。世界的な教育の普及、高学歴化、情報化がその背景にある。また、市民社会は職業的バックグラウンドを持っているので、しばしば政府よりも具体的な問題について有識者として的確な判断や提言をおこなうことができる。

第二に、市民社会は必ずしも営利活動に縛られていないので、企業や市場経済のもたらす社会的、環境的ゆがみを見てとり、企業に対してCSR理念を喚起し、忠告を与えることができる。企業が目の前の営利にとらわれて忠告に耳を傾けない場合には、これを社会的に告発することによって、これら企業の行動に社会的規制をおよぼすことができる。

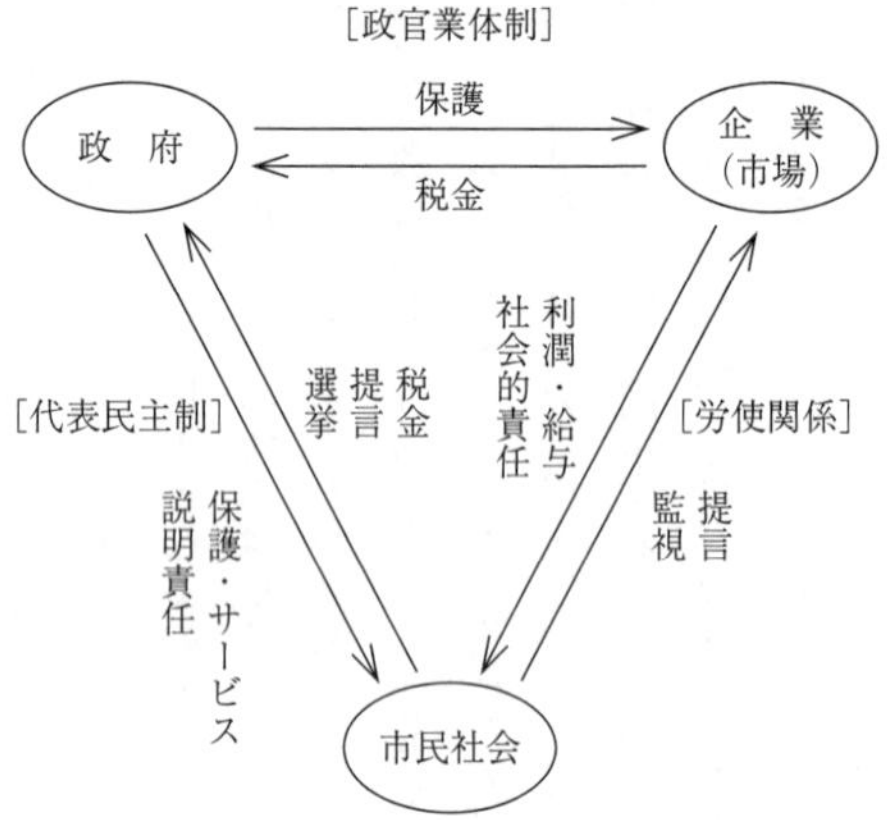

図10-4　政府，企業(市場)，市民社会の関係

これらの理由により、市民社会は、一方では政府の失敗、他方では市場の失敗に対し、「意識のグローバル化」(第1章)を代表して、これらを是正する世論を起こすのである。この世論を提起する場は、図10—4の政府、市場、市民社会の形づくる逆三角形で、公共空間と呼ばれる。市民社会は公共空間の担い手として社会の民主化をすすめる。

しかし、市民社会には前に述べたようにかなりいかがわしい団体も含まれ、必ずしもまとまったものではない。また、日本の職業・業界団体の多くは、従来の権力機構の一部をなしていて、特定利害に沿って行動しやすいことも念頭に置いてよい。いままで会社社会であった日本で、市民社会は、いまだ十分な力をもった存在ではなく、意気込みはあっても、資金力や職業知識や肝心の人材が必ずしもそろっていないことが多い。今後は、NPOに対する免税措置や社会的企業振興策など、欧米並みの市民社会育成策を政府が積極的にとり、市民社会を担うリーダーたちを養成していくことが課題となろう。日本でグローバリゼーションの影響を受け、民間企業部門で正規雇用の比率が減少し、非正規雇用が増えて、労働力の流動化が進んでいる現在は、市民にとって選択の自由がひろがっている時期と、これを前向きに考えることもできよう。市民社会のあり方、時代との向き合い方が問われる時代なのである。

おわりに　新しい豊かさを求める私たちの選択

この本では、世界秩序が近現代という時期のひとつの転換期にさしかかっているという認識に立って、このような転換期とは何を意味するか、そこで、戦後のキャッチアップを通じてＯＥＣＤの一員となった日本にとっては、先進国が軒並みに曲がり角に立っている時期に、どういう選択が可能か、を検討した。

二一世紀に入って世界経済を襲った金融・経済危機、この危機に際して伝統的な財政金融政策を総動員した政府の国家債務危機という二重の危機は、明白に近代以来、また第二次大戦以来加速化された資本蓄積システムが大きな転換期にさしかかっていることを示すものだった。

日本経済にとっても、戦後追求してきた資本の強蓄積（経済成長を優先して人権を二の次とする集権システム）による先進国へのキャッチアップ過程は、一九八〇年代に終了した。

日本経済がそもそも発展途上の状態から高い経済成長を実現しえた主要な原因は、先進国からの技術導入と模倣、南の世界からの安価な原燃料の供給、そして先進国の旺盛な消費需要というグローバル経済の開放体制（第二次大戦が経済ブロック化から起こったことを想起しよう）と結びついた諸要因と関連している。いま、そのような要因は日本にとって消失し、日本は「海図のない世界」に乗り出しつつある。いままでは、これらの成長要因は、アジアの新興国に移動した。国際的、国内的に、第二次大戦後の数十年間、日本経済の成長を保障した国家主導による資本蓄積を万能と考え、この至上目的に人間を従える体制は明白に行き詰まっている。国際的にいえば、二〇世紀後半の「二五億から六〇億人の世界」への移行期に、日本やNIESの経済成長を保障した要因は、二一世紀前半に「六〇億から一〇〇億人の世界」への歩みが始まった段階で、次の四つの理由により消失した。

これらの理由とは、第一には、経済のグローバリゼーションの進行から起こる南の新興国の先進国キャッチアップ、それにともなう先進国の成熟経済化と定常経済への移行、第二には、企業の多国籍化とマネー経済の跳梁《ちょうりょう》、第三には、グローバル規模での貧富格差の拡大と社会分裂、若者、中高年者、女性、「外国人」など「社会的な弱者」層の疎外、第四には環境破壊と生態系悪化に発する「地球の限界」の意識化、である。

これらはじつはそのまま、地球規模での取り組みを必要とする課題である。各国がまず対応するべき課題であることは当然だが、個別的なアプローチだけでは問題の解決に必ずしもつながらない。つまり、これらのグローバルな課題への取り組みは、国際協力の下に進められるべきものである。同時にそれは、資本蓄積を至上命令とした高成長時代にこれを主導した政府と市場（大企業）というアクターばかりでなく、市民社会という第三のアクターの登場と、政府・民間企業との連携（「新しい公共」）という新しい発展・開発へのアプローチを必要とする。このような国境を越えた協力の進展が、経済のグローバリゼーション時代に進行する世界規模での軍事化競争を押しとどめ、平和な世界への展望を切り拓く道にほかならないだろう。この本では、そのような平和を志向する新しい経済の担い手の登場は、経済社会ガバナンス（統治の仕組み）の民主化、公共空間の拡大、市民参加をともなうことを指摘した。

キーワード　定常経済（stationary economy）

資本蓄積＝高成長を社会経済の目的とするのではなく、経済成長を社会発展の一環ととらえ、人口増加に見合っただけの資本蓄積を前提として、むしろ社会の質的な発展を重視していく考え方である。一九九〇年代以来の日本の一〜二％成長は、このような状態への条件と考えられる。二一世紀に入って、日本の人口増加はマイナスに転じている。人口減少は第5章でも述べたとおり、けっして望ましい事態ではないが、人口の安定化から人間生活の質的発展への転換を考えるよいきっかけとも考えられる。だが、日本の政権党は旧態依然たる財政金融政策の動員に固執し、徒《いたず》らに国債を増やし、危機への道をひた走りに走っている（橘木俊詔、広井良典『脱「成長」戦略——新しい福祉国家へ』岩波書店）。

国内的には、いま述べた国家主導型開発独裁システム（政官財業体制）の民主化、市民社会の登場と新しいガバナンスによる安定的な経済システムの構築が課題となる。

二〇一一年、3・11の東日本大震災に際して起こった福島第一原発一～四号機の炉心溶融事故は、日本経済が、世界経済の変化につれて大きな転換期にさしかかっていることを告げるものだった。

一九九〇年代初めのバブル崩壊以降の日本経済は、しばしば「失われた二〇年」と呼ばれたり、「デフレ経済」と呼ばれるが、この時期の経済成長率一～二％という数字は、別段、経済不況を示しているわけではない。もちろん、九七～九八年のアジア通貨・金融危機、二〇〇七～一〇年の世界金融危機は、日本経済にもゼロ成長をもたらしたが、これは資本主義経済自体のマネー経済化に振り回された危機であった。

むしろ、日本経済は、ＯＥＣＤ諸国でも先頭をいく急速な少子高齢化、国内資本の海外流出、グローバリゼーションにより進められる労働市場の再編成（日本型経営システムの解体と労働力の非正規化）など、固有の危機の問題をかかえていたのである。もっとも大きな危機は、日本経済の高成長を推進してきた国家主導型の経済システム（政官財業体制）が、一方では経済グローバリゼーション、また他方では国民の価値観の多様化により、行き詰まったことである。この意味では、危機とは、アメリカのジャーナリスト、スーザン・ジョージが喝破したように、来たる時代にとっての「好機」にほかならない（『これは誰の危機か、未来は誰のものか』荒井雅子訳、岩波書店）。

3・11の原発事故は、このような〝開発独裁ガバナンス〟の行き詰まりを白日の下にさらけ出したといえる。日本の原子力「平和」利用は、もともとはアメリカの原子力産業の市場受け皿として発足したが、間もなく、日本の政官財業体制の利権拡大の一環として推進されるようになった。電力事業の独占体制と結びついて形成された「原子力ムラ」は原発の安全神話を振りかざして、日本におけるトップダウン型支配体制の重要な一翼を担《にな》った。それは、日本の再軍備化、将来の核保有に備える「安全保障」の動きでもあった。原子力ムラの原発推進は、高成長時代に過疎化した地方への中央からのカネのばら撒きによって推進された。その意味では、原子力ムラ、すなわち、政官財業体制のエネルギー分野における独占体制は、日本における中央集権型の資本蓄積＝高成長体制を象徴するものだった。

だが、福島第一原発事故により、世界的に、また日本のなかでも、脱原発の動きが拡がってきた。脱原発は、開発独裁型のガバナンスの危機を典型的に象徴している。また、それはＯＥＣＤ諸国で拡がっている「ＧＤＰよりも良い生き方を」という定常経済、社会発展への志向を示すものであり、実際、チェルノブイリ、福島の原発事故を契機として多くの国が脱原発、自然エネルギー利用の方向へと経済社会発展のカジを切りつつある。このような発展方向の転換は、一つには経済の持続可能な発展(環境と調和した発展)を実現する方向であり、また他方では、日本など強権的な資本蓄積国をおそいつつある人口減少を食い止め、人口と社会の安定化をもたらす方向でもある。

キーワード 良い生き方(well-being)

従来の政府・大企業依存の「上から与えられる」福祉(welfare)体制が限界を露呈した時代に、これに代わり、住民参加の下で仕事(雇用)、住居、健康、教育、ワーク・ライフ・バランス(男女平等)、地域コミュニティ発展(社会のつながり)、環境、安全な生活など、人間の必要を重視し、豊かさの内実をGDP成長から暮らしやすい社会へと転換していくことで、OECD諸国のポスト成長期の新しい社会目標となりつつある(『OECD幸福度白書』明石書店、二〇一二年)。

現在、日本では二つの路線がせめぎあう過渡期に入っているといえよう。

二〇〇九年の政権交代で、国民は新しい方向に期待を示したが、民主党は旧体制の政治を引きずり、諸政治勢力が混とんとした状態であい争い、新しい方向を明確に示すことができなかった。これに代わって二〇一二年末の選挙では、政官財業体制の再構築を課題とする安倍政権が登場した。この政権は、「異次元」の金融緩和、「大盤振る舞い」の財政政策により、円安株高を導き、大企業の輸出主導型繁栄を通じて、そのおこぼれを国民にわかち与える古典的なトリクルダウン(強い者の繁栄に大衆があずかる)政策をとっている。しかし、そのつけは、国民への増税、TPPなど経済自由化による雇用市場の不安定、地方と一次産業のさらなる衰退、そして国債増発による将来世代へのつけまわしとなってあらわれるしかない。また、この政権は、日本国憲法の国家主導型への改悪、トップダウン型ガバナンスにとって必要な原発再稼働、特定秘密保護法、靖国参拝などによるナショナリズムの高揚を意図している。

この政権のナショナリズムと強権的支配体制再建の動きは、国民に「成長のエサ」をちらつかせながらも、それが実現する構造的要因がもはや永遠に去っている現在、より大きな危機状態へと日本を導くものとなろう。すでにこの動きは、アメリカへの表面的なすり寄り(TPP、集団自衛権や沖縄県普天間基地の辺野古移設)を通じて、近隣アジア諸国との緊張関係としてあらわれている。このような日米連携は、世界的な構造的不均衡を増幅する道であることを、本書では述べた。

これに対して、世界の先進地域でひろがっている脱原発、定常経済への移行、新しい豊かさを身の回りから実現していく良い生き方の探求は、トップダウン型ガバナンスの民主化を通じて、日本を世界と結ぶ道でもある。この場合に日本は、単に市場のグローバル化に流されるのではなく、意識のグローバル化を通じて、前者をコントロールする世界の動きとつながっていくことができる。

この本では、世界経済が大きな変動期にあること、日本の変化がこれと軌《き》を一にしていること、この時期に日本にとって「いつか来た道」に戻るのではなく、新しい豊かさを求めるもうひとつの出口があることを明らかにすることに努めた。

索　引

（太字はキーワードの掲載ページ）

サ　行

タ　行

西川　潤

1936〜2018．59 年早稲田大学政治経済学部．66 年パリ大学高等学術研究院卒業．学術博士(経済学)．1970〜2007 年，早稲田大学政治経済学部，大学院経済学研究科，大学院アジア太平洋研究科で経済学史，開発経済学などを教える．早稲田大学国際交流担当理事(1994〜98 年)．早稲田大学名誉教授．これまで，国連訓練調査研究所(ニューヨーク)の特別フェロー，メキシコ大学院大学，フランス社会科学高等研究院，北京大学，ポートランド州立大学などの客員教授を務める．
著書には『グローバル化を超えて――脱成長期日本の選択』(日本経済新聞出版社)，『人間のための経済学――開発と貧困を考える』(岩波書店，国際開発研究大来賞受賞)などがある．

新・世界経済入門　　岩波新書(新赤版)1482

2014 年 4 月 18 日　第 1 刷発行
2021 年 4 月 26 日　第 9 刷発行

著　者　西川《にしかわ》　潤《じゅん》

発行者　岡本　厚

発行所　株式会社 岩波書店
〒101-8002 東京都千代田区一ツ橋 2-5-5
案内 03-5210-4000　営業部 03-5210-4111
https://www.iwanami.co.jp/

新書編集部 03-5210-4054
https://www.iwanami.co.jp/sin/

印刷・三陽社　カバー・半七印刷　製本・中永製本

ISBN 978-4-00-431482-0　　Printed in Japan

岩波新書新赤版一〇〇〇点に際して

ひとつの時代が終わったと言われて久しい。だが、その先にいかなる時代を展望するのか、私たちはその輪郭すら描きえていない。二〇世紀から持ち越した課題の多くは、未だ解決の緒を見つけることのできないままであり、二一世紀が新たに招きよせた問題も少なくない。グローバル資本主義の浸透、憎悪の連鎖、暴力の応酬――世界は混沌として深い不安の只中にある。

現代社会においては変化が常態となり、速さと新しさに絶対的な価値が与えられた。消費社会の深化と情報技術の革命は、種々の境界を無くし、人々の生活やコミュニケーションの様式を根底から変容させてきた。ライフスタイルは多様化し、一面では個人の生き方をそれぞれが選びとる時代が始まっている。同時に、新たな格差が生まれ、様々な次元での亀裂や分断が深まっている。社会や歴史に対する意識が揺らぎ、普遍的な理念に対する根本的な懐疑や、現実を変えることへの無力感がひそかに根を張りつつある。そして生きることに誰もが困難を覚える時代が到来している。

しかし、日常生活のそれぞれの場で、自由と民主主義を獲得し実践することを通じて、私たち自身がそうした閉塞を乗り超え、希望の時代の幕開けを告げてゆくことは不可能ではあるまい。そのために、いま求められていること――それは、個と個の間で開かれた対話を積み重ねながら、人間らしく生きることの条件について一人ひとりが粘り強く思考することではないか。その営みの糧となるものが、教養に外ならないと私たちは考える。歴史とは何か、よく生きるとはいかなることか、世界そして人間はどこへ向かうべきなのか――こうした根源的な問いとの格闘が、文化と知の厚みを作り出し、個人と社会を支える基盤としての教養となった。まさにそのような教養への道案内こそ、岩波新書が創刊以来、追求してきたことである。

岩波新書は、日中戦争下の一九三八年一一月に赤版として創刊された。創刊の辞は、道義の精神に則らない日本の行動を憂慮し、批判的精神と良心的行動の欠如を戒めつつ、現代人の現代的教養を刊行の目的とする、と謳っている。以後、青版、黄版、新赤版と装いを改めながら、合計二五〇〇点余りを世に問うてきた。そして、いままた新赤版が一〇〇〇点を迎えたのを機に、人間の理性と良心への信頼を再確認し、それに裏打ちされた文化を培っていく決意を込めて、新しい装丁のもとに再出発したいと思う。一冊一冊から吹き出す新風が一人でも多くの読者の許に届くこと、そして希望ある時代への想像力を豊かにかき立てることを切に願う。

（二〇〇六年四月）